权威·前沿·原创

皮书系列为
"十二五""十三五""十四五"时期国家重点出版物出版专项规划项目

BLUE BOOK

智 库 成 果 出 版 与 传 播 平 台

家政蓝皮书

BLUE BOOK OF DOMESTIC SERVICE

中国家政服务业发展报告（2022）

ANNUAL REPORT ON CHINA'S DOMESTIC SERVICE DEVELOPMENT (2022)

主　编／莫　荣　张剑飞
副主编／丁赛尔　羊学裘

社会科学文献出版社
SOCIAL SCIENCES ACADEMIC PRESS (CHINA)

图书在版编目（CIP）数据

中国家政服务业发展报告. 2022 / 莫荣，张剑飞主编；丁赛尔，羊学裘副主编. --北京：社会科学文献出版社，2022.12
（家政蓝皮书）
ISBN 978-7-5228-0632-7

Ⅰ.①中…　Ⅱ.①莫…　②张…　③丁…　④羊…　Ⅲ.①家政服务-服务业-产业发展-研究报告-中国-2022　Ⅳ.①F726.99

中国版本图书馆 CIP 数据核字（2022）第 157692 号

家政蓝皮书
中国家政服务业发展报告（2022）

主　　编 / 莫　荣　张剑飞
副 主 编 / 丁赛尔　羊学裘

出 版 人 / 王利民
组稿编辑 / 恽　薇
责任编辑 / 陈凤玲　武广汉
责任印制 / 王京美

出　　版 / 社会科学文献出版社·经济与管理分社（010）59367226
　　　　　　地址：北京市北三环中路甲 29 号院华龙大厦　邮编：100029
　　　　　　网址：www.ssap.com.cn
发　　行 / 社会科学文献出版社（010）59367028
印　　装 / 天津千鹤文化传播有限公司

规　　格 / 开　本：787mm×1092mm　1/16
　　　　　　印　张：20　字　数：298 千字
版　　次 / 2022 年 12 月第 1 版　2022 年 12 月第 1 次印刷
书　　号 / ISBN 978-7-5228-0632-7
定　　价 / 198.00 元

读者服务电话：4008918866

中国家政服务业发展报告（2022）
编 委 会

主　编　莫　荣　张剑飞

副主编　丁赛尔　羊学裘

撰稿人　莫　荣　丁赛尔　韩　巍　李　妍　冀　娜
　　　　肖影影　张　浩　刘雪婷　王　华　刘国彩
　　　　钟旷婕　张　霁　张若愚　史红改　朱晓卓
　　　　黄　昆　王　茜　翁仁木　王　瑜　聂　鲲

中国劳动和社会保障科学研究院

中国劳动和社会保障科学研究院（简称"劳科院"）是人力资源和社会保障部直属事业单位，是中国劳动和社会保障科研领域专业研究机构，主要承担就业创业、社会保障、劳动关系、工资收入分配等理论、政策及应用研究。劳科院发端于 1982 年 5 月原劳动人事部成立的劳动科学研究所，随着事业发展需要和机构改革与职能调整，先后成立劳动工资研究所、国际劳动保障研究所、中国劳动保障科学研究院和社会保障研究所，逐步形成"一院四所"的格局。2017 年 9 月，"一院四所"整合，设立中国劳动和社会保障科学研究院。

在中国改革开放和现代化建设的进程中，劳科院创造性地开展理论探索和政策研究，培养造就了一支素质优良、勇于创新的科研团队，取得一系列具有较大影响的科研成果，对国家劳动社会保障民生领域重大改革与科学决策发挥了支撑作用，得到了党和国家领导人及历任部领导的关怀厚爱。多名知名专家学者和高级领导干部曾先后在院所工作，为院所发展留下宝贵的财富。劳科院有 1 名全国政协委员、2 名文化名家暨"四个一批"人才、1 名"新世纪百千万人才工程"国家级人选、15 名国务院政府特殊津贴专家。其中，悦光昭荣获全国先进工作者称号，宋晓梧获得孙冶方经济学奖，何平、莫荣先后两次为中共中央政治局集体学习进行讲解。

40 年来，劳科院共承担国家社科基金项目等国家级课题 40 余项、部级课题 300 余项，基本科研经费课题 700 余项，社会横向课题 2000 余项。为积极就业政策制定、国家社会保障体系建立、中国特色和谐劳动关系构建、工资收入分配制度改革和劳动社会保障法制体系完善提供支持。参与了《中华人民共和国劳动法》《中华人民共和国就业促进法》《中华人民共和国劳动合同法》《中华人民共和国社会保险法》等多项法律法规的研究起草、评估、修订工作。参与我国第一部劳动保障白皮书《中国的劳动和社会保障状况》和第一部就业白皮书《中国的就业状况和政策》起草和发布。持续参与编制就业促进规划、人社事业发展规划等。编辑出版《中国劳动》学术杂志，出版《中国就业发展报告》《中国薪酬发展报告》《中国人力资源服务产业园发展报告》《中国人工智能人才发展报告》等系列蓝皮书。注重科研数据平台的建设、应用和推广，研发了具有自主知识产权的劳动保障政策仿真模型算法管理平台，建立了劳动力需求、企业薪酬调查及相关科研大数据库，形成面向各研究领域板块的数据采集、模拟分析和应用系统。参与工资收入分配重大改革和政策法规制定，为各级政府及有关部门、企事业单位的劳动人事分配制度改革提供智力支持。

劳科院是我国在国际劳动和社会保障学术交流与科研合作领域的重要组织与牵头单位，与国际劳工组织研究司连续举办了9届"中国劳动世界的未来"，与日本、韩国连续共同举办了19届"东北亚劳动论坛"等国际研讨会；牵头成立金砖国家劳动研究机构网；先后接待国际劳工组织总干事、南非共产党前总书记、多国劳工部长等高级别代表团来访；是国际社会保障协会（ISSA）联系会员，院领导兼任就业与失业保险专业技术委员会副主席；其归口管理的中国劳动学会是国际劳动与雇佣关系协会国家会员。

劳科院将始终坚持以马克思列宁主义、毛泽东思想、邓小平理论、"三个代表"重要思想、科学发展观、习近平新时代中国特色社会主义思想为指导，把党的政治建设摆在首位，坚持科研工作正确政治方向，心怀"国之大者"，坚持把握大局、服务中心、求真务实、力出精品的办院方针，以国家高端智库建设为目标，围绕劳动就业、收入分配、民生保障等重大理论政策问题，努力为人力资源和社会保障事业高质量发展做出新的更大的贡献。

主要编撰者简介

莫 荣 主编

人力资源和社会保障部中国劳动和社会保障科学研究院院长、研究员，全国政协委员，兼任中国就业促进会副会长、《中国劳动》主编、人力资源和社会保障部专家咨询委员会委员。国家文化名家暨"四个一批"人才、"新世纪百千万人才工程"国家级人选，国家社科基金重大项目首席专家，享受国务院政府特殊津贴。先后毕业于清华大学精密仪器系、北京经济学院劳动经济系，曾在英国牛津大学、新加坡南洋理工大学等做访问学者。自1988年开始研究就业、职业培训、人力资源管理、国际劳动保障等理论政策问题，完成课题200余项，发表论文350余篇，出版著作20余部，主编了《中国家政服务业发展报告（2018）》。

张剑飞 主编

人力资源和社会保障部统计调查中心主任，中国人民大学公共管理硕士。长期从事公务员管理、企业领导人员管理、专业技术人员管理工作，曾参与公务员法、吸引海外高层次人才回国等多项政策法规的研究制定工作。

丁赛尔 副主编

中国劳动和社会保障科学研究院国外劳动和社会保障研究室主任，研究员，北京大学经济学硕士。主要研究领域为中外就业制度比较研究、青年就业、家政服务业发展、外国人来华工作政策等。主持、参与多项国家重大课题研究，发表文章40多篇，是《中国家政服务业发展报告（2018）》的副主编。

羊学裘　副主编

待君人才服务集团有限公司董事长，哲学硕士。第七届海南省政协委员，海南省人力资源服务行业协会会长，海南省劳动模范，海南省高层次拔尖人才，被列入海南省"南海英才"培养计划。致力于家庭服务业的发展，领导团队开展了多项探索和实践，取得了较好的成果。

摘　要

　　《中国家政服务业发展报告（2022）》归纳、总结和梳理了2021～2022年中国家政服务业发展的现状、特征，并结合家政服务业发展中的重点热点问题总结其面临的矛盾与挑战，探讨未来发展趋势并提出有关对策建议，为促进中国家政服务业规范化、职业化发展提供研究支持。本报告包括总报告、分报告、专题篇、职业培训篇、权益保障篇、案例篇和国际借鉴篇七部分。

　　报告指出，近年来，在经济结构调整、经济增速减缓的情况下，家政服务业继续保持快速增长的势头。2019年，全国家政服务业营业收入达到6975亿元，自2015年起连续五年保持20%以上的增长速度。2020年受新冠肺炎疫情影响，家政服务业增长速度有所减缓，2020年下半年开始复苏，预计2021年营业规模达到9731亿元，增长速度重新迈上20%的台阶。家政服务业作为劳动密集型产业，在吸纳就业方面发挥着重要作用。2021年，家政服务从业人员规模超过3000万人，大多数是农民工和城镇失业再就业人员。从业人员大多来自四川、安徽等劳动力输出大省，主要就业地为广东、北京、上海、江苏、浙江等经济发达省市，接近60%的家政服务人员在省内流动。近两年，家政服务机构发展迅速，截至2022年4月，家政服务机构超过265万家，其中个体经营户超过147万家，企业单位约达117万家，4/5强是小微企业。总的来说，虽然2020年受疫情影响家政服务业规模和从业人员有所减少，但其作为朝阳产业长期向好的基本面没有变。

　　"互联网+"、员工制、职业化规范化发展、信用体系建设是近年来家政

服务业的热点难点领域。近年来，随着信息技术的不断发展以及国家"互联网+"行动、大数据战略的深入推进，互联网正逐步渗透到家政服务业的方方面面。员工制家政服务是我国促进家政服务业高质量发展的重要内容，互联网平台为其发展提供了良好的机遇。当前我国员工制家政服务企业劳动用工及法律规制主要存在法律关系不确定、休息权较难得到保障、职业安全健康保障具有特殊性、未订立劳动合同人员存在社会保险困境四个方面问题。进一步推动员工制发展是"十四五"期间家政服务业发展的重点问题。尽管近年来，我国家政服务业无论从产业规模、服务质量、从业人员数量等多方面来看，都呈现稳步向上的发展态势，但在实际发展过程中，至今仍然存在从业人员不专业、行业发展不规范、信用体系不健全、群众满意度不高等诸多现实问题。其中，信用体系不健全问题表现得最为突出，严重制约了家政服务业的进一步发展。推进家政服务业信用体系的稳步建设，是深化家政服务业供给侧结构性改革、提升供给质量、满足人民群众日益增长的美好生活需要的重要举措，更是推进家政服务业规范化、标准化和精细化发展的迫切要求。

"十四五"期间，家政服务业面临着广阔的发展空间。人口老龄化、家庭小型化以及鼓励生育政策创造了大量的家政服务潜在需求，这为家政业吸纳就业奠定了产业和社会基础。国家政策的大力支持、新技术新模式的不断涌现和广泛应用则有力推动了家政服务业规模和业态的不断扩大和细化。但同时也要看到，家政服务业发展还面临着一些系统性、结构性、深层次的问题和挑战。首先，农民工人数开始下降，城镇高素质劳动力不愿意进入家政服务行业就业，家政服务供给总量不足矛盾突出。其次，家政服务培训不足且低效，服务员技能水平不能满足市场需要，家政服务供求难以适配。此外，家政服务企业规模小，抗风险能力差，员工制发展遭遇瓶颈，从业人员权益难以保障。

报告建议，"十四五"期间要推动家政服务业高质量发展。首先，扩大家政服务供给规模，提高供求匹配效率。创新契合家政服务人员特征的就业服务，提升就业服务智能化水平，多渠道推动农村转移劳动力参与家政服务。其次，创造家政服务业发展的良好制度环境。再次，提高家政服务人员职业素质，增强职业稳定性，提升职业化水平。最后，加强企业规范化、品牌化建设，建立完善家政服务保障机制。

关键词： 家政服务业　员工制　技能培训　"互联网+"　信用体系

目 录 ↖

Ⅰ 总报告

Ⅱ 分报告

Ⅲ 专题篇

Ⅳ 职业培训篇

Ⅴ 权益保障篇

Ⅵ 案例篇

Ⅶ 国际借鉴篇

[皮书数据库阅读 **使用指南**]

总 报 告

General Report

B.1
2022年中国家政服务业
发展形势分析与预测

莫荣 丁赛尔 韩巍*

摘　要： 2021年，家政服务业继续保持快速增长趋势。预计2021年家政服务业经营规模达9731亿元，增速重新迈上20%的台阶，家政服务从业人员超过3000万人，服务企业接近117万家。家政服务业发展面临机遇也存在挑战，"十四五"期间应推动家政服务业高质量发展，促进家政服务供需匹配，打造良好发展的制度环境，增加家政服务人员职业稳定性，提升职业化水平，推动企业规范化、品牌化建设。

关键词： 家政服务业　"互联网+家政"服务　高质量发展

* 莫荣，中国劳动和社会保障科学研究院院长，研究员，研究方向为就业、职业培训、人力资源管理、国际劳动保障等；丁赛尔，中国劳动和社会保障科学研究院国外劳动和社会保障研究室主任，研究员，研究方向为中外就业制度比较研究、青年就业、家政服务业发展、外国人来华工作政策等；韩巍，博士，中国劳动和社会保障科学研究院副研究员，研究方向为照护经济、家政服务业、农民工就业等。

习近平总书记指出"家政服务大有可为，要坚持诚信为本，提高职业化水平"，总书记还特别强调"家政服务是朝阳产业，既满足了农村进城务工人员的就业需求，也满足了城市家庭育儿养老的现实需求，要把这个互利共赢的工作做实做好，办成爱心工程"①。李克强总理在国务院常务会议专题研究家政服务业发展工作时强调，家政服务业事关千家万户福祉，是一项一举多得的产业，要推动这一产业发展壮大、扩容提质②。改革开放以来，我国家政服务业由小变大、由点到面、由少数人享有到进入寻常百姓家，取得了长足的进步。特别是近年来，家政服务业的市场需求日益旺盛，行业细分日益深化，与新技术新模式的结合日益紧密，进入居民日常生活方方面面的步伐日益加快，正在发展成为社会各界广泛关注、事关"稳增长、促改革、调结构、惠民生"的新兴业态。

本报告对近几年家政服务业的发展状况进行深入研究，分析家政服务业发展中面临的机遇和挑战，并提出未来发展趋势和展望。本报告使用的数据除国家统计局、人力资源和社会保障部、商务部等有关部门发布的公开数据外，主要来自人社部统计调查中心的家庭服务业 36 城调查数据和劳科院家政服务业发展研究课题组 2020 年底的家政服务业调查数据。人力资源和社会保障部统计调查中心自 2017 年起在全国 36 个城市面向法人单位、个体经营户和常住居民开展家庭服务业统计调查，其中对法人单位和个体经营户采用全面调查，对常住居民家庭采用重点调查方式，每年收集有效样本 3 万多个。2021 年调查共收集有效样本 32190个，其中从事家庭服务业的法人单位 4129 家，个体经营户 3648 户，常住居民家庭家政服务人员 15852 名，未使用家政服务人员的常住居民家庭 8561 户。本书所有报告中涉及的家庭服务业 36 城调查数据均指该调查数据。此外，课题组在 2020 年 11 月通过天鹅到家平台线上发放、回

① 《"总书记这句话是肯定，更是嘱托"》，新华每日电讯，http：//mrdx．cn/content/20220524/Page01DK．htm，2022 年 5 月 24 日。
② 《这个看似"伺候人"的行业，总理非常看好!》，中国日报网，http：//cn．chinadaily．com．cn/a/201902/24/WS5c71d091a31010568bdcb70c．html？from＝timeline&isappinstalled＝0，2019 年 2 月 24 日。

收面向家政服务人员的调查问卷 2253 份，通过人社部门线下发放、回收面向家政服务企业的调查问卷 178 份，报告中课题组 2020 年 11 月调查数据是指该调查所获得的数据。

一 当前家政服务业发展总体情况

（一）家政服务业经营基本情况

1. 家政服务业重拾快速增长趋势

近年来，在经济结构调整、经济增速减缓的情况下，家政服务业继续保持快速增长的势头。2019 年，全国家政服务业营业收入达到 6975 亿元，自 2015 年起连续五年保持 20% 以上的增长速度，四年之内增长了 1.5 倍。2020 年受新冠肺炎疫情影响，家政服务业增长速度有所减缓。预计 2021 年家政服务业将重拾快速增长趋势，营业规模达到 9731 亿元，增长速度重新迈上 20% 的台阶（见表 1）。

家政服务业营业收入占第三产业增加值的比重从 2015 年的 0.8% 增加到 2021 年的 1.6%，增长一倍。2019 年，家政服务营业收入占居民服务、修理和其他服务业（简称居民服务业）增加值的 41.1%，比 2015 年增加近 15 个百分点，家政服务业成为居民服务业最主要的业态。

表 1 2015~2021 年家政服务业营收情况

年份	2015	2016	2017	2018	2019	2020E	2021E
家政服务业营业收入(亿元)	2776	3498	4400	5540	6975	7916	9731
增长率(%)	20.49	26.01	25.79	25.91	25.90	13.49	22.93
第三产业增加值(亿元)	349745	390828	438356	489701	535371	551974	609680
居民服务业增加值(亿元)	10586.7	12183.5	13725.4	14793.3	16983.4	—	—

续表

年份	2015	2016	2017	2018	2019	2020E	2021E
占第三产业增加值的比重(%)	0.8	0.9	1.0	1.1	1.3	1.4	1.6
占居民服务业增加值的比重(%)	26.2	28.7	32.1	37.4	41.1	—	—

资料来源：家政服务业 2015~2019 年数据来自商务部、国家发改委，2020 年和 2021 年数据为课题组测算。2015~2019 年产业数据来自《中国统计年鉴 2021》，2020 年数据来自《国家统计局关于 2020 年国内生产总值最终核实的公告》，2021 年数据来自国家统计局《2021 年国民经济和社会发展统计公报》。

2. 家政服务机构平均营业收入不高

家庭服务业 36 城调查数据显示，家政服务机构规模较小，平均营业收入不高。在 2021 年调查的 4129 家从事家政服务业的法人单位中，平均营业收入为 149.4 万元，比 2020 年上涨 22.2%。其中大型企业平均营业收入为 873.6 万元，中型企业平均营业收入为 229.3 万元，小型和微型企业平均营业收入分别为 78.0 万元和 17.7 万元。个体经营户 2021 年总营业收入比 2020 年有所增加，但平均营业收入为 14.0 万元，比 2020 年减少了 1.3 万元。其中中介费平均为 1.9 万元，比 2020 年减少了 0.5 万元。与经营相关的平均经营支出尽管比 2020 年减少了 0.8 万元，但平均劳动报酬支付比 2020 年增加了 0.2 万元，表明人工成本有所上升。

3. 家政服务内容以家庭保洁为主

从服务内容看，无论是参与调查的法人单位、个体经营户还是家政服务人员，占比最高的均为家庭保洁服务，而且遥遥领先于其他服务内容。2021 年法人单位中有 78.2% 从事家庭保洁服务，个体经营户中有 68.9% 从事家庭保洁服务，家政服务人员从事家庭保洁服务的占 59.0%（见表 2）。

表 2　主要家政服务内容占比

单位：%

类别	年份	家庭孕产妇新生儿照护	家庭婴幼儿照护	家庭饮食服务	家庭保洁服务	家庭事务管理	居家老人照料	家庭病人陪护	其他家庭服务
法人单位占比	2020	41.7	44.0	31.6	77.2	17.8	34.5	18.3	53.5
	2021	27.8	36.3	21.1	78.2	12.7	26.0	13.6	58.1
个体经营户占比	2020	24.8	25.9	21.4	72.0	16.7	17.9	12.5	48.0
	2021	20.6	23.6	17.2	68.9	8.2	17.2	8.4	44.4
入户家政服务人员占比	2020	13.5	27.0	44.5	63.6	13.1	26.0	8.0	9.0
	2021	14.4	25.3	43.3	59.0	11.4	27.9	9.5	12.9

资料来源：人社部统计调查中心，2020 年和 2021 年家庭服务业 36 城调查数据。

　　从入户家政服务人员来看，2021 年提供家庭饮食服务的占比为 43.3%，居第二位，居家老人照料和家庭婴幼儿照护占比分别为 27.9% 和 25.3%，居第三、第四位。与 2020 年相比，提供其他家庭服务内容的家政服务人员占比增幅最大，增加了 3.9 个百分点，其次是提供居家老人照料服务，占比提高 1.9 个百分点。此外，提供家庭病人陪护服务和提供家庭孕产妇新生儿照护服务的占比也分别提高了 1.5 和 0.9 个百分点。其他服务内容，如家庭婴幼儿照护、家庭饮食服务、家庭保洁服务、家庭事务管理等服务内容的占比均有所下降。这也在某种程度上反映出疫情对家政服务需求产生了一定影响。除居家老人照料和家庭孕产妇新生儿照护等刚性需求外，其他家政服务需求有所萎缩。

　　从法人单位看，除提供家庭保洁服务和其他家庭服务的法人单位占比略有提高外，提供各项具体服务内容的法人单位占比均出现较大幅度的下降，尤其是提供家庭孕产妇新生儿照护的法人单位占比从 2020 年的 41.7% 下降至 2021 年的 27.8%，降幅达 13.9 个百分点。结合入户家政服务人员提供比例上升的情况，分析其原因：一是可能家庭孕产妇新生儿照护服务技术含量相对较高，从事该服务的法人单位日益集聚；二是可能有较大比例的孕产妇新生儿照护服务人员未通过法人单位派遣。

4. "互联网+"家政服务占比较高

调查显示，2021 年在被调查的 4129 家法人单位中，使用互联网开展经营活动的有 2084 家，占比 50.5%，比 2020 年提高 4.0 个百分点。其中中部地区法人单位使用互联网开展业务的比例最高，达到 59.5%，其次是东部地区，为 50.3%。东北地区法人单位使用互联网的比例最低，为 42.4%。

不同规模家政服务企业使用互联网服务的比例差距较大。企业规模越大，使用互联网服务的比例越高。2021 年，大型企业[①]使用互联网服务的比例高达 87.9%，中型企业使用互联网服务的比例为 76.0%，而小型和微型企业使用互联网服务的比例分别只有 49.3% 和 30.7%。与 2020 年相比，微型企业使用互联网服务的比例还下降了 6.1 个百分点（见图 1）。从地区看，东部地区不同规模企业使用互联网的比例差距最为显著，大型企业使用比例（90.8%）是微型企业（27.2%）的 3.3 倍。中部地区差距最小，但大型企业使用比例（87.9%）也达到微型企业（42.9%）的 2.0 倍。

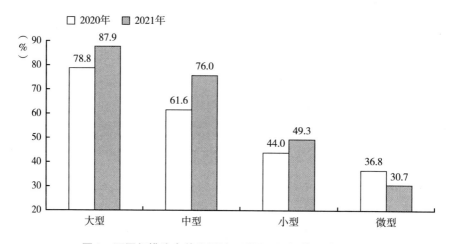

图 1 不同规模法人单位通过互联网开展经营活动的比例

资料来源：人社部统计调查中心，2020 年和 2021 年家庭服务业 36 城调查数据。

---

① 根据《统计上大中小微型企业划分办法（2017）》规定，居民服务、修理和其他服务业企业规模根据从业人员数量划分：300（含）人以上为大型企业，100（含）人至 300 人为中型企业，10（含）人至 100 人为小型企业，小于 10 人为微型企业。

法人单位通过互联网开展的活动包括宣传推广、客户服务、网络订单等，其中开展宣传推广的比例最高，超过 90%。2021 年通过互联网开展活动的法人单位中有 14.9%同时开展了宣传推广、客户服务、网络订单和其他活动，有 40.8%的法人单位开展了其中一项活动。

（二）家政服务从业人员基本情况

1. 家政服务从业人员超过3000万人

自 2015 年以来，家政服务从业人员快速增长。2019 年，全国家政服务机构从业人员总数达到 3271 万人，占全社会就业总量的 4.3%，占第三产业就业总量的 9.2%。2020 年受疫情影响，家政服务从业人员数略有下降，为 3042 万人。2021 年预计家政服务业从业人员总量将继续保持超过 3000 万人的规模，达到 3070 万人，占全社会就业总量的 4.1%，占第三产业就业总量的 8.6%（见表3）。

表3　2015~2021 年家政服务业吸纳就业情况

年份	2015	2016	2017	2018	2019	2020E	2021E
家政服务从业人员（万人）	2326	2542	2800	3072	3271	3042	3070
从业人员同比增速（%）	14.4	9.3	10.2	9.7	6.5	-7.0	0.9
全社会就业总量（万人）	76320	76245	76058	75782	75447	75064	74652
占社会就业总量的比重（%）	3.1	3.3	3.7	4.1	4.3	4.1	4.1
第三产业就业总量（万人）	32258	33042	34001	34911	35561	35806	35868
占第三产业就业总量的比例（%）	7.2	7.7	8.2	8.8	9.2	8.5	8.6

资料来源：家政服务业 2015~2019 年数据来自商务部、国家发改委，2020 年和 2021 年数据为课题组测算。全社会就业总量和第三产业就业总量数据来自国家统计局。

2. 家政服务从业人员主要为农村转移就业劳动力

家政服务业作为劳动密集型行业，就业门槛低，一直是吸纳农村转移劳动力就业和城镇失业人员再就业的重要行业，但是从趋势看，这两部分人员所占比例有所下降。根据人社部统计调查中心的调查数据，2021 年接受调查的法人单位中，农村转移就业劳动力占家政服务期末从业人员的 42.3%，占家政服务人员总量的 47.4%。其次是城镇失业再就业人员，占家政服务

期末从业人员的 13.5%，占家政服务人员总量的 15.1%（见图 2）。与 2020 年相比，无论是农村转移就业劳动力还是城镇失业再就业人员，在家政服务期末从业人员和家政服务人员中的占比均有所下降。

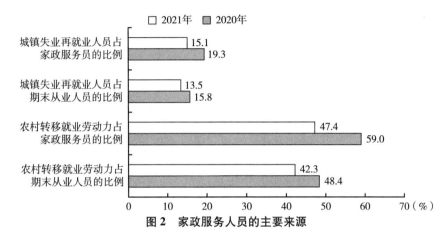

图 2 家政服务人员的主要来源

注：期末从业人员中包括家政服务人员、家政服务管理人员等。

资料来源：人社部统计调查中心，2020 年和 2021 年家庭服务业 36 城调查数据。

从区域分布看，东北地区城镇失业再就业人员从事家政服务的比例较高，为 51.7%。中部和西部地区①家政服务人员中农村转移就业劳动力所占比例较高，约为 65%。

从企业规模看，农村转移就业劳动力占比最大的是中型企业，其占期末从业人员的 63.3%，占家政服务人员的 73.8%；其次为小型企业，分别占期末从业人员和家政服务人员的 48.3% 和 59.0%（见表 4）。这一方面反映出中小企业在安置农村转移就业劳动力中发挥了较大作用，另一方面也与农

---

① 区域分布包括：

—东部：北京市西城区和石景山区、天津市滨海新区、沧州、上海市浦东新区、苏州、杭州、温州、厦门、烟台、深圳、茂名、海口（13 个）

—中部：合肥、赣州、洛阳、宜昌、长沙、郴州、临汾（7 个）

—西部：桂林、重庆市沙坪坝区、绵阳、遵义、玉溪、拉萨、西安、兰州、西宁、银川、克拉玛依、五家渠、呼和浩特（13 个）

—东北：沈阳、吉林、哈尔滨（3 个）

村转移就业劳动力来到陌生城市，通常相信具有一定规模的企业并在那里进行求职登记的现实相符。城镇失业再就业人员在小微企业中的占比相对较大。小微企业一般业务活动辐射范围较小，较多吸纳了熟悉当地情况的城镇失业再就业人员。

表4 家政服务人员的主要来源构成

单位：%

指标	农村转移就业劳动力		城镇失业再就业人员	
	占期末从业人员的比例	占家政服务人员的比例	占期末从业人员的比例	占家政服务人员的比例
全国	42.3	47.4	13.5	15.1
大型企业	36.8	40.3	12.1	13.2
中型企业	63.3	73.8	14.9	17.4
小型企业	48.3	59.0	19.4	23.7
微型企业	23.0	27.5	19.8	23.8

资料来源：人社部统计调查中心，2021年家庭服务业36城调查数据。

3. 家政服务人员主要来自华东、华中地区，省内就业占比大

从家政服务人员的籍贯分布来看，主要来自华东、华中地区，其中以四川、湖南、安徽居多。课题组分析了天鹅到家集团2020年8月至2021年8月在线家政服务人员的籍贯分布情况，从分析结果看，家政服务人员来自华东地区的比例最高，为24.89%，其次是华中地区，为22.25%。来自西南地区的位列第三，为15.93%。来自西北地区的家政服务人员占比最低，为4.35%（见图3）。具体到省份，四川籍家政服务人员占比最高，为10.4%，湖南和安徽籍列第二、第三位，分别占8.8%和7.3%。北京、上海从事家政服务的人员非常少，占比分别为0.5%和0.2%。

课题组2020年11月调查结果也显示，家政服务从业人员主要来自四川、安徽、广东、河北、河南、湖北、湖南、江苏等劳动力大省和劳动力输出大省。主要就业地为东部经济发达地区。其中在广东就业的比例最高，达到19.1%，其次为北京，达11.5%。此外，在上海、江苏、浙江、湖南就

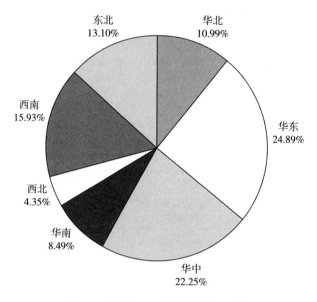

图3 家政服务人员籍贯的地区分布

资料来源：课题组根据天鹅到家集团2020年8月至2021年8月在线家政服务人员的籍贯分布统计分析所得。

业的比例也超过5%。

调查显示，家政服务人员大多数在省内流动，占比达59.8%。其中籍贯属于京津沪的家政服务人员大多在本地就业，极少流向外地开展家政服务。

4. 家政服务人员以家政服务公司派遣介绍为主

根据家庭服务业36城调查中对常住居民的入户调查结果，常住居民家庭使用的家政服务人员主要由家政服务公司派遣介绍，其次是居民家庭自行招用，少部分由个体经营户派遣介绍。2021年，由家政服务公司派遣介绍的家政服务人员占常住居民家政服务人员的59.8%，比2020年下降3.2个百分点；由常住居民家庭自行招用的占27.0%（见表5），比2020年增加4.2个百分点。从地区来看，西部地区居民自行招用的比例显著高于其他地区，这可能是由于西部地区家政服务机构发展相对较弱，更多家庭习惯通过熟人介绍招用家政服务人员。

表5 常住居民家庭招用家政服务人员的主要方式

单位：%

地区	全国	东部	中部	西部	东北
由家政服务公司派遣介绍	59.8	66.3	68.2	45.4	69.9
由个体经营户派遣介绍	7.0	7.4	7.4	6.3	6.8
自行招用	27.0	21.4	20.0	38.2	22.0
其他方式	6.2	4.9	4.4	10.0	1.3

资料来源：人社部统计调查中心，2021年家庭服务业36城调查数据。

（三）家政服务机构发展基本情况

1. 家政服务机构快速增长

随着家政服务业需求以及经营收入的不断扩大，家政服务机构也处于快速增长中。课题组在爱企查网站以"家政服务"关键词搜索，截至2022年4月17日，共有在业家政服务机构2652506家，其中企业单位1168598家，个体经营户1471921家，其他类型组织机构11987家。其中有1156519家是一年内新成立的，占所有在业家政服务机构的43.6%。企业单位中有370593家是在一年内成立的，占31.7%，个体经营户有784850家是一年内新成立的，占53.3%。这也在一定程度上反映出家政服务机构成立得快，消失得也快，抗风险能力较低。

2. 家政服务企业主要落户在经济发达地区

根据爱企查截至2022年4月17日的数据，在业的家政服务企业主要注册地在沿海经济发达省市。其中山东省注册企业最多，达到121523家，占所有在业企业单位数的10.4%，其次是江苏省，占9.8%。广东、浙江、上海列第3~5位，分别占6.4%、5.7%和5.4%。河北由于离北京、天津比较近，家政服务注册企业数也比较多，占4.8%。西部地区中四川省家政服务注册企业数较多，达到52162家，占4.5%。北京、天津和重庆家政服务注册企业数分别占全国在业家政服务企业数的2.9%、2.6%和2.4%。

3. 家政服务企业以小微企业为主

从企业规模看，家政服务企业以小微企业为主。家庭服务业 36 城调查数据显示，2021 年全国家政服务法人单位中，小型企业和微型企业分别占 48.4% 和 30.0%，合计约占八成。从区域分布看，东北地区小微企业占比最高，为 88.1%；其次是西部地区，为 84.2%（见表 6）。与 2020 年相比，大型和中型企业占比有所提高，小型企业占比下降 2.2 个百分点，微型企业占比变化不大。但是地区间的企业规模升级发展不均衡，东部地区和中部地区的大型企业占比分别增加 4.9 个百分点和 3.1 个百分点，西部和东北地区大型企业占比则有较大幅度下降。

表6 2021 年各地区家政服务企业规模构成

单位：%

类型	大型企业	中型企业	小型企业	微型企业	小微企业
全国	8.8	12.8	48.4	30.0	78.4
东部	15.0	14.2	33.6	37.2	70.8
中部	10.0	12.7	52.8	24.5	77.3
西部	3.6	12.2	57.7	26.5	84.2
东北	2.9	9.0	63.7	24.4	88.1

资料来源：人社部统计调查中心，2021 年家庭服务业 36 城调查数据。

4. 家政服务管理以中介制为主，员工制管理呈现一定的规模

中介制依然是家政服务业的主要管理模式。根据课题组 2020 年 11 月对家政服务企业的问卷调查，家政服务机构中实行中介制管理的占 29.3%，会员制（准中介制）管理的占 2.3%。有 44.3% 的企业采取混合制，按员工类别实行不同的管理模式。在混合模式中，中介制占 50% 以上的企业占 23.6%，会员制占 50% 以上的企业占 7.5%。数据显示，员工制家政服务企业已具备一定的规模，占比为 24.1%，在混合模式中员工制占 50% 以上的企业占 10.9%（见图 4）。

根据对家政服务人员的问卷调查，有 48.2% 的家政服务人员表示，其当前所在家政公司采取员工制管理方式，31.6% 的家政服务人员所在公司采取中介管理模式，另有 9.0% 未通过公司，自己寻找雇主（见图 5）。考虑到家政服

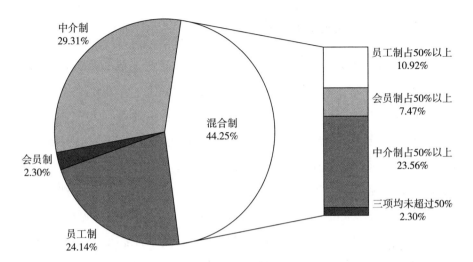

图4 企业管理模式

资料来源：课题组2020年11月家政服务企业问卷调查。

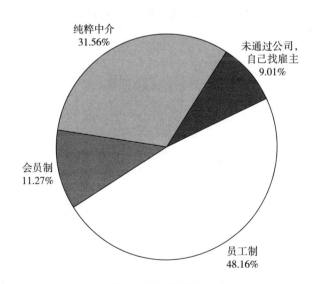

图5 企业管理模式

资料来源：课题组2020年11月家政服务人员问卷调查。

务人员大多受教育程度不高，对家政公司的管理模式不是非常清楚，比例可能存在虚高的情况，但这也反映出员工制家政服务企业已具有一定的规模。

（四）疫情对家政服务业的影响

2020 年发生的新冠肺炎疫情对国内经济和就业造成较大冲击，家政服务业也未能幸免，上门服务供需两端都遭受重创。2020 年 1~2 月，家政服务业基本处于停摆状态。进入 3 月，随着疫情逐渐得到控制，部分家政企业开始复工复产，4 月后，家政服务业开始复苏。根据课题组 2020 年 11 月家政服务企业问卷调查结果，12.1% 的被调查企业认为疫情影响危及企业存续，33.3% 的企业认为受到疫情的影响比较严重，经营困难，只有 2.9% 的企业认为疫情对企业经营影响不大（见图 6）。但多数企业仍然对家政服务市场的发展趋势持谨慎乐观态度，认为未来一段时间内家政服务市场规模能恢复到去年同期七成以上水平的占 72.8%，认为能基本恢复到甚至超出去年同期水平的企业占 17.9%，还有 14.5% 的企业认为未来发展趋势如何不好判断（见图 7）。

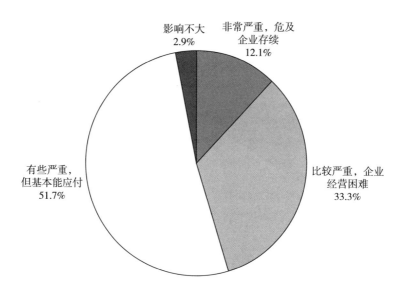

图 6　疫情冲击家政服务企业经营的严重程度

资料来源：课题组 2020 年 11 月家政服务企业问卷调查。

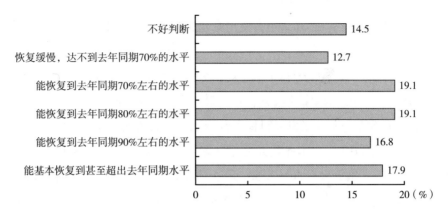

图7　家政服务企业预计经营恢复程度

资料来源：课题组2020年11月家政服务企业问卷调查。

二　家政服务业发展面临的机遇和挑战

（一）家政服务业发展面临的机遇

1.家政服务业发展空间广阔

近年来，我国大力推进新型城镇化，城市人口数量与占比大幅增加，极大地扩展了家政服务的潜在市场容量，人口老龄化、家庭小型化以及鼓励生育政策的实施更是让养老、育婴等家务劳动的溢出水平不断提升，创造了大量的家政服务潜在需求，为吸纳就业奠定了产业和社会基础。尤其是人口老龄化催生了大量的老年护理和老年病患照顾需求。2014年以来，我国60岁及以上人口呈快速增长趋势，2021年达到26736万人，占全国当年总人口的18.9%。其中65岁及以上人口达到20056万人，占人口总数的14.2%，比2020年上升0.7个百分点①，老龄化程度进一步加深。而我国家政服务内容中，老年人护理和照顾所占比例较低，今后有很大的服务需求空间。家庭

————————————

① 国家统计局：《2021年国民经济和社会发展统计公报》。

服务业 36 城调查数据也表明家政服务人员需求旺盛，2021 年有 65.7%的受访常住居民家庭表示在 2022 年有使用家政服务人员的需求。

2. 国家政策支持

2010 年，国务院办公厅印发《关于发展家庭服务业的指导意见》（国办发〔2010〕43 号），以家政服务、养老服务、社区照料服务和病患陪护服务四个业态为重点，明确了发展目标和政策措施，家政服务业的发展第一次有了顶层设计。2019 年，国务院办公厅又印发了《关于促进家政服务业提质扩容的意见》（国办发〔2019〕30 号），该文件政策含金量高、创新突破点多、内容覆盖广，成为近年来家政服务业最重要的政策文件，在家政服务业引发了强烈反响。

在服务群体对象方面，2019 年为促进养老服务，国务院办公厅又印发了《关于推进养老服务发展的意见》（国办发〔2019〕5 号）及其配套政策，分 6 个方面 28 条进一步厘清思路、瞄准痛点、细化措施，为今后一段时间养老服务发展提供了遵循。为促进解决"幼有所育"问题，国务院办公厅印发了《关于促进 3 岁以下婴幼儿照护服务发展的指导意见》（国办发〔2019〕15 号），确立了促进婴幼儿照护服务发展的 4 条基本原则。

此外，人力资源和社会保障部、民政部、财政部、商务部、全国妇联等五部门发布《关于实施康养职业技能培训计划的通知》（人社部发〔2020〕73 号），支持家政人员技能培训，提升家政人员技能水平。

3. 新技术新模式不断涌现

互联网在家政服务业得到广泛的应用。自 2013 年以来，e 家洁、云家政、阿姨帮等众多家政 O2O 创业公司不断涌现。自 2014 年以来，BAT、京东、58 同城等互联网领军企业也纷纷布局包括家政服务在内的上门服务业务，家政 O2O 行业市场规模快速增长。前瞻产业研究院的研究数据[1]显示，中国互联网家政平台月活跃用户规模已经从 2018 年 6 月的 1282 万人增加到

---

[1] 前瞻产业研究院：《2021 年中国家政服务行业市场规模与需求现状分析：重拾增长、数字化转型加速推进》，前瞻网，https://www.qianzhan.com/analyst/detail/220/210902-5edb62f1.html，2021 年 9 月 2 日。

2021年6月的2919万人，三年增加了1.3倍。家政服务用户的线上渗透率从2018年的47.8%增加到2020年的71.4%。家政服务跨界发展也蓬勃兴起。近年来，"家政服务+其他生活服务""家政服务+生产服务业""家政服务+产品"等多种形式的跨界发展方兴未艾。这些新技术新模式将有力地推动家政服务规模的不断扩大以及业态的丰富。

（二）家政服务业发展面临的挑战

1.农民工总数增速下降，影响家政服务业吸纳就业

自2011年以来，我国农民工总数增速呈总体下降趋势，由2011年的4.4%下降至2019年的0.8%，我国农民工无限供给的状况已经发生变化。2020年农民工总数首次出现下降，比2019年减少了517万人。与之同步，以农民工为主要来源的家政服务业也受到影响，行业劳动力供给呈现减少趋势。特别是随着老一代和新生代农民工的更迭，老一代农民工占总量的比例越来越小，农民工流动半径日益缩小，趋向于在中西部地区和就地就近就业，影响东部大城市的家政服务业人员供给。

2.新冠肺炎疫情影响经济增长和居民收入，不利于家政服务需求扩大

家政服务价格增速过快，尤其是实施"二孩政策"以来，一线城市家政服务价格持续上涨，专业月嫂月薪更是过万。这不利于居民扩大消费。而2020年以来的新冠肺炎疫情对我国经济造成较大的冲击。2020年全国居民人均可支配收入实际增长仅2.1%，比2019年增速下降了3.7个百分点①。当前，全球疫情仍在持续演变，国内经济恢复仍然不稳固、不均衡。2022年居民收入预期不稳、消费价格指数上升等因素都将影响对家政服务需求的进一步扩大。从人社部统计调查数据看，2020年的家政服务需求比例比2019年下降了4.2个百分点。

3.家政企业产业规模小，抗风险能力差，员工制发展遭遇瓶颈

从家政服务供给方来看，个体经营户占大多数。而法人机构以小微企业

---

① 国家统计局：《2020年国民经济和社会发展统计公报》。

为主，各地区占比超过70%，且发展相对缓慢。由于规模化企业少、龙头企业缺乏，企业管理能力和服务质量难以提升，经营方式单一，收入有限，抵御风险能力较差。同时，家政服务信用体系还不完善，企业不规范经营的问题依然存在。

家政企业管理模式仍然以中介制为主，员工制发展缓慢。家政从业人员参加社会保险比例较低。由于没有劳动合同的约束，一旦工作中遇到纠纷、受伤或其他突发事件，劳动权益难以保障。

4. 家政服务人员的技能水平不能适应市场需求，供求难以适配

家政服务价格虽然不断攀升，但服务人员技能提升有限，难以适应市场需求。规范的家政服务人员培训需要一系列科学的标准、完善的体系、高水平的师资、大量的软硬件投入以及良好的市场环境。但现实中许多家政服务培训非常简单，培训时间短，培训质量不高。有的培训存在"走过场"、"买卖"证书、"劣币驱逐良币"等现象，服务人员"软、硬技能"水平低下的情况并不罕见。而雇主对服务的要求却日渐提高，服务供求双方的差距较大，不利于行业发展和进一步扩大就业。

5. 法律制度不完善、社会认同度不高，不利于吸引高素质劳动力进入家政服务业就业

当前，家政服务业的相关法律制度尚不完善，在人员管理、风险防范等方面存在真空，不利于从业人员的权益维护，不利于保障雇主的正当利益，还在社会中造成了负面影响，在供给端不利于吸引劳动力进入家政服务业，在需求端不利于将雇主的"潜在需求"转化为"实际需求"。同时，由于社会认同度不高，行业的人才吸引力差。当前我国专门培养家政服务从业人员的院校非常有限，每年培养的大中专毕业生数量很少，与此同时，由于行业的社会吸引力不足，在有限的毕业生中，只有少部分进入了家政行业，半年到一年之后，这些少部分毕业生也纷纷流失，最后仍留在家政行业工作的屈指可数。这种社会背景使得家政行业无法集聚高素质、职业化的劳动力，而这又使社会对家政行业的评价进一步降低，造成了一种行业发展的恶性循环。

三 家政服务业发展未来展望

（一）家政服务业未来发展特点

家政服务业未来发展将呈现以下特点。

1. 专业化

家政服务内容日益多样细分，用户对家政服务的质量要求日益提高，这就要求家政服务人员必须加强培训和自我能力提升，提供专业化的服务。一方面，不论是人口老龄化带来的养老护理和病患照顾，还是鼓励生育政策推动的家庭婴幼儿和孕妇照顾、孩子家庭教育需求，都需要家政服务人员具备一定的专业技术水平。另一方面，随着扫地机、洗碗机、擦窗机器人等各种智能家电的研发完善并越来越多地走入一般家庭，人们在家务劳动方面的负担大大减轻，目前低技能的简单家庭保洁和做饭服务市场需求将进一步萎缩，即便是保洁等传统家政服务，需求也将更多地集中在需要一定专业技术的领域。

2. 智慧化

科技发展推动传统家政服务走向智慧化。首先是家政服务工具和设备智慧化。人工智能和物联网技术的发展，使得智慧化工具、智慧化设备不断更新换代，使用体验越来越佳，使用成本不断下降。家政服务业可以更多地利用这些智慧化工具和设备提供更加快速、专业和高质量的服务。其次是家政服务供需匹配和管理服务智慧化。传统家政服务企业逐渐向"互联网化"转型，形成"线上运营平台+线下综合服务"新发展趋势。雇主可以通过家政服务平台的大数据智能匹配服务，一键预约下单家政服务。家政服务企业可以通过平台进行培训考核和管理服务。最后是家政服务评价监管智慧化。区块链技术在家政服务业中的应用可以实现不可篡改的分布式信用信息采集，由此形成公开透明、可以追溯的信用信息链条。基于区块链技术的信用建设可以克服集中式信用认证

存在的低效率、寻租等风险，大大提高信息的可靠性以及获取信息的便捷度。

3. 混业化

家政服务业在不断融入新业态、新方式、新内容。因此，跨界发展、融合发展已成为家政服务业的一种潮流和趋势。有的家政服务企业立足社区，注重与物业管理、社区小卖部、社区养老机构等的融合发展。有的家政服务业注重与家电维修、美容美发等其他居民生活服务业的融合发展。有的家政服务企业细化家政服务业态，借助健康服务、婴幼儿教育等快速发展的有利时机，加强与这些行业的融合发展。有的家政服务企业则借助互联网实现多元化服务。

（二）家政服务业"十四五"规划展望

1. "十四五"期间家政服务业发展的形势任务

首先，对家政服务有效供给增长提出了新的更高要求。"十四五"期间，家政服务释放巨大的需求。同时家政服务供不应求矛盾突出，家政服务质量提升速度难以赶上社会对高端家政服务需求的快速增长。

其次，对家政服务业法制建设提出了新的更高的要求。家政服务业相关法律法规和制度不健全是政府政策层面掣肘家政服务业发展的一个重要因素，家政服务业法制建设亟待推进。同时需要进一步加强行业标准体系建设，完善行业监管机制。

再次，对家政服务职业化发展提出了新的更高的要求。目前家政服务从业人员以女性居多，年龄偏大，文化水平偏低，必须加快提高从业人员的职业素质。规范服务协议，保障从业人员合法权益。

最后，对家政服务业品牌化发展提出了新的更高的要求。家政服务机构小、散、乱问题不利于行业健康发展，需要加强家政服务品牌建设，推动行业持续健康发展。

2. "十四五"期间推动家政服务业高质量发展的建议

第一，扩大家政服务供给规模，提高供求匹配效率。完善就业服务，创新契合家政服务人员特征的就业服务。利用家政服务熟人关系的重要作用，在传统的职业介绍、劳务输出等公共就业服务中抓住家政服务人员中的"领头人"这一关键群体，支持其发挥带动就业和劳务输出的作用，通过制度给予其更多的保障，降低风险。提升就业服务智能化水平，通过大数据、AI技术等力争精准匹配。发挥行业协会在供求信息收集、对接政府等外部资源方面的作用。进一步做好留守老人、留守儿童工作，解决家政服务人员的后顾之忧。多渠道推动农村剩余劳动力参与家政服务。

第二，创造家政服务业发展的良好制度环境。短期内，规范行业秩序，进一步完善家政服务信用体系，探索区块链等新技术在家政行业规范中的作用。长期内，加快推进农民工市民化，促进家政服务人员在城市长期稳定就业，激励家政服务人员提升技能、实现职业化。

第三，提高家政服务人员职业素质，增强职业稳定性，提升职业化水平。大规模高质量开展家政服务职业技能培训，明确将服务协议作为培训补贴的依据，将家政服务全面纳入补贴性培训的范围。从标准制定、师资培养、教学研究等方面夯实家政服务技能培训的基础，加大实训投入，提升实训标准化。特别是在公共实训基地之外，面向培训机构给予支持或奖励。加强家政人才培养，培养新一代家政服务人员。在技工院校、大专、高职以及应用型本科院校大规模开设家政服务专业，增加招生人数和拨款，加强专业建设、师资投入，将大批年轻人引入家政服务业中，发挥"鲶鱼效应"，改善从业人员结构。同时，加强在读期间的就业训练、定岗实习，从知识和认知两个层面加强训练。通畅家政服务人员职业发展通道。在纵向上，进一步拉长职业技能等级，设置更加精细化的企业内部职业发展通道，为服务员提供更强的发展激励。在横向上，设置多元化发展路径并建立不同路径之间的职业通路，最大限度挖掘家政服务人员的人力资本潜能，激励服务员稳定就业、提升技能、获得发展。

第四，加强企业规范化、品牌化建设。建立完善家政服务保障机制。强化财税优惠和金融支持，研究提高家政服务业增值税进项税额加计抵减比

例，鼓励地方运用投资、基金等组合工具，支持家政企业连锁发展和行业兼并重组。探索建立全国家政企业和从业人员社会评价互动系统，优化家政服务信用信息服务。开展家政服务质量第三方认证，对家政企业开展考核评价并进行动态监管。发挥家政行业协会、消费者权益保护组织等作用，建立家政服务纠纷常态化多元化调解机制。

分 报 告
Sub Reports

B.2

2022年中国家政服务业就业报告

——基于58同城招聘大数据的分析

李 妍　冀 娜　肖影影*

摘　要： 本报告以国内最大的招聘平台——58同城招聘的大数据为基础，结合企业的定性访谈，对2018~2020年家政服务业的招聘就业数据进行深度分析发现：家政服务业就业规模在不断增大，就业吸纳能力增强，人员需求总量持续扩大，就业岗位更加多元化，就业人数保持增长，同时就业质量在提升；但行业存在招人难问题突出、岗位的结构性供求矛盾比较突出、规范化程度低、员工制落实困难等问题；同时，从业者年龄偏大、教育水平偏低也制约着行业服务质量提升。针对这些问题，本报告建议国家在政策制定、监督、教育培训等方面予以引导和支持。

---

* 李妍，58同城招聘研究院院长，研究方向为蓝领就业、雇主品牌、职业教育；冀娜，58同城招聘研究院资深研究经理，研究方向为生活服务行业供求研究、职业教育研究；肖影影，58同城招聘研究院研究经理，研究方向为蓝领就业大数据研究、制造业供求研究。

关键词： 家政服务业 招聘需求 就业质量

一 家政服务业扩大了就业容量

家政服务业不仅改善了居民生活水平，也提供了大量就业岗位。商务部数据显示，家政服务业吸纳的从业人员已超过3000万人[①]，且仍存在较大的需求缺口。58同城招聘大数据显示，家政服务业招聘人数持续上升，求职者数量也在增加。不过值得注意的是，求职者增速低于招聘人数增速，2020年12月家政服务业就业指数[②]已经高达11.4，远高于2019年12月的6.9，说明行业的用工缺口在加大。

（一）家政服务业就业吸纳能力增强

1. 人员需求总量持续扩大

商务部和国家发改委社会发展司公布的数据显示，2017年中国家政服务业营业收入达到4400亿元，同比增长26.0%，2015~2017年三年年均复合增长率为25.9%[③]。家政服务业的高速增长，离不开互联网的推动。2015年以来，随着移动互联网和大数据等信息技术的应用和资本的涌入，家政服务业线上化加速，出现了大批家政服务O2O创业公司，传统家政服务企业也积极拥抱移动互联网，创新服务方式，扩大了市场规模，也催生了更多就业机会。

58同城招聘大数据显示，2018~2020年，家政服务业招聘人数复合增长率高达26.8%。其中，2018年家政服务业每月招聘人数都保持较高的同

[①] 《商务部召开关于家政服务信用信息平台建设工作网上专题新闻发布会》，商务部网站，http://www.mofcom.gov.cn/xwfbh/20200707.shtml，2020年7月7日。

[②] 就业指数=招聘人数/求职人数，数值越大，说明该行业招人越困难。

[③] 《干家政，光靠辛苦不行》，人民网，http://society.people.com.cn/n1/2019/0829/c1008-31323760.html，2019年8月29日。

比增速，且增速持续加快。2019年，家政服务业进入提质整合期，市场监管力度加大，规范行业的政策指引相继出台，行业招聘人数同比增速有所回落。2020年上半年因疫情短期内抑制招聘需求，5月才开始回升，到2020年12月同比增长超过50%（见图1）。总体来看，2018~2020年家政服务业就业吸纳能力一直稳定增长，尤其随着国家政策的积极引领、市场需求的不断激活和互联网平台的创新加持，家政服务业焕发出新一轮的活力，逐渐成长为超级就业行业。

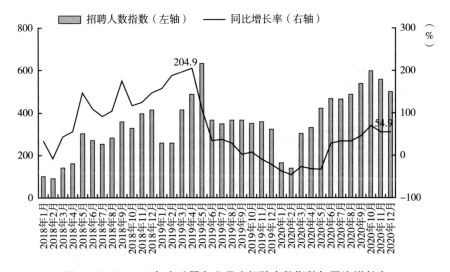

图1 2018~2020年家政服务业月度招聘人数指数与同比增长率

注：招聘人数数据已经进行了脱敏处理，2018年为基期，数值为100，后面月份进行了等比例换算。

资料来源：58同城招聘研究院。

2.就业岗位更加多元化

目前，中国家政服务业务范畴持续扩大，从居家保洁、保姆等传统的简单劳务发展到包括母婴护理、早教等更加专业的知识技能型服务，家政服务项目不断细分，尤其随着社会人口结构的变化，养老服务和母婴护理成为重要的家政服务场景。第三方数据显示，54.9%的雇用者使用家居保洁服务，此外分别有26.0%和18.0%的家庭雇主使用母婴护理

和养老服务①。家政服务业专业化发展趋势让岗位更加多元，也为劳动者带来更多的就业选择。

58同城招聘大数据显示，家政服务业招聘人数前5岗位分别是钟点工、保姆、月嫂、育婴师/保育员、护工，其中钟点工和保姆招聘人数占比均在30%以上（见图2）。

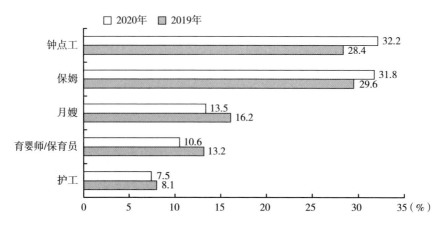

图2 2019～2020年家政服务业招聘人数前5岗位及其人数占比

资料来源：58同城招聘研究院。

从2018～2020年家政服务业典型岗位招聘人数同比增长情况（图3）来看，大部分岗位人数正增长。2020年，受疫情影响，各个岗位的招聘人数增速普遍放缓。不过，钟点工、保姆岗位增速仍保持在20%以上，显示出市场对于钟点工、保姆等基础家政服务的消费具有刚性。钟点工岗位年度增速波动较大，这与主要用工方——互联网家政服务平台的发展密切相关，一方面家政服务平台为提升订单量和用户黏性，普遍把居家保洁作为入门级业务，催生了钟点工招聘人数的爆发式增长；另一方面，近年家政服务O2O平台处于整合期，招聘人数波动大。月嫂和育婴师/保育员、护工等岗位由于前期基数较小，2018年、2019

① 《2021年中国家政服务业市场规模及重要细分领域分析》，艾媒咨询网站，https：//www.iimedia.cn/c1020/78545.html，2021年5月12日。

年同比增速较高，均在 50% 以上，而 2020 年受疫情影响，同比增速放缓。

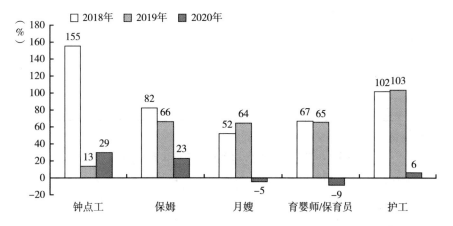

图3　2018～2020年家政服务业典型岗位招聘人数同比增速

资料来源：58 同城招聘研究院。

随着人口老龄化进程的加快以及国家对老龄化问题越来越重视，健康照护服务需求增加催生出新岗位，比如健康照护师、社群健康助理员、老年人能力评估师等。这些新兴岗位基数小，但增速快，反映出家政服务消费正在升级。另外，家政服务业在不断迭代升级过程中，也诞生了一批新型服务需求，如收纳、上门宠物服务等。这反映了家政服务业顺势发展、潜力不断释放的良好势头，也反映了家政服务业中就业的灵活性和适应性。

3. 经济发达地区贡献更多就业

分地区来看，经济发达省区市，如广东、江苏、浙江、北京等招聘数排名前列，这些地区家政服务业市场化程度高，市场容量大，提供的家政服务岗位种类和层次也很丰富，特别是这些省区市的家政服务 O2O 平台发展较好，提供了大量工作岗位。而四川、河北、河南等省区市人口规模大，既是家政消费需求大省，也是家政服务人员劳务输出大省，因此招聘需求也很旺盛（见图4）。

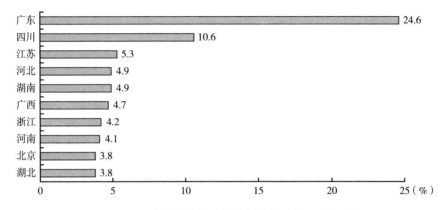

图4 2020年家政服务业招聘人数占比前10省区市

资料来源：58同城招聘研究院。

（二）就业人数保持增长

1. 求职人数月均同比增速超过20%

家政服务业良好的发展态势、较低的从业门槛以及不断上涨的薪资，吸引了大量求职者进入。58同城招聘大数据显示，家政服务业求职者求职行为具有明显的季节性，春节过后是求职高峰期，之后逐渐平稳，在春节前，即每年的2~3月下降至最低点（见图5）。从各月的求职人数来看，大部分月份和上年同期相比都有所增长，2019年、2020年的平均月活跃求职者人数①分别同比上升31%、18%。由于家政服务业老员工往往通过熟人、中介找工作，可以认为这些求职者中很大一部分为新人。不断增加的新人说明该行业对于求职者吸引力增强。

2. 求职者以大龄女性为主，学历偏低

家政行业对于解决女性，特别是"40/50"女性的就业，发挥了很大作用，对某些岗位如月嫂、育婴师/保育员、育儿嫂等，雇主普遍会要求应聘者有生育孩子的经验，这使得有生育经验的大龄女性具有较明显的优势。

---

① 平均月活跃求职者人数=当年12个月活跃求职者人数总和/12。

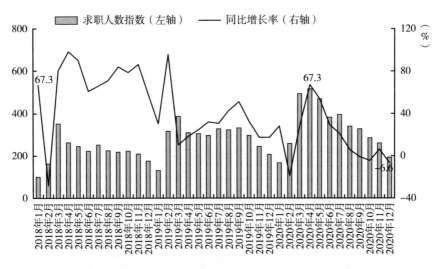

图5　2018~2020年家政服务业求职人数月度变化趋势

注：求职人数数据已经进行了脱敏处理，2018年为基期，数值为100，后面月份进行了等比例换算。

资料来源：58同城招聘研究院。

从求职者性别分布来看，女性求职者占比超过七成。由于近年来老龄化加速，市场对护工的需求增多，带动男性求职者加入，占比超过两成（见图6）。

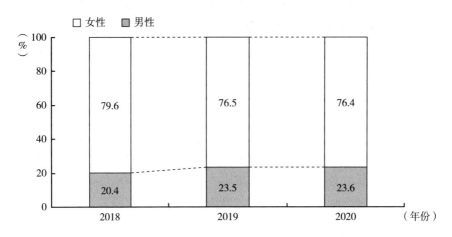

图6　2018~2020年家政服务业求职者性别分布

资料来源：58同城招聘研究院。

年龄方面，家政服务业成为很多大龄劳动者重要的就业渠道，2020年，45岁及以上求职者占比超过45%，该比例远高于其他生活服务业。值得注意的是，家政服务业的求职者正在变得"更老"，即45岁及以上求职者数量占比在提高，这对行业服务质量提升、人员培训、管理等提出了更高挑战（见图7）。

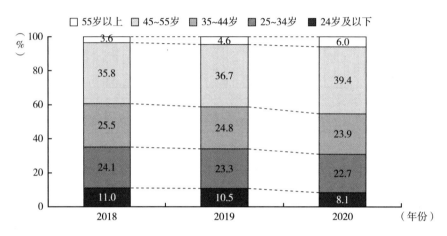

图7 2018~2020年家政服务业求职者年龄分布

资料来源：58同城招聘研究院。

学历方面，由于很多家政服务岗位是体力工作，对劳动者的教育背景要求不高。2020年家政服务业求职者文化程度以初中及以下占比最高，达到42.4%。但同时，随着薪资水平提高以及一些高端岗位的出现，家政服务业对于高学历求职者的吸引力增大，大专及以上学历求职者占比也在提高，2020年达到17.2%，比2018年上升了1.7个百分点（见图8）。

3. 大城市人才集聚效应明显

一线及新一线城市家政服务需求旺盛，就业岗位多、薪资高，吸引了大量求职者。北京、上海、深圳作为全国人均居民收入最高的城市，家政服务工作岗位数量多且种类丰富，提供的薪酬也较高，是求职者最偏好的工作城市。特别是北京作为北方唯一的一线城市，吸纳了很多周边地区的求职者，求职人数遥遥领先。成都、杭州、南京作为后起之秀，城市经济水平发展势头很好，也吸引了大量求职者，人数占比非常高（见图9）。

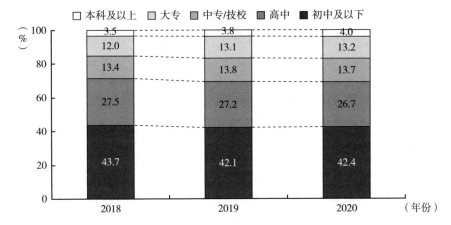

图8 2018~2020年家政服务业求职者学历分布

资料来源：58同城招聘研究院。

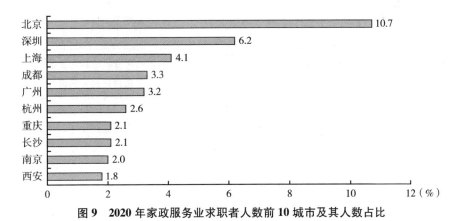

图9 2020年家政服务业求职者人数前10城市及其人数占比

资料来源：58同城招聘研究院。

（三）就业指数持续上升

1. 全行业就业指数不断创新高

尽管家政服务业的用人需求和求职人数都在增长，但二者增速不一致，用人需求增速高于求职人数增速，导致就业指数（招聘人数/求职人数）上升。如图10所示，从2018~2020年家政服务业就业指数月度变化趋势来看，虽然就业指数波动具有一定周期性，但总体是上升的。分月来看，每年年底是就业指数的一个高点，2～3月处于低点，2020年上半年受疫情影响，供求都下降，就业指数较低，但从下半年开始，家政服务市场复苏，供求增速差异过大，导致就业指数一路上升，在年底超过2019年、2018年的同期水平，达到新高，说明招人难度进一步加大。

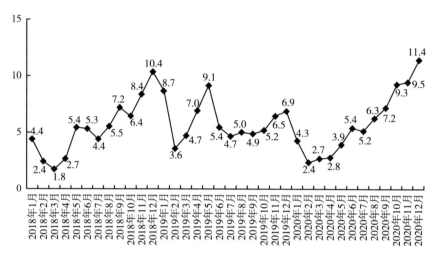

图10 2018～2020年家政服务业就业指数月度变化趋势

资料来源：58同城招聘研究院。

2. 岗位就业指数差异明显

分岗位来看，典型岗位就业指数均较高，且自2020年下半年以来一路上升。不同岗位之间存在差异，钟点工、月嫂岗位的供需尤为紧张。钟点工主要提供居家保洁、烹饪等服务，是入门级家政服务，市场需求旺盛且消费频次高，是各大家政服务O2O平台必争的业务领域，用人规模大且增长很快，高于求职者增速。月嫂岗位对于求职者技能要求较高，市场需求旺盛但求职者较少，近年市场一直供不应求（见图11）。

分时间段来看，各岗位月度就业指数也有差异。多数岗位的就业指数在年底出现明显的高峰，这主要是由于很多从业者年底返乡，供应减少。钟点

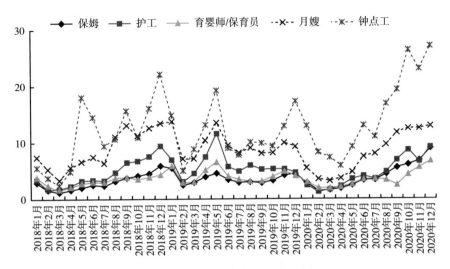

图 11 2018~2020 年家政服务业典型岗位就业指数月度变化趋势

资料来源：58 同城招聘研究院。

工岗位就业指数在年底大幅上升，除了劳动者返乡、供给减少因素外，还由于年底城市家庭对钟点工需求大增。

二 家政服务消费升级带动就业升级

家政服务业处于提质扩容进程中，就业质量也在改善，具体表现在：①随着经济发展、人口结构变化，以及我国持续的利好政策，家政服务业中对月嫂、育婴师/保育员等技能型岗位需求不断增多，对家政从业人员要求也在提升；②为应对客户不断升级的需求，家政服务企业也在创新服务方式、增加服务内容，衍生出更多新型细分岗位，让求职者的选择越来越多；③家政服务业整体薪资不断上涨，使劳动者获得更多收入。

（一）月嫂等技能型岗位需求快速增长

随着经济的发展，我国城市居民在基本生活需要得到满足后，逐步开始追求高品质生活，对家政服务的需求也越来越精细化，除传统家务、居家照

顾类家政服务需求增长外，母婴护理、养老护理等高端家政服务需求增长也非常迅速，成为近年家政服务市场增长的推动力。

58同城招聘大数据显示，2018年1月~2020年12月，护工、育婴师/保育员、月嫂招聘人数总体呈上升趋势，其中护工招聘人数月度平均同比增长率最高，很多月份超过100%，老龄化护理需求正在持续释放。育婴师/保育员和月嫂招聘人数月度平均同比增长率均在40%以上（见图12）。

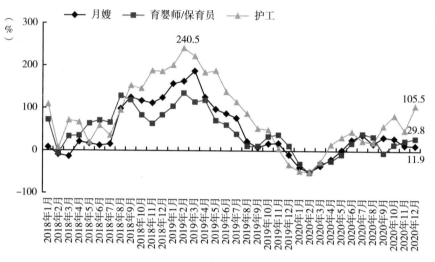

图12 2018~2020年典型技能型家政服务岗位月度招聘人数同比变化趋势

资料来源：58同城招聘研究院。

护工、育婴师/保育员、月嫂招聘人数的增长与我国当前社会人口结构、家庭结构变化有关。根据第七次全国人口普查数据，当前我国60岁及以上人口有2.6亿人，其中65岁及以上人口1.9亿人，占总人口比重达到13.5%，人口老龄化程度已高于世界平均水平（9.3%），且老龄化进程明显加快。与2010年第六次全国人口普查数据相比，中国60岁及以上人口占比上升了5.44个百分点，与2000~2010年相比，上升幅度提高了2.51个百分点。与此同时，我国家庭普遍趋于小型化和少子化，老年人的照顾更多需要借助外部力量，对养老护理的需求增多。

另外，"80后""90后"成为生育主力，育儿理念更新，对孕妇、婴儿护理的要求，已开始由简单的物质供应、传统的生理呵护，转向更关注心理的调适、心灵沟通及科学育儿文化的熏陶，需要高品质的母婴护理服务和专业指导，即从生活消费逐步过渡到精神消费。因此，对于育婴师/保育员、月嫂等需求越来越多。

（二）新兴消费需求催生新工种，就业空间进一步扩大

家政服务业的产业链正在延伸。市场方面，保洁、保姆、钟点工等家政服务是刚需也是高频消费，具有贴近消费者、受众广泛等特点，同时家政服务消费者千差万别，个性化需求很多。这为家政服务业与其他行业融合发展提供了契机。政策方面，2019年，国务院办公厅印发《关于促进家政服务业提质扩容的意见》，也鼓励各地完善家政服务业体系建设，促进家政服务业与相关产业融合发展。

目前不少家政服务企业正尝试将家政服务与便民、养老、医护等其他居民生活服务业融合，使家政服务更加精细化、专业化。例如，针对新出现的消费场景，某些家政服务公司推出了收纳整理、宠物照料、房屋维修，甚至早教中心、医护上门、体检理疗等生活类服务。一些家政服务公司和社区探索推进社区家政一站式服务建设，从原先单纯的家政服务发展到为社区居民提供居家、母婴、养老、医疗护理和转接等综合服务，打造社区"15分钟家庭服务圈"，全面实现社区家政一站式服务①。这些探索，拓宽了消费者可选择的服务种类，也在满足用户多元化、个性化、高品质的服务需求的同时，引领行业向专业密集型转变。

总的来说，随着用户需求上升和市场环境的变化，以多元化、个性化、精细化的专业服务来应对日趋多样化的新场景和新需求，正成为中国家政服务业升级的方向。而细化的岗位分工，也意味着对专业化技能要求更高，家政服务从业人员需要接受更专业、系统的学习，以更加职业化、专业化的面

① 《"15分钟家政服务圈"连接供与需》，南方杂志网站，http://www.nfzz.net.cn/epaper/fb/347/content/2021-05/17/content_192450750.htm，2021年5月17日。

貌促进家政服务业发展，进而加强行业吸纳新增劳动力的能力。

表1是近年出现的新型家政服务岗位，其中一些岗位，如健康照护师已经被收入《职业分类大典》中，预计未来这些相对"小众"的职业将会得到更多认可。

表1　近年家政服务业中出现的新型岗位

岗位	岗位描述
花卉养护师	主要负责家庭鲜花绿植土壤的酸碱度调节、除虫以及日常护理等方面的工作，或给予相应指导教学
养老护理师	为老年人提供日常生活照料、康复护理和精神慰藉等服务
健康照护师	利用基本医学护理知识与技能，在家庭、医院、社区等场所，为照护对象提供健康照护及生活照料
收纳整理师	在家庭生活需求上对空间做规划，对现有物品筛选分类，从而解决物品收纳问题
母婴保健师	提供孕前指导、胎教指导、妊娠期卫生保健、分娩陪护、哺乳期保健、新生儿健康管理、保健服务和心理调适等

（三）薪酬水平不断攀升，但分层也日趋明显

1. 月嫂薪酬水平最高

在就业人数增长的同时，家政服务业平均招聘薪酬也在上涨，不过岗位之间差异较大。其中，月嫂在2020年平均招聘月薪为9542元，高居家政服务业之首，高于很多服务业岗位。同比变化上看，保姆薪酬同比增速最高，超过20%，招聘月薪达8936元（见图13）。这表明，具有较强专业性、技能性以及劳动强度高的岗位收入水平更高。

2. 一线城市薪酬上涨幅度超过10%

从不同经济发展水平城市薪酬来看，城市经济发展水平越高，家政服务业招聘薪酬也越高。2020年一线城市家政服务业平均招聘薪酬最高，达到9123元/月，新一线城市次之，为7999元/月，二线和三线及以下城市招聘薪酬相对较低，但也超过7000元/月（见图14）。总体来看，不同经

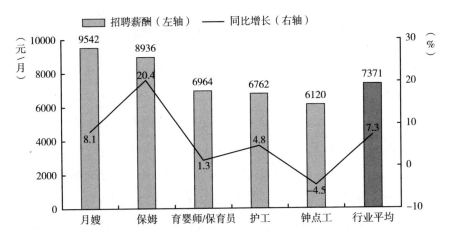

图13 2020年中国家政服务业典型岗位平均招聘薪酬

注：招聘薪酬指的是企业发布招聘广告时标注的薪酬，可能与实际薪酬有差异。
资料来源：58同城招聘研究院。

济发展水平城市的招聘薪酬出现普涨，企业用工成本提高。其中二线及以上城市涨幅更大，一线、二线城市涨幅都超过10%。

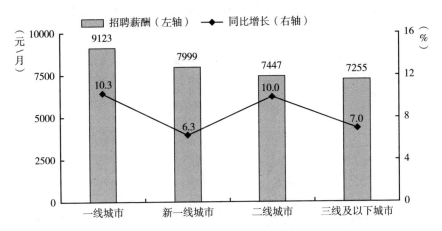

图14 2020年不同经济发展水平城市家政服务业平均招聘薪酬

注：招聘薪酬指的是企业发布招聘广告时标注的薪酬，可能与实际薪酬有差异。
资料来源：58同城招聘研究院。

（四）专业技能价值提升，对从业者要求升级

伴随着居民对家政服务内容和质量要求的不断提高，家政服务正从简单的体力劳动朝着更为个性化、专业化的方向发展。除了为人熟知的保洁、看护、钟点工等，家政服务业已逐步构建起集家政服务、职业培训、心理咨询、健康保健等内容为一体的综合服务体系，服务对象已经囊括妇女、儿童、老年人、残疾人、青壮年和优抚对象等，服务场景包括家居清洁、收纳整理、家庭成员日常生活照顾、母婴护理、产后恢复、早教等。这需要从业者具备不同的职业资格和专业能力。以月嫂为例，除需要掌握产妇护理、婴儿护理等知识外，还需要掌握营养学、产后恢复等专业知识，有的甚至要求月嫂有心理辅导知识和较高的情商，防止产妇产后抑郁。

在此背景下，月嫂、育婴师/保育员等技能型岗位对于高能力求职者吸引力高于其他劳务型岗位，如图15、图16所示，月嫂和育婴师/保育员的求职者中，45岁以下、大专及以上学历的占比明显高于其他岗位。而从业门槛偏低的钟点工，45岁及以上的求职者占比接近一半，初中及以下学历占比也接近一半。

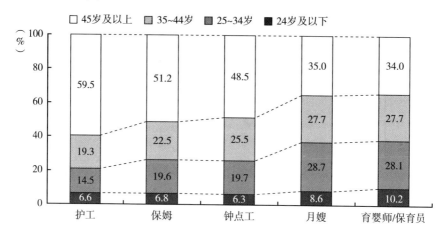

图15 2020年家政服务业典型岗位求职者年龄分布

资料来源：58同城招聘研究院。

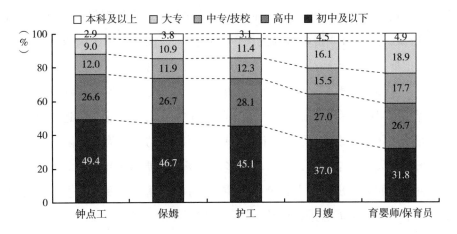

图16　2020年家政服务业典型岗位求职者学历分布

资料来源：58同城招聘研究院。

　　月嫂、育婴师/保育员岗位吸引了较多大专及以上学历的高学历求职者，这主要是因为这两种岗位对从业者的综合要求更高，同时也提供了更高的薪酬，这反映了市场对高学历家政服务人员的认可，也将助推更多高素质人才进入该行业。随着高端家政服务需求的增长，这些高素质人才将对行业服务质量提升起到关键作用，也将拥有更广阔的职业发展空间。

三　存在的问题

（一）用工难问题日益突出

1. 供需总量不平衡，人岗不匹配问题突出

　　一方面，家政服务人员供求总量增长不平衡。在需求端，由于居民收入提升、老龄化、家庭小型化等多方面因素，对家政服务的需求旺盛，需要更多的从业人员；在供给端，我国人口结构正在发生变化，年轻劳动力总量在减少，家政服务从业人员供给增长放缓。这导致家政服务业招人难问题越来越突出。图10显示，2018~2020年家政服务业的就业指数总体上升，表明

全行业的招人难度越来越大。这在一些基础岗位招聘中体现得更为明显，如图11所示，近年就业指数最高的岗位是钟点工，该岗位用工需求量大、就业门槛很低，就业指数高主要是由于人员供给远低于需求。

另一方面，家政服务业有效人才供给不足，人岗不匹配问题突出。月嫂、育婴师/保育员等技能型岗位这一问题尤为突出。如前文所述，目前家政服务业从业人员以45岁及以上、高中学历以下的女性为主。随着家政服务市场的扩大，高端岗位人才需求增多，市场需要更多更年轻、教育程度更高、更专业的人才加入。以育婴师/保育员为例，越来越多的雇主不仅要求照看孩子，还希望能够进行早教、陪玩，甚至外语启蒙，这要求应聘者更加年轻、受过较高的教育，但目前的人才供应难以满足需求。图17、图18显示，目前育婴师/保育员求职者学历以高中及以下为主，45岁及以上的求职者占比甚至有提高的趋势，这导致育婴师/保育员岗位招人难度较大，预计这种趋势还会持续。

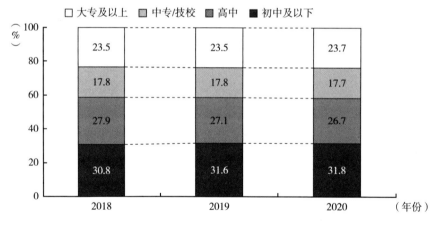

图17 2018~2020年育婴师/保育员岗位求职者学历结构变化趋势

资料来源：58同城招聘研究院。

2. 从业者流动大，加剧了用工难

调研发现，家政服务从业人员长期从事家政服务工作的意愿普遍比较低，流动性大。多家受访企业反映，新人中，能坚持干满1年的比例不超过

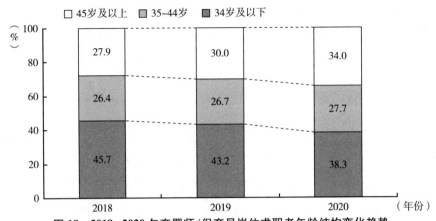

图18　2018~2020年育婴师/保育员岗位求职者年龄结构变化趋势

资料来源：58同城招聘研究院。

50%，很多人中途转行从事其他行业。老从业人员换工作频率也很高。这导致几乎所有家政服务企业全年都在招人，而且企业招人数量都不设上限。

用工难问题出现的原因非常复杂，主要有以下几种。

（1）从业者的职业认同感低，影响求职者的职业选择。家政服务工作被认为是"低技术含量"和"女性工作"，很多从业者默认了该逻辑。这种职业认同与职业选择为高流动性埋下了隐患。由于很多家政服务从业人员来自农村，学历低、年龄大，并且只经过简单培训，缺乏城市生活经验，与城市雇主存在生活习惯、消费理念等巨大差异，其实际服务水平与雇主的要求形成巨大的反差，致使"雇主用得不放心、保姆干得不开心"情况普遍存在。而目前不断出现的家政服务业负面新闻，也使从业者饱受职业道德审视、服务技能缺板、高失业率等多重压力。这导致从业者的职业尊严感和安全感很低，不想长期从事该行业。

（2）目前的用工方式，不利于人员稳定。目前的家政服务企业多为中介企业，企业、劳动者、雇主之间签订的协议，对于各方的权利和义务的约束力低，很多用工甚至是熟人介绍，不签合同，以口头协议为主。这导致从业人员辞职、雇主辞退的成本都很低，进而导致人员流动性大。

（3）从业者职业素养有待提升。很多从业人员选择工作的主要参考因

素是薪酬，并且会互相比较薪酬，一旦发现更高薪酬的去处就选择"一走了之"。这种服务意识和责任感缺失，导致雇主对从业者普遍存在很强的不信任感，恶化了整个行业的用工环境，客观上加大了招工难度。

（二）服务质量提升难度大

家政服务人员的服务技能难以达到雇主要求的标准，导致家政服务业的客户满意度偏低。随着城市居民生活水平提升，市场对专业性、精细化的家政服务需求越来越多，如对于居家保姆，雇主不只要求家政服务人员打扫卫生、做饭、带孩子等，还要求家政服务人员懂居家美化、科学收纳、营养学、健康护理甚至早教等。但目前多数家政服务人员只会基础的家务劳动，很多甚至没有经过培训直接上岗。而月嫂、育儿嫂（育婴师/保育员）等对专业技能要求高的岗位，市场更是一"嫂"难求。造成这一局面的主要原因有以下三点。

1. 缺乏高素质从业者，从根本上限制了服务质量提升

家政服务业是服务性行业，服务质量是核心，从业人员能力素质是服务质量提升的基础。如前文所述，目前家政服务从业人员以45岁及以上、高中及以下学历的女性为主，这些从业人员的学习能力、沟通能力偏低，培训成本高且效果差，主要从事一些低门槛的家务型岗位。而目前需求量大的月嫂、育婴师/保育员、高端保姆等技能型岗位，要求更多年轻、高学历、受过家政服务专业培训的人才，目前的人员结构远远满足不了需求。

家政服务业的中高层人才也同样缺乏，主要表现为专业技能型人才（如培训讲师）、管理人才（如门店管理人员）非常稀缺。缺乏高质量管理人员和讲师已经成为很多家政服务企业扩大经营规模、提升服务质量的主要障碍。多数企业的创办者兼任管理者，人才主要靠内部培养，时间周期长，由于家政服务业创业门槛低，很多人才成熟以后选择自主创业。长此以往，导致目前家政服务企业普遍规模偏小，经营者忙于应对日常事务，对关系到长远发展的规范化、服务质量提升方面难以持续投入。

2. 家政服务业的标准化程度偏低，且标准难以落地

一方面，很多领域缺乏标准。如目前国内对于保姆、月嫂、育婴师/保育员等岗位没有权威的技能鉴定标准，一些头部公司推出了公司内部标准，但是各公司标准差别大，通用性差，没有得到行业普遍认可。这导致家政服务人员的技能评价非常不透明，消费者在选择家政服务人员的时候，往往无所适从，主要根据价格挑人，这为后续争端埋下了隐患。

另一方面，一些领域有标准，但也存在标准难以落地、没有部门监督执行的情况。如家政服务人员考核需要笔试和实操，笔试部分容易标准化，但实操部分很难考核，没有权威机构组织进行评定。

3.家政服务业缺乏科学、完备的职业培训体系

我国目前缺少家政服务领域的职业院校，从业人员的培训学习主要由家政服务公司完成，培训内容和质量差别很大。对于市场急缺的薪酬高的月嫂、催乳师、育婴师/保育员等岗位，目前市场上有很多付费培训机构，收费从1千元到1万元不等。这些机构良莠不齐，提供的培训多为入门基础操作，培训时长多为5~10天，与国家要求的培训时长有较大差距，且培训质量难以保证。

我国政府近年一直在鼓励产教融合，对符合条件的家政服务企业进行专项补贴。但这些培训多为入门培训，仅解决了从业门槛的问题，对于从业人员职业技能持续提升、专业技能培训则覆盖不足。而且目前符合政策补助条件的企业数量较少，经其培训的从业者数量有限，不能满足日益增长的市场需求。

（三）员工制落实难度大

尽管我国政府提倡家政服务企业实施员工制，并在补贴方面对员工制企业有政策倾斜。但从实际调研情况来看，家政服务业落实员工制经营难度非常大。

1.员工制对企业成本和日常管理造成双重挑战

目前家政服务企业多为中小微企业，成本压力较大，很多都是微利运营，如果实行员工制，经营成本会进一步提高。如企业要给家政服务人员办理"五险"，企业自身难以消化这笔支出，转嫁给消费者则意味着提高家政服务的价格，消费者大概率不愿意承担，这一矛盾造成了员工制家政服务模式难以推行。

实行员工制以后，企业的日常管理也面临很多挑战。如对不同等级的员工如何定岗定薪，如何长期、有体系地培养员工，多数企业都不具备该方面的能力。此外，家政服务从业人员绝大部分来自农村，流动性大，社保参保类别五花八门，管理难度大，也加剧了员工制的实行难度。

2. 企业关注短期效益，缺乏动力落实员工制

很多家政服务企业追求"短平快"的盈利模式，没有动力实施员工制。在广东、北京、上海等家政服务需求旺盛的地区，出现了很多培训就业一体化的家政服务公司。这些公司资金、技术能力更加雄厚，管理者多具有较为先进的经营理念，熟悉行业上下游运作，能够高效地完成新人的招聘、培训、上岗，为市场输送大批新人。据推算，目前深圳、广州、北京等市场上的月嫂、育婴师/保育员、保姆等岗位的新人中，有1/3来自这些市场化培训公司[①]，其业务模式可见图19。这些公司的盈利主要来自培训端，在就业端也主要依赖向平台、机构"送人"，赚取中介费。对于面向终端用户的家政服务，这些企业有一定探索，但是规模普遍不大，原因主要是业务太复杂，盈利低，对于建立员工制兴趣也不强。

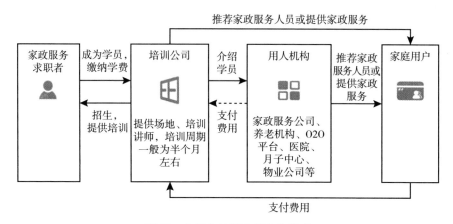

图19 市场化培训公司业务模式

资料来源：根据58同城课题组对企业的访谈资料整理得出。

---

① 根据58同城大数据和58同城课题组对企业的访谈推算得出。

相比传统的家政服务企业，这类培训就业一体化的公司盈利更快，更容易扩张，成为很多创业者的首选业务模式。这类企业在师资引进、建设方面更看重短期效益，培训老师多为经验型讲师，能够快速帮助学员掌握一些基础技能，实现快速上岗。但是在理论加实操、课程体系研发与改进等方面，多数机构缺乏相关能力，目前多数公司只能提供最基础的培训。并且由于很少面向终端客户服务，不实行员工制，不重视员工长期培养，进而限制了整个行业的服务质量提升。

四　政策建议

综上所述，家政服务业近年高速发展，对促进就业、改善居民生活发挥了很大作用。同时，家政服务业面临着人员流失率高、招工难、标准化规范化程度低等问题，建议政府在以下方面加强引导。

（一）理顺监管和协调机制，完善家政服务业标准化、惩戒制度、信用体系建设等配套政策

家政服务业涉及财政、社会保险、教育、卫生等多个领域，目前我国没有统一的管理部门。建议成立专门委员会或者协会，负责制定家政服务业的发展规划，制定行业准入制度，强化管理，通过专门委员会或者协会设立市场监督检查部门，对各企业的规范经营进行监督，同时要出台相应的政策予以配合。

出台政策法规，明确雇主和家政服务人员的权利和义务。明确雇主的权利义务，应该包括信息知情权和查验证件等权利，以及按约支付费用、提供必要的劳动保护条件、进行信息披露等义务；明确家政服务人员的权利，应该包括人格尊严受法律保护、有权拒绝可能危及其人身安全的家政服务等权利，明确家政服务人员应当如实进行信息披露、按照要求或者约定提供服务等。

建立家政服务纠纷常态化处理机制。对于纠纷的处理，应该保护雇主的

权益，但同时也要规范雇主行为，对于经常侵害家政服务劳动者权益的雇主，应该建立黑名单或者进行标识，切实保护家政服务劳动者的权益。

细化各领域的管理，推行家政服务标准化。尽快研究制定不同工种的职业技能鉴定标准和实施细则，并指定主管单位监督执行，改变目前行业"有标准不执行"的局面。建立省市县家政服务指导中心，开展家政服务人员技能鉴定。对于有条件的地区，应该强制实施，树立行业标杆。

加快家政服务信用体系建设。建立全方位反映家政人员身份信息、从业履历、服务评价、健康状况、技能经验等的档案信息，增强消费者对服务提供方的认知，营造安全消费环境。

（二）发挥龙头企业引领示范作用，引导服务规范化，经营员工制，带动全行业水平提升

引导头部企业深度参与标准化工作，树立行业标杆。头部企业有很强的示范效应，应该承担更多责任。目前标准化难以推行，是因为头部企业之间标准不统一，并且很多规范也没有执行。建议相关部门牵头组织头部企业制定职业技能等级评价标准、服务规范、纠纷处理规范等，实现互认标准，然后再向全行业推广。

引导家政服务企业从中介制逐步转向准员工制和员工制，重点培育扶持已有的员工制龙头企业做大做强、创建知名品牌，培育和引进品牌家政服务企业，对上述三类家政服务企业加大政策支持和财政补贴力度，在国家和地方标准的基础上建立企业标准，实施规范化管理；引导舆论宣传，提升社会对家政服务业的正面认知，提升对家政服务从业人员工作价值的肯定和尊重。

（三）建立多层次、产教融合的职业教育培训体系

虽然家政服务目前"遍地开花"，但作为职业仍缺乏吸引力，尤其在高素质劳动者和技术技能型人才的培养上相对欠缺。市场上存在的家政服务培训企业，多以短期课程培训为主，缺乏统一考核标准和职业评定体

系，家政服务业职业教育仍然任重而道远。建议行业在以下三个方面做出改进。

一是优化家政职业教育理念，加快家政职业教育发展。要加大对家政服务业职业教育理念的输出，尤其重点引导转变学员求职观念，更新传统认知，树立家政服务职业尊严感，从"家政电商""互联网+家政""物业+养老服务"等新业态、新技术的发展，明确家政服务业升级革新的方向，从而增强家政服务业的人才吸引力，积极发挥家政服务类职业院校人才培养优势，进一步确立家政服务专业人才的培养模式、考核标准、运行机制，推进家政服务教育链、人才链一体化建设。

二是注重产教融合，开辟专业产教融合发展路径。家政服务是一个实践性特别强的职业，单纯在学校里学习理论知识是远远不够的，还需要定期进行实习实训，积累经验。因此需要大力支持实训基地和产教融合建设，开辟专业的产教融合发展路径，让人才培养与就业问题能够同步解决。

三是继续推进职业技能等级证书试点工作。对现有从业人员积极开展技术技能培训，举办不同层次的学历教育提升，尤其注意加大职业技能等级证书试点工作的推进，让社会人才能够持续提升自我，使其职业发展路径更通畅。

B.3
2022年家政服务职业培训教育
发展报告

韩 巍*

摘 要： 当前，我国家政服务一线人员的总体职业技能水平仍然较低，亟待大规模的正规培训。但是，家政服务职业培训存在培训设计缺乏系统性、培训内容设置缺乏相应的科学依据、师资水平不高、设施设备的标准化规范化程度低、培训市场失序、补贴政策尚不完善等问题。原因主要是开展培训的理念滞后，重经验轻科学，投入不足，对培训市场的监管和其自身自律不足，行业内人才缺乏等。基于目前存在的问题，本报告从政策、行业、企业三个层面出发，建议创新和加强培训市场监管，支持标准制定、师资培养、实训基地建设等基础性工作，进一步发挥行业协会在促进行业职业培训方面的作用，促进企业主动开展培训体系和课程设计等工作，夯实培训基础。

关键词： 家政服务业 家政服务职业培训 师资培养 实训基地

一 家政服务职业培训的现状

近年来，家政服务职业培训已经成为促进行业发展的重要抓手，越来

---

* 韩巍，博士，中国劳动和社会保障科学研究院副研究员，研究方向为照护经济、家政服务业、农民工就业等。

越受重视，除了家政服务机构开展培训之外，还出现了许多专业的培训机构，培训力量、培训规模正在日益壮大。中国劳动和社会保障科学研究院（劳科院）课题组在 2020 年 10 月通过问卷星，面向家政服务培训机构和家政服务人员开展了调查。调查共回收培训机构有效问卷 78 份，培训机构所在地覆盖了除湖北、湖南、江西、贵州、新疆、西藏、甘肃、宁夏、天津、海南以及港澳台之外的其他省区市，回收有效问卷最多的是北京、河北和陕西；共回收家政服务人员有效问卷 2115 份，其中男性 18 人，女性 2097 人；户籍方面，农业户口 1322 人，占 62.51%，非农业户口 412 人，占 19.48%，居民户口 381 人，占 18.01%；年龄方面，受访家政服务人员年龄介于 20 岁和 60 岁之间，平均年龄 43.1 岁，年龄的众数为 46 岁，38 岁以下的新生代家政服务人员占比为 17.6%；文化程度方面，以初、高中学历为主，初中和高中学历的占比合计达到 76.3%，中专、技校、职高学历占比 12.72%，大专及以上学历占比 7.47%。本报告的数据主要来自上述调查结果。

（一）家政服务人员的职业能力情况

根据劳科院课题组 2020 年 10 月的调查结果，接受调查的家政服务人员中没有参加过职业培训的比例不到 3%，47% 的受访家政服务人员在刚开始从事家政服务工作的时候参加过培训，接近 62% 的受访者每隔一段时间就要参加培训，大约 40% 的受访者在考更高一级证书的时候参加过培训。整体而言，服务人员培训已经在行业中普及，但是仍有超过一半的服务人员未经培训就上岗，特别是月嫂、催乳师这些受到热捧的工种，接受岗前培训的受访者占比分别只有 44.59% 和 30.00%（见表1），技能主要是在从业过程中"边干边学"得来的，市场的浮躁可见一斑。

表1 受访家政服务人员参加职业技能培训情况

单位：人，%

类别	刚开始做家政的时候参加过		隔一段时间就要培训		考更高一级证书的时候参加过		没有参加过		小计
	人数	占比	人数	占比	人数	占比	人数	占比	
住家家政服务人员	60	50.42	45	37.82	33	27.73	11	9.24	119
不住家家政服务人员	57	61.96	44	47.83	20	21.74	5	5.43	92
保洁人员	16	88.89	5	27.78	2	11.11	1	5.56	18
月嫂	495	44.59	850	76.58	511	46.04	6	0.54	1110
育儿嫂	282	51.27	277	50.36	218	39.64	6	1.09	550
小时工	11	52.38	6	28.57	5	23.81	2	9.52	21
催乳师	12	30.00	24	60.00	12	30.00	2	5.00	40
养老护理师	16	84.21	2	10.53	3	15.79	—	—	19
病患护理师	—	—	3	50.00	—	—	3	50.00	6
其他	51	36.43	53	37.86	41	29.29	28	20.00	140

资料来源：劳科院课题组2020年10月调查数据。

课题组在调研走访中了解到，许多家政服务培训都非常简单，培训时间短，培训质量不高，难以有效提升服务人员的职业技能水平。一些服务机构只对家政服务人员进行三四天甚至更短时间的简单培训，在有雇主需求时，无论这些服务人员接受的培训是哪方面的，都会被派到雇主家中。

在对培训的态度方面，绝大多数参加过培训的服务人员认为培训是有用的，有利于更好地完成工作，但是在提高收入方面的帮助不大，表明培训和收入之间尚不具有直接联系，不利于调动服务人员的积极性。

影响家政服务人员职业技能水平的因素有很多，既有行业本身的问题，也有政策层面的问题，还有市场的问题，但是从业人员本身是决定技能水平最基本的因素。家政服务业从业人员的构成主体是"40/50"女性农村转移劳动力，这一群体的特征是：受教育程度不高，根据课题组的调查，超过80%的受访家政服务人员学历水平为高中以下，加上年龄较大，接受新事物、新知识的能力和意愿不强，影响了职业技能水平的提升；流动性强，特别是城乡之间的流动性强，从业人员根据农忙和农闲的不同时间，游走于"务农"和"家政服务"之间，家政服务作为一项"零工"而非"职业"的定位影响了从业人员提升职业能力的意愿。课题组的调查显示，有大约一半的家政服务人员并非全职，有超过17%的受访者在一年中从事家政服务的时间不超过半年。

（二）家政服务职业培训机构发展迅速

近年来我国家政服务职业培训机构发展迅速，总体来看，培训机构主要分为四类：公办的培训机构（企业或事业单位）、非公办的法人单位、家政服务企业内部设置的培训机构以及其他类型（见图1）。

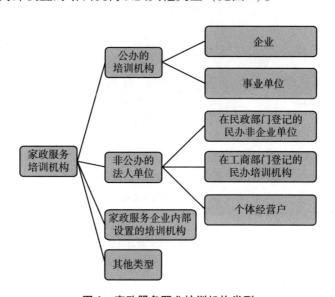

图1　家政服务职业培训机构类型

资料来源：作者整理。

公办的培训机构主要是各级人社、妇联、工会等部门开办的开展家政服务培训的机构，组织类型既有企业，也有事业单位；非公办的法人单位包括在民政部门登记的民办非企业单位、在工商部门登记的民办培训机构和个体

经营户；家政服务企业内部设置的培训机构主要是家政服务企业为了适应客户需要而在企业内部设立的专门培训部门，即"培训+就业"的模式，机构实际上并没有获得人社部门颁发的办学许可证，只是根据市场需求自行开展培训。劳科院课题组 2020 年 10 月调查的家政服务机构覆盖了全部这些类型，具体占比如图 2 所示。

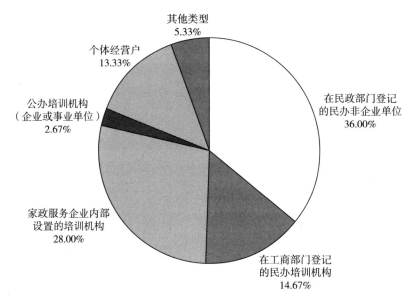

图 2 受访家政服务职业培训机构类型分布

资料来源：劳科院课题组 2020 年 10 月调查数据。

实践中，家政服务企业内部设置的培训机构、民办非企业单位、开展家政服务培训的企业单位是开展家政培训的主力军。笔者在"天眼网"输入"家政培训"关键词进行查询，共查询到公司 568 家（其中在业和存续状态 140 家，成立 1 年内的 21 家，成立 1~5 年的 273 家，成立 5~10 年的 132 家），事业单位 10 家，社会组织 342 家。家政服务企业内部设置的培训机构缺乏相关的统计数据和其他调查数据，但是根据课题组 2020 年 10 月的调查，绝大多数家政服务机构都设置了自己的培训部门（或开展了培训业务），如图 3 所示。

受访的家政服务企业中有 67.92% 的有单独设置的培训部门，30.19% 的

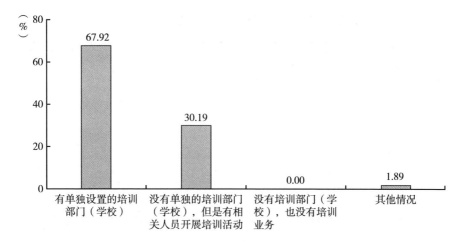

图3　家政服务企业设置培训部门（学校）情况

资料来源：劳科院课题组 2020 年 10 月调查数据。

没有单独的培训部门，但是有相关人员开展培训活动，表明无论培训质量如何，家政服务企业对培训的重要性已经有所认识。

（三）家政服务职业培训内容涵盖国家标准和市场需求

家政服务职业培训的内容大致上可以分为两类，一类是政府补贴的培训项目中，确定培训内容、考核内容的依据都是相应的国家职业资格；另一类则是不在国家职业资格范围内、根据市场需求设置的培训。前一类的培训主要包括家政服务人员、养老护理员、保育员、育婴员（师）、保健按摩师、营养配餐员、中式烹调师、中式面点师、西式烹调师、西式面点师、保洁员、插花员、茶艺师等；后一类培训包括月嫂、护工、催乳师、小儿推拿师、早教师、育儿师、母婴护理师等。

最受市场欢迎的是月嫂、母婴护理方面的培训，虽然国家职业资格中并没有单独的母婴护理职业，但是市场中相关的培训非常活跃，近年来尤为如此，75 家受访培训机构中有超过九成都开设了这两个职业的培训课程。随后是家政服务人员培训，有 77% 的培训机构开办了这个职业的培训课程。超过 60% 的培训机构开办了养老护理员和催乳师培训班，开设保洁培训班

的培训机构数量最少，只有不到 40% 的培训机构开设。总体来看，培训机构开设的培训班种类受到市场和政府两种力量的影响。市场方面，育儿嫂、月嫂受市场热捧，因此培训机构也积极响应；政府方面，在国家职业资格制度改革之前，养老护理员和家政服务人员都是许多地方政府补贴的工种，因而也是培训机构热衷的培训项目。

在实际的培训过程中，国家标准被广泛应用，约 63% 的受访培训机构中有以国家标准为依据设置课程体系，即便是开展非政府补贴培训项目的培训机构，也有许多参考国家标准设置的培训课程体系（如图 4 所示）。在培训机构开展的非政府补贴的免费培训项目和收费培训项目中分别有 58% 和 64% 参考国家标准设置培训课程体系。这表明，除了获取政府补贴的因素，国家标准对市场有着明显的引领作用。但是国家职业标准在实践中也被普遍认为与市场需求不相适应，许多具体内容与家政服务人员的需求以及市场实际情况不甚相符。

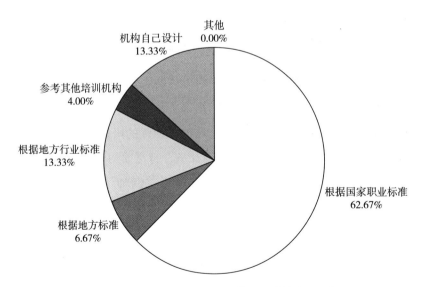

图 4　家政服务职业培训课程体系设计的主要依据

资料来源：劳科院课题组 2020 年 10 月调查数据。

（四）家政服务职业培训的软硬件设施

家政服务职业培训的软硬件主要包括教材教案、师资、实操设备等。

教材教案方面，开展政府补贴培训项目的家政服务职业培训机构通常使用的是指定的培训教材，培训时间、培训内容、实操环节权重等都是按照相关政府部门的要求设置，许多培训机构开展的非政府补贴的免费培训和收费培训也都采用政府指定或组织编写的教材。但是由于政府的培训教材更新换代的速度慢，对市场需求的回应不足，因此许多培训机构都在市面上自行选择教材，也有部分承接政府培训项目的机构在政府要求的内容之外自主设置一些培训内容，使接受培训的从业人员的技能更贴近雇主需求。除此之外，一些规模较大的培训机构会自行编写教材教案，根据当地市场情况设定培训内容，开展培训。具体情况如图 5 和表 2 所示。

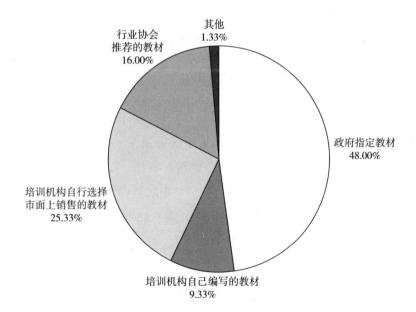

图 5 家政服务职业培训机构使用培训教材教案的情况

资料来源：劳科院课题组 2020 年 10 月调查数据。

表 2   不同类型培训项目选用教材的情况

单位：%

类型/教材	政府指定教材	培训机构自己编写的教材	培训机构自行选择市面上销售的教材	行业协会推荐的教材	其他	小计
政府补贴培训	57.58	18.18	18.18	6.06	—	33
非政府补贴的免费培训	54.17	12.50	12.50	16.67	4.17	24
非政府补贴的收费培训	47.73	13.64	22.73	15.91	—	44
其他类	12.50	25.00	25.00	37.50	—	8

资料来源：劳科院课题组 2020 年 10 月调查数据。

实操设施方面，培训机构大都在一定程度上开展实训实操，但是在设施设备的配备数量、实训在整个培训中所占的比重等方面差异较大，一些精细化培训的机构更加重视实训，投入较大，而大多数培训机构在实训方面的投入较少。特别是在餐饮等消耗品需求量较大的科目上，大型培训机构的投入较多，而小型培训机构则更多是观摩而非真正的实操。

（五）家政服务职业培训的师资队伍

师资方面，当前家政服务培训机构的师资分为自有和外聘两类。自有的师资主要是从优秀的家政服务从业人员中选拔而来，外聘师资主要是从医院、大中专院校、妇幼保健机构等单位聘用。

在课题组调查的 75 家培训机构中，专兼职教师数在 5 人以下的有 24 家，6~10 人的有 16 家，11~15 人的有 16 家，16 人及以上的有 18 家；专兼职教师数最多的是 51 名，最少的只有 2 名。

教师结构方面，平均每家培训机构有专职教师 5.4 位、兼职教师 6.2 位，75 家机构中有 21 家机构的兼职教师数超过专职教师数。教师来源方面，"服务人员成长为教师"和"医院、妇幼保健机构的医生护士兼职或跳槽而来"是家政培训机构教师的主要来源，分别有 61.33% 和 54.67% 的培训机构选择了这两项。另外，"大专院校毕业生"和"大专院校教师兼职或跳槽而来"也有一定的比例，如图 6 所示。

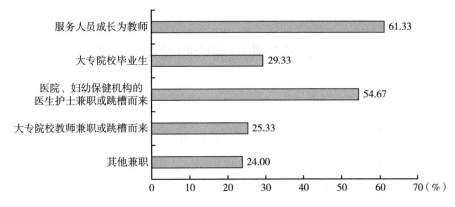

图 6　家政服务职业培训机构师资构成情况

资料来源：劳科院课题组 2020 年 10 月调查数据。

（六）"互联网+家政"服务培训方兴未艾

随着移动互联网的普及，人工智能、机器学习等概念的兴起，家政服务职业培训正在与互联网融合发展。课题组的调查显示，超过半数的家政服务职业培训机构仍主要采取线下培训的方式。另外近半数已经开始探索"互联网+培训"的机构，主要是开通了移动端培训载体，例如微信公众号，少数机构研发了互联网课程（9.33%）。具体情况如图 7 所示。

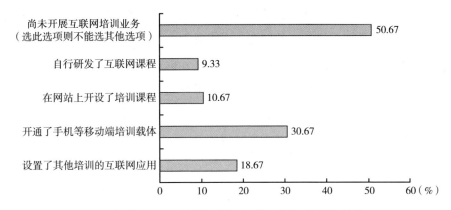

图 7　家政服务职业培训机构探索"互联网+培训"的情况

资料来源：劳科院课题组 2020 年 10 月调查数据。

二 家政服务职业培训的问题及原因分析

（一）存在的问题

虽然家政服务职业培训发展迅速，并且涌现出了一些优秀的培训机构，但是总体上来看，仍然存在许多深层次的问题，制约着行业发展。

1.培训设计缺乏系统性

特定职业（工种）的培训需求来自工作分析和劳动力市场上需求方的要求，通过工作分析得出的岗位说明书可以完整地呈现一个职业（工种）的工作职责和任职资格，从而提出相应的培训需求。而需求方的要求很大程度上可以被涵盖在岗位说明书中，对于没有被涵盖的内容，同样也是培训需求的一部分。就家政服务业而言，同样需要职位说明书和雇主需求为开展培训提供依据，在此基础上形成系统、完整的培训方案。但是当前，家政服务业在这方面的基础工作非常薄弱，几乎没有培训机构根据规范的人力资源培训设计流程投入相应的资源进行培训需求分析。

缺乏需求分析的影响具体表现在以下几个方面。一是家政服务业的业态发展迅速，工种的设置存在争议，以产妇催乳为例，这是近年来市场上需求较大的服务项目，许多家政服务机构设置了催乳师工种，但是也有部分机构认为这是一项月嫂应该具备的技能，不能成为一个单独的工种，不能确定工种也就难以进行后续的工作分析、培训需求分析。二是没有开展过规范的工作分析，也没有完整的职位说明书，对于工种的工作内容、职责要求、任职资格等缺乏充分的了解，更多的是根据感性经验提出对工种的认识和要求，这就导致了培训的知识点不能完全涵盖从业实际需求和市场要求，培训的时间也难以得到科学的计算和保障。特别是家政服务的相关职业不仅需要"硬技能"（hard skills）培训，还需要"软技能"（soft skills）培训以及诚信教育，而当前这些都没有充分体现在家政服务职业培训中。虽然国家职业标准对几个主要工种提出了较为明确、细致的要求，但是在实践中，国家职业标准与市场需求并不适应，难以很好地发挥引导作用。三是培训内容不成系统，缺乏从多个维度对培训需求的分析，培训内容和课程设置碎片化，不同部分之间关联性不强，缺乏必要的逻辑关联。

2. 培训内容设置缺乏相应的科学标准

家政服务业中的很多职业都具有较强的专业性，要求从业人员具备规范的从业技能，而规范的从业技能要求来自科学、完备的技能标准。追根溯源，技能标准来自泰勒的科学管理思想，通过对工作的分解、分析、优化和定型，科学管理可以使体力劳动达到的最高效率。对于家政服务而言，也需要对服务技能进行科学的分解、分析、优化和定型，从而提高服务的质量和专业化水平。但是技能的标准化需要投入大量的人力、物力、财力，需要召集相关领域的专家进行专门、深入的研究，为制定标准奠定坚实的理论基础，还需要反复的实验和矫正，对于绝大多数家政服务机构和培训机构而言，很难承担相应的成本，因而在培训市场中缺乏科学的技能标准体系。在家政服务培训的实践中，虽然培训机构会邀请专业技术人员传授一些专业技能，但是这些内容更多的是培训机构或者授课教师凭借自己的经验和专业学习制定的，所授技能的科学性水平未经过足够的论证和推敲，授课的主观性较强。

3. 开展培训的师资力量不强

课题组在调研中了解到，家政服务培训机构的师资构成中有部分是培训机构自有的，部分专业老师则是从大专院校、医院等机构聘用的。自有的教师大多是经验丰富的服务人员转岗而来的，这部分师资虽然实践经验丰富，但是自身的文化水平不高，本身没有接受过系统、科学、规范的培训和训练，只是接受十天左右的短期培训就开始登台授课，在讲授中更多的是依靠自身的经验，将自己在从业过程中掌握的实用性强的实际操作技能传授给学员，缺乏足够的理论支撑，难以保障培训的科学性和正规性。而外聘的教师虽然文化水平较高，但不是职业的家政服务人员，在实践经验方面有一定不足，难以有针对性地给予学员实际操作层面的讲解和指导。

与此同时，由于没有工作分析和完备的标准体系，教师在授课中使用的教材和教案也并不"解渴"。对于申报了政府补贴项目的培训，要使用政府

指定的培训教材，但是这类教材在不同程度上存在与市场需求脱节的问题。对于其他市场化的培训，虽然市面上有许多种培训教材，但是这些教材的内容并不完善，一些教材与证书绑定，发行教材的主要目的并非提升培训水平，而是通过销售获取利润。另外，也有很多培训并不使用教材，学员的学习主要靠课堂上的听讲和训练。

4. 培训需要的设施设备不足

在培训中，家政服务职业技能的习得需要反复、大量的实际操作，实训是家政服务职业培训的重要环节，而实训的开展需要投入大量的资源，配置相应的设施设备。但是在实践中，实训设施设备配置不足的情况十分普遍，只有少数大型培训机构有实力配置先进的实训设施设备，经常出现的情况是不能提供洗护衣物的洗衣机和熨烫设备，烹饪菜肴所使用的炉灶，培训月嫂未能提供产妇及婴幼儿的人体模型，培训病患及养老护理的病床、仪器及设备等。一些培训机构虽然配备了一些设施，但也存在数量不足、难以与学员人数匹配、型号老旧、与市场需求脱节、制作粗糙、与实践情况不符等问题。例如母婴护理中需要的婴儿模型，市面上广泛使用的教具价格仅数十元，材料、重量、结构上都与真实婴儿的肤质、体重、人体骨骼结构等相去甚远，个别培训机构自主研发了硅胶材质的仿真婴儿教具，成本达数千元人民币，两相比较，差距非常大，培训效果也大为不同。

5. 培训市场失序，存在"劣币驱逐良币"问题

随着服务人员的职业能力日益受到雇主的重视，职业培训成为家政服务业的"蓝海"，许多机构和投资进入了家政服务职业培训领域，繁荣了市场。但与此同时，大量不开展培训、只关注证书的机构也潜入市场，扰乱了市场秩序，破坏了家政服务业的生态。

各类证书（包括职业资格证书、培训合格证书、结业证书、等级证书、星级证书）是劳动力市场上劳动者人力资本的"信号"，证书可以帮助企业和雇主识别劳动者的技能水平，可在很大程度上消除劳动力供求双方关于劳动者人力资本水平的信息不对称，减少劳动力市场上的逆向选择，降低劳动力匹配中的成本，提高劳动力资源的配置效率。家政服务业中同样存在着服

务人员与雇主在服务人员技能方面的信息不对称，通过短暂的面试，雇主很难了解服务人员的技能水平，只能以服务人员取得的证书和工作经历作为辅助手段。但是，市场中大量存在的"买卖"证书、"山寨"证书等问题，却极大地扰乱了家政服务业的市场秩序。持有证书的服务人员并不一定具备相应的职业技能，使证书的"信号"作用难以发挥，使得原本投入成本参加和开展培训的服务人员和培训机构也不再有动力，引发了市场中的"劣币驱逐良币"。还有一些机构打着政府部门的幌子，发放、出售一些号称"权威"的证书，使雇主难分真假，损害了行业信誉。

6. 培训补贴政策尚不完善

根据课题组的调查，获取政府补贴程序复杂、获取补贴的条件高、补贴标准不能覆盖成本是选择"享受过培训补贴"的受访培训机构认为的培训补贴存在的最主要的问题。在31家选择了"享受过培训补贴"的培训机构中，有23家认为培训补贴的获取程序复杂，认为获取补贴的条件高、补贴标准不能覆盖成本的各有14家。受访家政服务培训机构认为培训补贴政策存在的问题见图8。

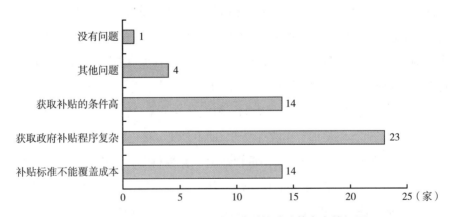

图8 家政服务培训机构认为培训补贴政策存在的问题

资料来源：劳科院课题组 2020 年 10 月调查数据。

职业技能培训的开展一般流程是"宣传、发动→培训→考核鉴定→发证→申请补贴"，周期大约为 10 个月，培训机构从组织培训到申领补贴之

间约有一年的时间差，而且每年的1~2月受春节的影响，绝大多数培训机构不能开展培训，当年培训的学员要到下一年度才能申请补贴。培训补贴申领周期较长，申领手续复杂，降低了培训机构的积极性。

（二）原因分析

1.开展职业培训工作的理念滞后

虽然家政服务职业培训工作越来越多地受到各个方面的关注，但是在理念层面，培训工作并没有与现代人力资源开发的理念相对接，更多的还是一些传统、粗放的价值观在主导培训工作的开展，导致家政服务职业培训难以出现新气象。

一是在整体格局层面，偏重依靠政府，缺乏市场理念。由于家政服务从业人员多是就业困难群体，家政服务机构多数较为弱小，因此政府在推动培训中发挥了更主要的作用，表现为以培训补贴为培训提供资源、政府机构兴办培训机构承担培训任务、政府主导组织培训活动等。虽然近年来培训市场有所发展，但是市场化的运作机制尚未完全形成，市场秩序较为混乱，盈利模式传统，家政服务职业培训缺乏足够的市场理念支撑。

二是在企业和培训机构层面，关注短期利益，忽视长远利益。企业和培训机构更看重短期收益，虽然对培训工作的重视程度在提升，但是许多培训仍流于"走过场"，主要原因就是投入不足、重视不够。事实上，培训工作关乎行业发展的根本，也蕴藏着巨大的商机，无论是家政服务机构还是培训机构都应该着眼长远，将培训工作做精做细，而不是浅尝辄止、只关注短期收益。

三是在具体执行操作层面，重视经验，忽视科学。当前，具体的家政服务职业培训工作还缺乏足够的科学性，甚至缺乏足够的科学意识，在培训体系开发、标准研发、课程开发、实操训练等环节更多地依赖从业者、授课人的经验，缺少科学论证、科学设计、科学分析的思想和环节。

2.家政服务职业培训工作中的投入不足

上文已述，家政服务职业培训有很强的专业性，要想做到系统、科学、高质量地开展培训，就要投入大量的资源进行培训需求分析、培训体系设计、培训标准研发，并且这些前期投入需要经过较长时间的市场检验、认可和推广才能收回。而当前我国家政服务业的发展仍然处于粗放式发展的初级阶段，大的家政服务企业、培训机构还比较少，有足够的经济实力、社会关系和统筹能力开展这些基础工作的机构并不多，并且当前家政服务职业培训市场的失序也使这些机构对相应的回报缺乏信心，因而缺乏足够的动力投入这些工作，多数机构都更看重眼前收益，对长期发展的关注不足。即便个别企业在着手开展标准化工作，也未能产生足够的社会效益，一方面这些企业标准是企业的核心竞争力和商业机密，没有向社会公开；另一方面在当前的市场环境中，少数标杆企业并没有起到充分的引领带动作用。

而在政府层面，对培训的支持主要是对培训机构和从业人员的培训补贴，并且培训补贴的发放要求以国家职业资格证书为前提，这在事实上巩固了市场认可度并不高的国家职业标准的地位，对推动培训工作的意义并不大。政府对存在市场失灵的培训体系设计、培训需求分析、标准制定、师资培训、行业公共实训基地建设等基础性工作则投入很少，在一定程度上存在缺位问题。

3. 家政服务职业培训市场的监管和自律不足

家政服务职业培训市场的失序已经对培训工作的推进和从业人员技能提升产生了非常大的负面影响，而在这方面，政府监管和行业自律都有很大的不足。

在对培训机构的监管方面，虽然劳动保障部门出台过培训机构审批的相关文件，对培训机构的资质提出过要求，而且这些要求并不低。但是事实上，在行业内，开展培训的机构大多数都并未取得相应的资质。对此，相关部门并没有严格监管，造成了培训市场的鱼龙混杂。课题组在调研中了解到，对于家政服务机构来说，人社部审批职业培训机构资质的标准很高，一般的家政服务机构难以达到，完全按照相关标准审批培训资质的话会导致市场中只有数量有限的培训机构，难以适应庞大的培训需求，因而对培训资质的"软约束"可以被理解为行业发展一定阶段内的"放水养鱼"。但是在一些方面，相关部门仍然缺乏必要的监督和规范。例如对培训机构师资、教学

内容、实训设施等基础条件的审查，以及对市场中买卖证书现象的管制。

与此同时，行业自律机制也不完善，行业协会能力建设不足，没有很好地发挥自律功能。一些协会的商业氛围浓厚，偏离了行业协会的本质，一些协会的影响力、公信力不足，在当地缺乏足够的号召力，难以发挥作用。

4. 行业内人才缺乏，掣肘了家政服务职业培训的发展

家政服务职业培训的发展需要一大批专业领域、管理领域、营销推广领域的人才，特别是培训体系设计专家、标准研发专家以及授课师资，当前职业培训工作推进难度较大的重要原因之一就是这些环节缺乏相应的人才保障。现状是通过"拼凑"各个方面的专家勉强推进职业培训工作，人才的专业性、职业性不足，难以形成合力更好地发挥作用。

三　家政服务职业培训发展建议

（一）政策层面的建议

1. 创新和加强培训市场监管，优化市场秩序

当前，职业资格证书制度改革正在进行中，家政服务人员、养老护理员国家职业资格的取消给家政服务业职业培训造成了一定的困扰，一直以来习惯了培训学员考取国家职业资格证书的培训机构没有了抓手。事实上，职业标准的去行政化给家政服务职业培训创造了新的发展机遇，在改革过程中要充分发挥市场机制在职业培训中的决定性作用，更好地发挥政府引导、激励职业培训工作的作用，具体来说可以采用"备案制＋监管制＋公示制＋奖励制"的政策手段，营造良好的行业氛围。

在新的制度环境下，职业能力建设主管部门和家政服务业管理部门可以采取备案制的方式，要求市场中所有培训机构、发证机构按属地进行备案，备案时审查其基本的办学条件，如达不到最低标准则不予备案。对于备案的培训机构，一方面向行业和全社会予以公示，相当于政府担保这些机构的信用，同时也发动社会力量进行监督、检举；另一方面加强日常监管，对于取

得备案的机构，通过巡查、抽查、暗查等各种方式检查其培训过程和结果，如果备案的机构有欺诈行为或在运营水平低于最低标准，则取消备案并向社会公布，对于未取得备案即开展培训以及买卖证书的，坚决予以取缔查处。对获得备案的培训机构，可以组织第三方力量开展评估，对评估结果为优秀的，可以给予奖励，奖励内容包括向培训机构颁发荣誉奖项、发放奖金等，并且可以指定奖金用于培训能力的提升（包括课程体系架构、标准研发、师资培训等）。

这套管理体系类似于教育部门对留学生学历的认证制度，即虽然教育部门不对出国留学人员出国学习进行前置审批，但是通过学历认证，可以让学生和用人单位有能力分辨海外学校，减少信息不对称。而对优秀培训机构的奖励则类似于对优秀留学生的奖学金，对于培训市场，可以起到扶持优秀、树立标杆、引导发展的作用。

2. 在标准制定、培训体系设计、师资培训、实训基地建设等基础性工作方面给予支持

上文已述，当前家政服务职业培训亟须夯实基础，而绝大多数企业缺乏相应的投入能力，政府当前在这些领域投入并不多。课题组建议，相关部门可通过购买服务的形式，委托有实力的企业、行业协会、专业机构等开展这些基础性工作，购买的成果作为行业公共产品向全行业开放。

具体来说，这些基础性工作包括培训需求调查分析、培训体系架构、课程标准制定、师资提升、实训标准开发、实训基地建设等。对于培训需求调查分析和培训体系构建，可以选择专门的人力资源咨询服务机构，特别是专注于家政服务业的服务机构开展；对于课程标准和实训标准的研发制定，可以委托领军企业、行业科学研究机构等开展；对于师资提升，可以委托相应的大中专院校设计师资胜任力模型和培训方案，并实施培训；对于实训基地建设，可以通过PPP形式建设公共实训基地，也可以通过奖励形式扶持优秀企业建设。

购买这些服务的成果要经由第三方评估机构评估合格后方可验收，确保这些基础性工作的高质量完成。

3. 优化培训补贴政策，使补贴资源惠及广大规范的培训机构

一是根据家政服务职业培训需求的实际情况，合理核定不同工种的培训时长、培训成本，根据成本给予补贴，避免"扫盲"式的培训，改变"撒胡椒面"式的培训补贴分配方式，提高资金使用效率；针对家政服务业从业人员多为"40/50"女性劳动力的实际情况，将领取补贴的年龄上限适当放宽；另外，在许多城市，家政服务人员多为外来务工人员，需要合理划分不同层级人社部门在培训补贴方面的支出责任，界定不同层级培训补贴资金覆盖的对象范围，建议各地根据实际情况划定中央和省级补贴资金在外来务工人员职业培训补贴支出中的比例，将非本地户籍劳动者纳入家政服务职业培训补贴的政策范围。

二是培训资金的分配方式方面，完善补贴对象选择的流程，提升公开性、公平性，给所有符合条件的培训机构和从业人员公平竞争的机会，同时加强监管和惩处力度，对于通过造假、"走过场"等方式套取资金的，坚决予以查处。

三是结合前述职业资格制度去行政化改革，以职业补贴鼓励企业发展培训品牌，在市场认可的基础上发放培训补贴，使培训补贴发挥激励优秀培训机构、培训品牌的作用，可以在当前"先垫后补"的基础上进一步探索"后置奖励"制度，对符合标准的从业人员和培训机构给予事后奖励。

四是改变当前培训补贴政策将就业与劳动合同绑定的政策取向，适应行业实际情况，在补贴政策中可以采用服务协议、三方合同等可以证明从业人员就业的其他文件。

（二）行业层面的建议

行业层面，建议进一步加强行业协会建设，提升行业协会能力，发挥行业协会在促进职业培训方面的作用。

一是发挥行业协会在行业自律方面的作用，通过行业调查、检查，配合相应的公示、黑名单等制度，鼓励正规、优秀的培训机构，淘汰不合格、甚至买卖证书的培训机构；二是发挥行业协会的专业优势，可以通过承接政府购买服务项目的形式开展培训体系设计、标准制定、培训课程开发等公益性活动。

（三）企业和培训机构层面的建议

第一，完善企业价值链，提高培训在企业发展中的增值效益，促使培训效果落到实处。

家政服务企业和培训机构要积极探索新发展模式，将从业人员培训这一促进企业和行业发展的根本性的环节植入企业价值链中，探索培训与企业产业链的有机融合方式，使培训从"成本中心"转变为"盈利中心"，借此夯实培训工作。

第二，主动开展培训体系和课程设计等工作，夯实培训基础。

针对当前培训中存在的培训内容缺失、体系性不强、培训课程科学性不足等问题，可以在企业层面加以完善，在培训内容中补充"软技能"、诚信教育等模块，加强企业标准建设，并将企业标准打造为企业和培训机构的核心竞争力，使独特、先进的标准体系成为企业和培训机构的发展引擎，充实、完善价值链，发展新的盈利点和盈利模式。

（四）发展环境层面的建议

第一，打造收入和职业能力等级挂钩的制度体系。

在从业人员层面，提高相应的收入水平、实现人力资本投资回报是激励从业人员参加培训的根本动因，因而要提升从业人员职业能力，就要创造相应的制度环境。在家政服务机构和全社会，形成对不同职业能力的服务人员支付不同报酬的制度和共识，并借助行业协会和政府部门的力量将这些制度和观念加以推广，在市场中形成一定的趋势，激励从业人员主动参加培训，提升职业能力水平。

第二，营造重视职业能力的社会舆论。

当前，在全社会已经逐渐形成了重视家政服务从业人员职业能力和培训经历的氛围，在今后需要进一步通过主动宣传，使从业人员、服务对象、服务机构深刻理解培训的重要意义，知晓相关政策和行业规则，使从业人员都有接受培训的意识，使服务对象具备基本的判断能力，使服务机构将培训作为工作重点，使社会舆论经常关注家政服务职业培训。

参考文献

1. 莫荣主编《中国家政服务业发展报告（2018）》，中国劳动社会保障出版社，2018。
2. 胡大武：《比较与借鉴：家政工人劳动权益法律保障研究》，中国政法大学出版社，2012。
3. 杨志明：《中国农民工》，中国劳动社会保障出版社，2018。
4. 刘平青：《我国家庭服务业的现状与问题》，载《发展家庭服务业促进就业论文集》，内部资料，2010。
5. 韩巍：《家政服务人员稳定性问题：如何理解，有何作为》，《家庭服务》2018年第5期，第54页。

B.4

2022年家政服务业政策分析报告

韩　巍*

摘　要： 近年来，国家对家政服务业重视程度不断提升，特别是随着应对人口老龄化战略的实施，养老、托育服务成为政策关键词。2019年以来，国家陆续出台了《关于促进家政服务业提质扩容的意见》及其配套政策、《关于推进养老服务发展的意见》及其配套政策、《关于促进3岁以下婴幼儿照护服务发展的指导意见》，这些都是家政服务业的纲领性文件。总体上，近年来家政服务业政策出台的特征有：政策密集出台，并成为国家应对老龄化战略的组成部分；管理体制调整，从"就业导向"转变为"综合管理"；促进行业高质量发展成为政策重心；政策关注的重点是员工制、人才培养培训和信用体系建设。

关键词： 家政服务业　老龄化　政策支持

近年来，家政服务业受到政府的高度重视，以国务院办公厅《关于促进家政服务业提质扩容的意见》（国办发〔2019〕30号）为代表的一系列层次高、含金量高的政策的制定出台，极大地推动了家政服务业的发展。本报告对近年来家政服务业的政策进行了梳理，总结了政策基本特征，并对政策要点进行了分析。

---

* 韩巍，博士，中国劳动和社会保障科学研究院副研究员，研究方向为照护经济、家政服务业、农民工就业等。

一　政策总体特征

家政服务业属于"一手托两家"的行业。一方面家政服务业属于生活服务业的细分行业之一，是国民经济的组成部分；另一方面，家政服务业又发挥了吸纳大量就业和民生保障的作用，可以说是一个独特而又重要的行业。近年来国家对这一行业的重视程度明显有了提升，出台的政策有以下特征。

第一，政策密集出台，并成为国家应对老龄化战略的组成部分。

2019年，国务院办公厅出台了《关于促进家政服务业提质扩容的意见》（国办发〔2019〕30号），政策含金量高、创新突破点多、内容覆盖广，成为近年来家政服务业最重磅的政策文件，出台后在家政服务业引发了强烈反响。《意见》的36条具体内容可以概括为：一个目标、两个着力、三项行动、四个聚焦。一个目标，就是按照高质量发展的要求，促进家政服务业提质扩容；两个着力，一是着力发展员工制企业，二是着力推动家政进社区；三项行动，就是家政培训提升行动、"领跑者"行动和信用建设专项行动；四个聚焦，就是聚焦降低成本、培养人才、完善保障和强化监管。作为对这一文件的落实，后续有关部门又陆续出台了《关于养老、托育、家政等社区家庭服务业税费优惠政策的公告》（财政部公告〔2019〕76号）《关于开展家政服务业提质扩容"领跑者"行动试点工作的通知》（发改社会〔2019〕1182号）《关于建立家政服务员分类体检制度的通知》（商服贸规函〔2020〕191号）等文件。

家政服务业涵盖的业态众多，其中最重要的就是事关"一老一小"的养老服务业和托育服务业，针对这两个行业近年来需求旺盛、社会矛盾较多、供给不足的情况，也出台了高层次的政策文件。

2019年出台的《关于推进养老服务发展的意见》（国办发〔2019〕5号）从6个方面、28条进一步厘清了养老服务业的发展思路，瞄准痛点、细化措施，为今后一段时间养老服务发展提供了依据。其中在满足需求方面主要提出了五个方面的政策措施：一是提供基本服务；二是满足多元需求；三是提升支付能力；四是支持社会参与；五是保护合法权益。扩大供给的主要政策措施方面，一是进一步放宽行业准入；二是进一步扩大投融资渠道；三是落实土地税费政策；四是加大养老护理人才供给；五是促进融合创新发展；六是持续优化营商环境。《意见》实施之后，出台的相关配套政策有《养老机构服务安全基本规范》强制性国家标准、《国务院办公厅关于建立健全养老服务综合监管制度促进养老服务高质量发展的意见》（国办发〔2020〕48号）。

托育服务是新兴业态，特别在国家鼓励"二孩""三孩"的社会背景下，发展托育服务有重大的经济社会意义。为了更好解决托育问题，促进解决"幼有所育"问题，国务院办公厅印发了《关于促进3岁以下婴幼儿照护服务发展的指导意见》（国办发〔2019〕15号），明确了促进婴幼儿照护服务发展的基本原则、发展目标、主要任务、保障措施和组织实施，是今后一段时间开展婴幼儿照护服务工作的纲领性文件。

第二，管理体制调整，从"就业导向"转变为"综合管理"。

《关于促进家政服务业提质扩容的意见》中提出要"建立由发展改革委、商务部牵头的部际联席会议制度"，之后建立了国家发改委、商务部牵头的促进家政服务业提质扩容部际联席会议制度，之前的发展家庭服务业促进就业部际联席会议同时撤销。新成立的家政服务业提质扩容部际联席会议制度由国家发改委和商务部牵头，由16个部门和单位组成，主要职责是"统筹推进家政服务业提质扩容工作，做好规划协调、政策保障、监测评估和技术指导，研究解决家政服务业提质扩容过程中的重大问题，推动制订家政服务领域中长期发展规划和重大产业政策，促进家政服务专业化、规模化、网络化、规范化发展"等。

一直以来，我国家政服务业发挥了促进就业的重要作用。20世纪末国有企业改革中，大量国有企业职工下岗，为了解决他们的就业问题，当时政府提出通过帮助女职工进入家政服务业实现再就业。2008年国际金融危机后，农民工就业问题成为政府关注的焦点问题，为了给女性农民工创造就业途径，国务院制定出台专门政策，建立了发展家庭服务业促进就业部际联席会议制度，由人力资源和社会保障部牵头。而随着社会的发展，家政服务业在国民经济和社会发展中的作用不再局限于创造岗位、吸纳就业，更重要的是要作为提高市民生活福祉，甚至作为国家人口战略组成部分发挥着作用，对家政服务业提出了更高要求，因此更加需要综合施策，由宏观经济管理部门和行业主管部门牵头，推出更有力的政策以促进行业发展。在这样的发展背景之下，家政服务业的管理体制发生了变化，家政服务业的发展也进入新的阶段。

与之前的管理体制相比，新成立的联席会议规格更高，牵头部门在实施项目、协调政策、投入资源方面的力度也将更大，家政服务业必将迎来新的机会。但是之前存在的多头管理关系不顺等问题没有解决，人社部在联席会议中由召集单位变为成员单位，对于家政服务这个劳动领域的从业群体而言，特殊劳动保障政策的出台可能更加困难。

第三，促进行业高质量发展成为政策重心。

经过四十多年的发展，家政服务业已经形成了庞大的市场规模，但是整体上发展模式仍然较为粗放，服务质量不高，难以适应居民需求的问题较为突出。为此，近年来的政策都将促进行业的高质量发展作为着力点。一是大力开展家政服务业人才培养。人力资源和社会保障部等五部门联合出台了《关于实施康养职业技能培训计划的通知》（人社部发〔2020〕73号），对康养职业人才的技能培训制订了计划，系统地对康养职业技能培训工作做出规定。教育部等七部门出台了《关于教育支持社会服务产业发展提高紧缺人才培养培训质量的意见》（教职成厅〔2019〕3号），其中提出要加快培养适应新业态、新模式需要的复合型创新人才，原则上每个省份至少有1所本科高校开设家政服务、养老服务、托育服务相关专业。这些政策的出台极大地推动了家政服务业的人才培养，家政服务职业培训机构的数量快速增长，一大批家政产业学院应运而生，地方高校纷纷设立家政人才培养机构，为家政服务业的发展带来了动力。二是加强信用体系建设。商务部制定出台了《关于建立家政服务业信用体系的指导意见》（商服贸函〔2019〕269

号），对家政服务业信用体系建设做出了安排。家政服务业中，服务人员的诚信问题是引发社会热议的话题，也是掣肘行业发展的重要因素。为此，商务部搭建了全国家政服务信用平台，以此作为推进家政服务业信用体系建设的抓手。

二　政策要点分析

第一，推行员工制。

一直以来，员工制问题都是家政服务业的一个热点话题，特别是政府部门出台了许多相关政策支持员工制家政服务企业。2019 年，国务院办公厅《关于促进家政服务业提质扩容的意见》中对员工制家政服务企业做出了新的界定，明确了四个方面的标准：①直接与消费者（客户）签订服务合同，与家政服务人员依法签订劳动合同或服务协议；②缴纳社会保险费（已参加城镇职工社会保险或城乡居民社会保险均认可为缴纳社会保险费）；③直接支付或代发服务人员不低于当地最低工资标准的劳动报酬；④对服务人员进行持续培训管理。相较于之前一些文件对员工制的界定，《意见》对员工制家政服务企业的认定标准是最宽松的，特别是在对劳动合同和社会保险的要求方面降低了门槛。

从制定政策的出发点来看，之所以支持员工制家政服务企业的发展是因为家政服务市场中普遍存在诚信缺失、技能不足、劳动权益缺乏保障等问题，而员工制家政服务企业则依托劳动合同或服务协议、劳动报酬发放、日常管理培训等抓手在家政服务企业和服务人员之间建立更加紧密的关系，借此实现规范化管理以及人员技能和素质的提升，解决行业发展的痼疾。

但是站在企业经营的角度看，推行员工制的成本高，绝大多数企业都难以承受。在新的界定标准下，企业实行员工制的成本包括社保成本、培训费用、招聘成本、解决纠纷的成本、节假日工资、病假产假工资等。在新的界定标准下，如果签订服务协议，企业除了培训、招聘、纠纷解决等成本之外，支付最低工资对现金流的要求比较高，同时，代发工资还面临着被认定

为事实劳动关系的风险，一旦发生比较严重的事故或者纠纷，家政服务公司的压力比较大。

第二，人才培养、培训。

《关于实施康养职业技能培训计划的通知》专门对包括家政服务人员在内的康养服务人员职业技能培训给予了支持，特别是明确康养技能培训补贴不受地域、户籍、年龄、缴纳社保的限制，实现了康养职业技能培训政策的突破。职业技能培训是家政服务业发展的重要一环，但是总体上来看，培训仍然停留在"粗加工"的阶段，培训质量不高。造成这种情况的主要原因，一是市场环境过热，消费者又缺乏判断的能力和意愿，许多服务带有刚需性质，再加上证书管理混乱，存在证书买卖、证书和培训无关等乱象，所以无论是企业还是服务人员，都缺乏开展高质量培训的动力；二是服务人员基础素质不高，文化水平低，接受培训的能力就差，高质量的培训无从谈起；三是企业没有动力大力投入培训，因为人不是企业的，流动性大，投入资源难以回收；四是培训本身的问题，包括标准问题、师资问题、教材问题、实训问题、理念问题等。

专业人才培养方面，《关于教育支持社会服务产业发展 提高紧缺人才培养培训质量的意见》出台之后，到2021年上半年，全国共有122所院校开设了125个家政相关专业。但是，家政相关专业的在校生仅为1344人，也就是说，平均每所学校不足20人。这与我国家政服务人员、家政服务业职业经理人紧缺的现状形成了鲜明的对比。究其原因，最主要的是家政服务人员的社会认可度不高，对行业和服务人员的认知停留在"伺候人"的层面，影响了年轻一代的选择。与此同时，虽然开设家政相关专业的院校众多，但是对培养目标事实上并没有清晰的认识，由于家庭生活覆盖面广，涉及家庭成员衣食住行的各个方面，对教育和毕业生的要求也非常全面，必须对各领域的知识都有所涉猎，所以在课程设置上都将各个领域的课程纳入其中。但是这样的课程设置也使家政学本科专业的学科地位受到挑战，具体包括学科边界不明、学科内涵不明两个方面。

第三，信用体系建设。

按照有关政策的安排，目前家政服务信用体系已经初具框架，平台也已经上线运行。家政服务业是一个灵活就业的行业，劳动是社会化而不是组织化、单位化的，所以诚信问题既是职业问题，也是社会问题。政府主管部门有责任进行监管，从企业背书转变为政府背书。在这个过程中存在以下困难：一是平台的定位方面，政府搭建的监管、服务结合的平台对信息真实性和公信力的要求非常高，但平台的运转需要的信息不仅是政府认证过的信息，还需要大量来自社会和居民的信息，否则平台的功能就十分有限，这给平台定位及后续发挥作用提出了挑战；二是平台的运行机制方面，平台由政府搭建，但是不一定由政府运作，可以通过第三方机构，例如行业协会来运作平台、搜集信息，政府负责监管，以更好地发挥政府作用。

三　未来政策展望

第一，人才培养方面，家政服务职业技能培训需要进一步精细化，软技能与硬技能并重。具体来说，需要创新和加强培训市场监管，优化市场秩序；支持标准制定、培训体系设计、师资培养、实训基地建设等基础性工作，优化补贴政策；学习国外先进经验，增加职业标准和培养标准中职业伦理、人际关系与交流、人的尊严、对社会的理解等软技能类内容，并将这些内容与操作技能有机结合，使之贯穿整个培养体系。

院校专业人才培养方面，家政相关专业应当以提升家庭福祉、满足家庭需求、提高家庭成员的幸福感为基本的价值取向，相关的人才培养、学科建设、研究都应当围绕着这一价值取向展开。在课程设置上应该加强专业基础课程，在学科基础课程宽口径的基础上，将专业基础课程定位和聚焦于"对家庭和家庭成员的深刻理解"上，将学生的基础知识打实、打厚，为其长远发展奠定基础。将专业主干课定位在"家政服务关键领域"上，不同学校可基于自身的特色和基础选择若干个关键领域进行较为深入的培养，也可以随着市场需求的变化及时调整。将专业选修课程定位在"家政服务新业态"上，面向未来，突出创新，提供前瞻性、前沿性家政知识，激发学生兴趣。

第二，行业管理方面，在行业综合管理和市场监管领域，除了前文所述的完善治理机制之外，可以考虑将以下方面作为着力点。一是多重约束方式的组合。不诚信行为约束的基础方式有四种，分别是声誉约束、市场约束、监管约束和法律约束机制。在之前的发展阶段，小范围的声誉约束机制和投诉之后的法律约束机制可能是主要的方式，信用平台的建设是声誉约束和监管约束的组合，政府搭建一个平台提供信息，由消费者自行判断选择，一方面平台是个声誉积累的机制，另一方面也是政府监管的依据。未来可以探索市场化的约束方式，比如引入评级机制。二是明确重点，家政服务业的业态很多，差异也很大，母婴护理、病患护理、养老护理这些护理类的服务和长期住家的服务应该成为关注的重点，因为这些服务对客户的健康、安全造成伤害的风险更大，从理论上来说属于不允许重复博弈的领域，而其他的一般性的家务服务、钟点工、保洁的容错率则更高，可以更多地靠市场约束、声誉约束。三是引入新技术，家政服务业从业人数众多，智能化监管势在必行，可以探讨引入区块链技术，发挥其分布式、不可篡改的优势。

参考文献

1. 莫荣主编《中国家政服务业发展报告（2018）》，中国劳动社会保障出版社，2018。
2. 韩巍：《员工制家政服务企业刍议》，《家庭服务》2020年第12期，第54页。
3. 王志刚：《世界家庭服务业发展比较研究》，中国劳动社会保障出版社，2018。

B.5
2022年家政服务业信用体系建设报告

张 浩 刘雪婷*

摘 要： 近年来，我国国民品质化消费意识随着经济的迅速发展而逐渐觉醒，大众对家政服务的消费意愿也日益高涨，人们工作压力增大、老龄化程度日益加深、"三孩"政策放开，种种因素促使大众家庭事务的管理负担与日俱增，家政服务市场需求也随之骤增。但是家政服务业的诚信问题已成为行业发展的阻力。为推进家政服务业信用体系建设，建议加强对从业人员多方面的素质培养，大力推进企业实行员工制模式，规范信用信息平台建设，完善相关政策与法律法规，加大宣传引导力度、提升社会认同感。

关键词： 家政服务业 信用体系建设 员工制

一 加快家政服务业信用体系建设的必要性

近年来，我国国民品质化消费意识随着经济的迅速发展而逐渐觉醒，大众对家政服务的消费意愿也日益高涨，加之人们工作压力增大、老龄化程度日益加深、"三孩"政策放开，种种因素促使大众家庭事务的管理负担与日俱增，家政服务需求也随之骤增。在此背景下，家政服务业逐渐从以解决人民生活的刚性需求为主，开始向满足大众多元化、个性化需求延伸。

---

* 张浩，江苏斑马软件技术有限公司总裁，家政产业互联网践行者；刘雪婷，江苏斑马软件技术有限公司研究人员。

随着我国家政服务业迎来井喷式发展，其在拉动消费和促进就业两方面所发挥的巨大作用也日渐凸显。家政服务消费需求的不断增长，吸引着大批农村剩余劳动力与下岗人员纷纷投身家政服务业，实现就业与再就业。可以说，家政服务业的蓬勃发展，开辟了就业与再就业的新渠道。

尽管近年来，我国家政服务业无论从产业规模、服务质量、从业人员人数等多方面来看，都呈现稳步向上的发展态势，相较于行业发展初期有了极为明显的进步与提升，但在实际发展过程中，从业人员素质不高、经营不规范、信用体系不健全、消费者体验差等问题明显。其中，信用体系不健全的问题表现得最为突出。

而失信毁约、信息不对称以及"保姆虐待孩童""护工殴打老人""雇主不给保姆工资""家政公司乱收中介费"等信用体系不健全所引发的一系列问题，既影响了人民群众服务需求的有效满足，也严重制约了家政服务业的进一步发展。

（一）加强信用体系建设有利于提升家政服务业供给质量

供给侧结构性改革是使产业实现最优配置、提升经济增长的质量和数量的最直接、有效的方法。而对家政服务业这个以解决大众生活刚需为主要任务、深入家庭生活最深处的服务性行业而言，解决了雇主家庭、家政服务企业、家政服务人员三方之间的诚信问题以及行业信用缺失问题，大大有利于提高行业自身的服务能力与质量，继而实现家政服务业供给质量的有效提升。

因此，稳步推进家政服务业信用体系的建设，是深化家政服务业供给侧结构性改革、提升供给质量、满足人民群众日益增长的美好生活需要的重要举措，更是推进家政服务业规范化、标准化和精细化发展的迫切要求。

（二）加强信用体系建设有利于保障家政服务市场健康有序运行

在家政服务业这个与家庭生活息息相关的特殊行业中，雇主家庭、家政服务企业、家政服务人员中任何一方的不守信行为都会威胁消费者的生命财产安全，并将严重扰乱家政服务市场秩序、破坏家政服务业的健康生态。

信为立业之本，诚信是推动各个行业健康有序、可持续发展的重要前提。只有建立健全家政服务业信用体系，才能将行业从"小、散、乱"的发展乱象中解脱出来，以此整顿行业市场经济秩序、改善家政服务市场信用环境、推动家政服务业提质扩容，实现产业升级。

建立和完善家政行业信用体系，就是要借助信用的力量，强化家政服务企业的标准化管理意识与家政服务人员的职业化服务意识，保护家政服务过程中各方的生命与财产安全，实现雇主家庭、家政服务企业与家政服务人员三方的信用共建，营造家政服务业良好的市场氛围。建立家政服务业的信用体系不仅对推动行业自身高质量发展具有重要意义，更有益于促进整个社会的和谐与稳定。

二　家政服务业信用体系建设现状及问题分析

（一）从业人员职业素养与道德水平参差不齐

我国家政服务业供需矛盾突出问题由来已久，一方面是大众消费升级所带来的家政服务消费需求的节节攀升，另一方面是家政服务业高技能、高素质型劳动力的严重短缺，井喷式需求与供给能力严重不足造成了如今供不应求的市场局面。

在人力资源和社会保障部发布的"2020年第四季度全国招聘大于求职'最缺工'的100个职业排行"中，"家政服务员"位列前十，"保育员""养老护理员"排名上升，"婴幼儿发展引导员""孤残儿童护理员"首次进入前一百。[1] 58同城招聘研究院相关数据显示，2020年第四季度全

---

① 《2020年第四季度全国"最缺工"100个职业排行　家政服务和焊工进前十》，中国网，http：//www.360kuai.com/pc/9038395ddbbc50397？cota = 3&kuai _ so = 181tj ＿ utl = so ＿ vip&sign = 360＿ 57c360bd18/refer＿ scene＿ so＿ 1，2021年1月26日。

国短缺职位前 10 名中，保姆、月嫂两个职位平均薪资最高，均为 9660 元/月。①

以上两份数据表明，尽管各行各业在 2020 年都受到新冠肺炎疫情的严重冲击，甚至许多企业和劳动者都面临倒闭和失业的现实困境，但大众的家政服务需求在此期间不降反升，家政服务的刚需性质也在此时得以凸显。在供需矛盾加深的情况下，人力资源价值的提升使家政服务业从业人员能够获得更多职业红利。

家政服务业的低门槛以及前所未有的高红利吸引了大批农村剩余劳动力与下岗人员投身家政服务业，而这部分人群大多学历及文化素养相对较低，法律意识相对淡薄，日常行为习惯、观念同雇主家庭有较大不同。而且在市场还未对从业人员形成规范化准入及培养机制的情况下，对从业者的道德素养也无法有效把控，家政服务从业人员有可能隐瞒真实信息、不按合同约定履行服务义务，甚至偷盗雇主家庭钱财、伤害老幼病残人员等案件时有发生，而这种淡薄的道德与职业意识也造成了从业人员极高的流动性。

这种极高的流动性加剧了供需缺口的扩大，许多家政服务企业为缓解供需矛盾便选择降低聘用门槛、缩短员工培训时长，甚至根本不对员工进行相关岗前培训，未能严格筛选、培训出符合行业需求与标准的从业人员，造成从业人员职业素养的良莠不齐。而急于减轻自身保洁、照护等压力的雇主家庭，也因缺少正规用工渠道和缺乏统一聘用标准而无法识别正规的家政服务企业与服务人员，只能急聘急用，家庭内的安全隐患始终无法排除。这种诚信缺失的混乱现状，甚至使正规的家政服务企业也面临逆向淘汰的威胁。

（二）企业未形成规范化、诚信化管理体系

随着大众对家政服务消费需求的增长，我国家政服务企业的数量也在逐

---

① 《58 同城大数据解析四季度缺职业：保姆月嫂薪资最高　切割/焊工需求第一》，上游新闻，http：//360kuai.com/pc/96608010532cab753？cota＝38kuai_ so＝18ctj_ url＝so_ vi98/sign＝360_ 57c3b608&refer_ scene_ so_ 1，2021 年 1 月 28 日。

年攀升。

目前，我国家政服务企业大体分为中介型和员工型两种运营模式。中介型家政服务企业作为家政服务的交易居间人，分别和雇主家庭与家政服务人员形成委托关系，负责提供订约机会和订立合同的中介服务。员工型家政服务企业作为交易主体和雇主家庭直接建立交易关系，委派作为企业员工的家政服务人员为雇主家庭提供家政服务，并为企业员工提供培训和劳动保障等。

员工型家政服务企业为雇主家庭提供标准化家政服务产品，同时也为家政服务人员提供有保障的工作机会，并非仅发挥家政服务中介的职能。与中介型家政服务企业相比，更有利于推动行业规范化、标准化、诚信化管理。

尽管员工型家政服务企业拥有许多明显优势，但由于诸多现实原因，中介型家政服务企业在我国仍然占据大半市场份额。由于我国家政服务业起步相对较晚，至今仍未形成标准化、规范化、诚信化的行业体系，因此仍然存在准入门槛低等问题。这也直接导致在现存的中介型家政服务企业当中，大多数企业都属于"夫妻老婆店"类型的个体经营户、小作坊，存在大量非正规中介机构。这类经营者大多文化素养相对较低，品牌意识、诚信意识、法律意识都相对淡薄，更有甚者会骗取雇主家庭和家政服务人员的中介费，不按约履行服务合同与承诺，不仅令雇主家庭与家政服务人员感到毫无安全感，更会引发"劣币驱逐良币"的一系列效应，阻碍家政服务业健康发展。

而为了规避"黑中介"的风险，雇主家庭往往更倾向于熟人介绍的传统雇用方式。但靠熟人口碑，仍然无法完全避免"黑保姆"一类恶性事件的发生。

在既没有相关专门法律法规约束，也没有相关入职审查机制的行业环境下，部分家政服务企业会以不正当竞争、哄抬价格、虚假宣传等手段误导消费者，更不会对家政服务人员的身份信息和职业能力进行严格把关，甚至会刻意隐瞒其违规违法行为，一旦出现问题，只会想尽办法推脱责任。仅靠家政服务企业进行自我约束、互相监督，无法切实有效给雇主家庭安全感。

（三）雇主家庭与从业人员深陷信用危机

1.特殊服务场景下难以达成信任

在家政服务业这个特殊的行业中，雇主家庭与服务人员在整个服务交易过程中，需要在短时间内迅速建立极其亲密的联系。但实际上，想要使双方获得彼此的信任非常难以实现。

首先，一般而言，家政服务人员会深度介入雇主家庭的日常生活，雇主家庭需要将自己的房屋、无法自理的老人、咿呀学语的儿童全权托付给服务人员，过程中难免将家庭中的隐私暴露给对方，存在隐私泄露的隐患。这种与服务人员的深入接触，本身就会对雇主家庭造成心理上的压力，进而使其更易产生恐惧、怀疑等负面情绪。而不健全的信用机制，使雇主家庭无法掌握服务人员的个人健康、信用过往等信息，更加剧了这种压力的产生。

其次，对于家政服务人员而言，很难在他人的私人空间中建立起有效的防御机制，其人身权、财产权、人格权等受到侵犯的可能性也大大提高，也会令其产生强大的压力与不信任感。不规范的行业管理体系，也导致服务人员很难通过相应的法律法规维护自身权益。雇主家庭可能对服务人员的个人品质也存在一定怀疑，为保护自身权益会有安装监控、贵重物品放于保险箱等行为，也在无形之中向服务人员传递了消极的信号，无疑是对其服务积极性的一种打击。

最后，由于家政服务的标准很难得到准确的描述和精准的量化，因此对服务结果的评价除了受服务人员技能水平的影响外，更多地取决于被服务者的个人标准与道德品质。

在这种不确定性极强的服务和被服务关系中，雇主家庭与家政服务人员之间存在极大的信任危机，更容易对对方做出不够客观的评价。这种信任危机若不及时得到解决，必然会使双方之间的矛盾不断激化，进而扰乱家政服务市场秩序。

2.从业人员无力维护自身权益

目前，来自农村的"60后"和"70后"人员占我国家庭服务行业就业市场的大部分，其学历以高中以下为主。受成长环境、受教育程度、成长经历等各种因素的影响，大部分家政服务人员法律意识与维权意识相对淡薄，很难利用法律手段维护自己的合法权益，这也是加深信任危机的重要原因之一。

调查显示，不少家政服务人员在服务过程中都遭受过不同程度的权益侵害，例如被雇主家庭随意克扣工资、未经同意翻查行李、无故延长工作时间等。大部分家政服务人员不知该通过何种方式合理维护自身利益，为了保住工作、维持生活会选择忍耐。即便面临较为严重的侵害时，他们也往往只会选择辞职来避免继续受到进一步的伤害，极少数的家政服务人员会选择通过诉讼或报警的方式保护自己。而这种无法保护自身权益的无力感，加剧了家政服务人员对雇主家庭的不信任感与过度防备心理。

3. 家政服务业的社会认同度不高

尽管近年来，我国家政服务业已发展为利国利民、促进经济发展的民生产业，但受传统观念的影响，至今仍未得到全社会的足够尊重与普遍认同。不仅许多雇主家庭常戴有色眼镜看待家政服务业从业人员，就连不少从业人员也认为家政服务工作"低人一等"。这种偏见加深了雇主家庭与家政服务人员之间的隔阂。

另外，目前我国家政服务市场较为混乱，没有建立起完善的规章制度与标准服务流程，大多数家政服务企业对服务人员的权利保障并不到位，应享有的权益得不到保障，加剧了他们的失落、无助与不信任感。这些问题都是阻碍家政服务领域信用体系建设的重要因素。

（四）行业信用机制不健全

1. 信息不透明，共享不及时

家政服务业作为与家庭接触极为密切的特殊行业，如何实现雇主家庭、家政服务企业与家政服务人员三方之间的信息真实、及时、有效的共享，对整个行业信用体系的建设以及规范化发展都是尤为重要的。甚至可以说，家政服务业中三方主体之间的合作关系建立在信任的基础上，而信息的共享则

是这座"信任桥梁"的基石，然而信息不对称却在家政服务市场上表现得尤为突出。

首先，发挥"中介"职能的家政服务企业，大部分无力或不愿承担从业人员岗前技能培训、信息核实等的成本，也并不具备专业信息甄别、记录与管理的条件与能力，无法确保从业人员个人健康、过往服务经历、违规违法情况等相关信息的真实性、有效性。部分企业管理者为了牟取利益，甚至故意向雇主家庭与服务人员隐瞒部分不利信息。作为市场信息传递的主要媒介，这些不正当行为大大扰乱了行业的市场秩序。另外，雇主家庭与服务人员为满足各自的目的，也存在隐瞒过往病史等不利信息的现象。

在我国家政服务业信用机制还未得到完善、权威信息获取渠道还未搭建完备的当下，雇主家庭、家政服务企业、家政服务人员三方均难以获得真实性有保障的信息。

2. 信用平台缺乏规范化建设与管理

加强家政服务人员信用平台的规范化建设与管理，是进一步完善家政服务业信用信息平台、完善行业信用体系建设的重要举措。

商务部、国家发改委印发的《关于建立家政服务业信用体系的指导意见》（商服贸函〔2019〕269号）中要求，家政服务企业要在"商务部家政业务平台"上为家政服务人员建立信用记录，进行信息核实，并确保信用记录的信息质量和时效。但实际上，我国大部分家政服务企业的能力难以实现对服务人员的统一规范管理。如何切实有效地对服务人员信息进行收集、核实与管理，是推进信用信息标准化管理的难点。这不仅需要各地方政府的大力宣传、指导与培训，更需要联合各方力量，帮助家政服务企业打通信息获取、审核、甄别的多种渠道，不断优化升级信用平台，严格管理、真正落实。

（五）行业相关法律法规不完善

现阶段，我国家政服务业仍处于发展期，相关法律法规的建设还不完善，甚至存在诸多空白。

目前，我国还没有一部全国性的家政服务业信用管理法律法规，仅在《刑法》《合同法》《消费者权益保护法》中较为零散地涉及社会信用体系建设的部分内容，而且《劳动法》中的相关内容也不适用于家庭用工场景。因此这些内容还不足以对雇主家庭、家政服务企业和家政服务人员的各种失信行为形成强有力的法律约束。

家政服务业专门立法的缺失，意味着无法明确规定雇主家庭、家政服务企业和家政服务人员三方的权利与义务，三方维权无法可依。虽然国家标准化管理委员会发布了《家政服务母婴生活护理服务质量规范》《家政服务机构等级划分及评定》两项具体的国家标准，但依然无法弥补强制性国家标准的缺失，更无法保障家政服务交易中的基本信任。

三 政策指导及地方信用体系建设

（一）国家政策指导

家政服务业是促就业、保民生的重要抓手，为尽快实现行业的提质扩容、带动更多就业，国家从信用体系建设入手，陆续发布了多项相关扶持推动政策。

2010年9月1日，当时的国务院总理温家宝主持国务院常务会议时提出推进家庭服务业公益信息平台建设。

2012年，商务部发布《家庭服务业管理暂行办法》（商务部令〔2012〕第11号），规定家庭服务机构须建立家庭服务员工作档案，接受并协调消费者和家庭服务员投诉，建立家庭服务员服务质量跟踪管理制度。

2018年，国家发改委、中国人民银行、商务部等28个部门签署了《关于对家政服务领域相关失信责任主体实施联合惩戒的合作备忘录》（发改财金〔2018〕277号），对失信的家政服务企业、企业法定代表人和家政服务人员开展联合惩戒。

2019年6月，国务院办公厅印发《关于促进家政服务业提质扩容的意见》

（国办发〔2019〕30号），明确提出建立健全家政服务领域信用体系。

2019年6月，商务部会同国家发改委印发《关于建立家政服务业信用体系的指导意见》（商服贸函〔2019〕269号），提出了五项主要任务：一是建立家政服务人员信用记录；二是建立家政服务企业信用记录；三是建立省级家政服务业信用信息平台；四是建立全国家政服务业信用信息数据库；五是实行家政服务领域守信激励和失信惩戒机制。

（二）多地政府响应，陆续搭建信用平台

在国家政策的大力推动下，各地方政府纷纷加快了家政服务业信用体系建设的步伐。其中，持证上门制度和"红黑榜"制度的建立是各地相关工作的主要着力点。

1. 持证上门制度

持证上门制度，即通过为家政服务人员发放"居家上门服务证"等类似证件证明，使其持证方能上岗。"居家上门服务证"能够快捷高效识别服务人员身份信息、查询从业信息记录，并具有追溯功能。家政服务企业对服务人员进行严格细致的身份核准、技能考核、服务评价等信用信息的记录登记，并利用互联网、大数据形成信用信息共享。雇主家庭通过扫描居家上门服务证上的二维码，即可全面了解家政服务从业人员的职业培训信息、健康体检信息、公安信息、雇主评价等各类服务信息。

持证上门制度在全国各地加速推进，为消费者提供了快速获取家政服务人员信用信息的可靠渠道，打破了雇主和服务人员之间的信息壁垒，建立了信用积累机制，让大众的服务消费更加便利、安全和放心，是规范行业发展的一种有益的探索与尝试。

2. "红黑榜"制度

家政服务人员"红黑榜"制度，是以家政服务人员的信用信息数据为基础，对其开展公共信用评价，将信用记录良好的家政服务人员纳入"红榜"管理，通过多种渠道进行公布，引导消费者在选择家政服务时优先考虑这些信用记录良好、详尽的服务人员；将失信家政服务人员纳入"黑榜"

管理，实施跨部门联合惩戒，公布失信联合惩戒对象名单，加大对失信企业监管力度，提高检查频次，支持行业组织按有关管理规定，对失信主体实施限制会员资格、降低信用等级、公开曝光等惩戒措施。

目前，我国江苏省、河南省已经运用大数据建立了家政服务人员"红黑榜"制度。同时，政府在资金等方面对"红榜"上的企业和服务人员也给予了一定支持，并对"黑榜"上的企业和服务人员实施跨部门联合惩戒并加强监管。

四　推进家政服务业信用体系建设的对策建议

（一）加强对从业人员多方面素质的培养

鉴于我国家政服务业仍处于从业人员职业素养与客户满意度不高的阶段，为提高服务质量、切入问题源头解决根本问题，需要提升从业人员队伍整体技能、道德、法律等多方面素养。

在技能素养方面，在大力推进家政服务人员技能培训的同时，要尽早统一行业技能水平评定标准，对家政服务人员的实际技能水平判定要有依据、可查证、不马虎，保证进入市场的从业人员具备合格的职业素养。评定标准的统一与从业人员水平分级能够便于雇主家庭按需寻找适合自己的服务人员。

在道德素养方面，把诚信教育作为对家政服务企业、家政服务人员的重点培训与考核内容，并将其与市场准入、信用等级评价等相挂钩。将诚信激励与失信惩戒机制纳入考核内容当中，矫正服务人员失信失德行为，助其树立正确的人生观、价值观、职业观，激励其坚持诚实守信原则，营造诚信共建的市场氛围。

在法律素养方面，各地方政府应积极开展针对家政服务企业与服务人员的法律常识培训，杜绝因一己私利而违反道德标准甚至法律法规的行为，加强法律知识学习，提高保护他人合法权益与依法维护自身利益的意识。

另外，政府相关部门与家政服务企业均需加强对服务人员心理健康的关

注，定期开展形式丰富的业余活动，提供心理咨询与辅导，缓解服务人员的心理压力，帮助其纾解负面情绪、体现对家政服务人员的人文关怀，增强其职业荣誉感与信念感。

（二）大力推动企业实行员工制

员工制模式是提高从业人员社会保障水平、大幅度降低企业员工流失率与服务队伍人员流动性、规范家政服务企业与家政服务人员行为的一大利器。

为推动这一先进模式的落实，国家发改委、商务部联合开展了家政服务业提质扩容"领跑者"行动。已确定32个重点推进城市，通过中央各部委支持清单、地方政府支持政策清单和家政服务企业服务清单，鼓励"领跑者"行动重点推进城市相关企业实行员工制。2019年7月，财政部、国家税务总局、国家发改委、民政部、商务部、国家卫健委公告发布了《关于养老、托育、家政等社区家庭服务业税费优惠政策的公告》，出台了免征社区家庭服务业增值税等税费优惠政策，加大对员工制家政服务企业的税费优惠支持力度。

因此，各地方政府应继续大力引导当地企业推行员工制，重视已实行员工制模式的家政服务企业的实际发展，积极帮助其克服各种困难，推动企业做大做强；规范员工制家政服务企业用工，研究制定员工制家政服务合同示范文本，规范雇主家庭、家政服务企业与家政服务人员三者之间的权利义务关系，保障三方合法权益；鼓励保险机构推出家政服务专项保险，推动相关部门和地方提供政策支持，减轻员工制家政服务企业的风险负担。加强以失业保险基金结余等支持员工制家政服务职业培训的力度，对员工制家政服务企业实行企业稳岗返还和免费培训，推动员工制家政服务企业员工参加社会保险，维护家政服务人员社会保障权益。

员工制的落实，有利于扎实做好"六稳"工作、全面落实"六保"任务，让家政服务人员在工作过程中获得归属感与安全感，有助于实现对家政服务企业与家政服务人员诚信行为的监督，对于推进家政服务业信用体系建设具有非常重要的意义。

（三）规范信用信息平台建设

家政服务业信用信息平台的建设，丰富了消费者选择渠道，实现了信用信息的透明化、公开化，为雇主家庭提供了真实可靠的消费选择途径。优化、规范信用信息平台的建设是下一步的工作重点。

首先，要规范家政服务人员信用信息的内容，力求全面、真实地体现从业人员的职业素养、服务能力、社会信用记录、违法犯罪记录等重点信用信息，丰富信用信息内容，以此打破信息壁垒，打消雇主家庭对服务安全的顾虑，让消费者敢于消费、放心消费。同步推出信用分级分类监管机制，让信用良好的企业获得更多政策与投资的倾斜，鼓励其他家政服务企业积极主动向诚信经营转型。

其次，要优化家政信用平台的建设，平台不仅要提供信用信息公示、"红黑榜"等功能，更要注重对信息反馈与投诉监督等功能的开发。对诚信家政服务企业与服务人员的表彰宣传功能也需要得到足够的重视，以此引导消费者优先选择信用等级良好、消费者评价与服务质量较高的企业与服务人员。

最后，要尽早规范家政服务人员信用信息的安全管理。加强安全防护机制建设，部署防火墙、身份识别（如人脸识别）等多重防护措施，在技术上保证信息的采集、存储、运用全过程的安全性。由政府实施监管，避免信息泄露或被不法分子利用，保证信息的安全。

（四）完善相关政策与法律法规

加快推进家政服务业信用立法工作，力求使雇主家庭、家政服务企业、家政服务人员三方的权益保护，信用信息征集以及信用信息安全均做到有法可依。同步助推地方家政信用建设规章制度的建立，针对不同地区的不同行业发展现状制定有针对性的扶持发展政策，促进家政信用信息资源的有效利用，大力推进各相关部门和地方的家政信用制度建设，支持各地政府、行业组织制定家政信用标准规范，形成完备的家政信用法律法规、标准规范体

系，从上而下建设行业信用体系。

加快推进家政服务业主体多部门、跨地区的联合守信激励和失信惩戒机制，推广规范家政信用"黑名单"制度和市场退出机制，淘汰失信服务企业与服务人员，肃清行业毒瘤，规避"黑家政""毒保姆"等恶性事件的发生。鼓励家政服务企业开展信用承诺、信息披露等信用制度相关建设工作，加强对家政服务企业、服务人员的行为引导与规章约束。各地家政服务行业协会应充分发挥引领作用，提高当地雇主家庭、家政服务企业与家政服务人员的履约守信和维权意识；完善社会舆论监督机制，建立失信行为有奖举报制度，加强对雇主家庭、家政服务企业与家政服务人员三方失信行为的披露和曝光。

家政服务业相关法律法规的完善与规范，有助于行业内部达成诚信经营、诚信服务的共识，运用信用监管手段全面推进家政服务业规范化、标准化建设，使家政服务水平和质量更好地贴近人民群众所需，满足人民群众的期待，构建更加健康有序的家政服务业生态。

（五）加大宣传引导力度，提升社会认同感

一方面，开展家政服务业信用示范试点，树立诚信典型，组织家政服务行业协会、家政服务企业开展信用体系建设活动，使家政服务企业和家政服务人员形成诚实守信的行动自觉。

另一方面，要发挥媒体宣传作用，向公众树立家政服务业积极正面形象，向社会普及家政服务业在拉动内需、解决就业、促进发展等方面所发挥的重要作用以及所占据的重要地位，转变社会对家政服务业的传统观念，提高家庭服务人员的社会地位。教育并引导雇主家庭公平公正地对待家政服务人员，给予其尊重与关爱，增强服务人员的归属感、安全感与职业荣誉感，使雇主家庭、家政服务企业与家政服务人员三方携手，共筑家政服务业良好的信用环境。

专题篇
Special Topics

从"七人普"数据透视家政服务业发展

摘　要： 家政服务业对于增加就业、改善民生、扩大内需、推动内循环和构建新发展格局具有重要作用。当前，我国人口增速放缓、家庭规模缩小、老人少年儿童人口占比增大、城镇人口大幅增加、人口素质全面提升、人口向东部地区和中心城市集聚等趋势性变化特征明显。这些趋势给家政服务业发展带来一系列机遇和挑战。本报告基于第七次全国人口普查数据，分析人口变化趋势，研判其对家政服务业的影响，并提出四点建议。一是加强技能培训，提升服务质量；二是加强劳务对接，增加服务供给；三是加强宣传表彰，提高社会认同；四是加强国际交流，推动产业升级。

关键词： 家政服务业　"七人普"　人口变化

---

* 王华，人力资源和社会保障部统计调查中心一级巡视员；刘国彩，人力资源和社会保障部统计调查中心专项统计调查处处长；钟旷婕，人力资源和社会保障部统计调查中心专项统计调查处一级主任科员。

党的十九大报告指出："经过长期努力，中国特色社会主义进入了新时代，这是我国发展新的历史方位。"进入新时代，第三产业在国民经济中的重要性日益增强，作为第三产业重要组成部分的家政服务业，对于增加就业、改善民生、扩大内需、推动内循环和构建新发展格局具有重要作用。家政服务业的发展与人口因素关系密切，人口数量、结构等方面的变化将深刻影响家政服务业的市场供求数量和质量，因此把握人口因素的变化是促进家政服务业实现高质量发展的关键。本报告基于第七次全国人口普查（以下简称"七人普"）有关人口数量、结构、分布等方面的最新统计数据和家政服务业调查掌握的家政服务业现状，分析人口变化趋势性特征，研判人口变化对家政服务业发展的影响，以期对有关部门制定和更好落实行业发展政策提供有益参考。

一 基于家政服务业发展的"七人普"数据分析

（一）人口变化新趋势

1. 人口总量增速放缓

"七人普"数据显示，2020 年全国人口共计 14.12 亿人，较 2010 年"六人普"时的 13.4 亿人增加了 7206 万人，总人口年均增速为 0.53%，较 2000~2010 年 0.57% 的年均增速下降了 0.04 个百分点（见图 1）。从总体规模上看，我国总人口在 2010~2020 年保持了低速增长的趋势。出生率较低是我国人口增长放缓的主要原因之一。"七人普"数据显示，2020 年我国的总和生育率为 1.3，低于 2.1 的代际更替水平，已步入 1.5 以下的"低生育率"区间。

人口总量增速放缓的同时，家庭户规模也呈现缩小态势。在人口流动日趋频繁、住房条件改善以及年轻人婚后倾向于独立居住等因素的综合影响下，我国家庭户规模呈现持续缩小的趋势，2020 年平均每个家庭户的人口约为 2.62 人，较 2010 年的 3.10 人减少 0.48 人（见图 2）。

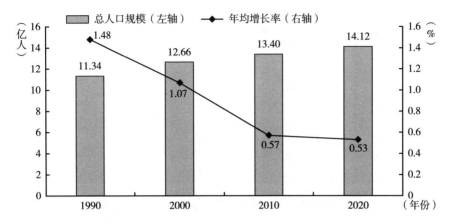

图1 1990~2020年历次全国人口普查总人口规模及年均增长率

资料来源：国家统计局历次全国人口普查。

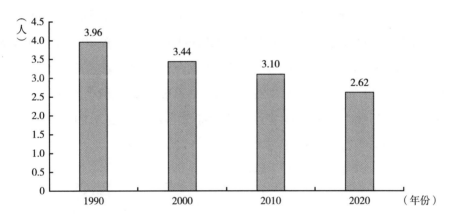

图2 1990~2020年历次全国人口普查家庭户规模变化情况

资料来源：国家统计局历次全国人口普查。

2.人口结构显著变化

人口的性别结构日趋均衡。"七人普"数据显示，2020年我国男性人口为7.23亿人，占51.24%；女性人口为6.88亿人，占48.76%。总人口性别比（以女性为100，男性对女性之比）为105.07，与2010年相比略有降低（见图3）。

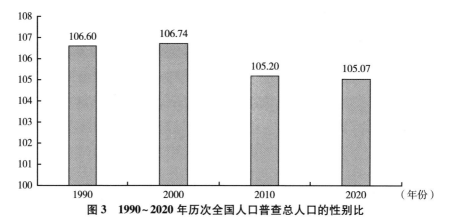

图3　1990～2020年历次全国人口普查总人口的性别比

资料来源：国家统计局历次全国人口普查。

人口的老龄化程度加深。"七人普"数据显示，我国0~14岁人口占比17.9%，较2010年上升1.3个百分点；15~64岁人口占比68.6%，较2010年下降5.9个百分点；而65岁及以上人口占比13.5%，较2010年上升4.6个百分点（见图4）。少儿抚养比由22.3上升至26.1；老年抚养比由11.9大幅上升至19.7。从绝对量来看，0~14岁和65岁以上两个年龄段的人口数量均有所增加，而15~64岁人口的数量却由2010年的9.99亿人下降至2020年的9.69亿人，减少约3000万人。

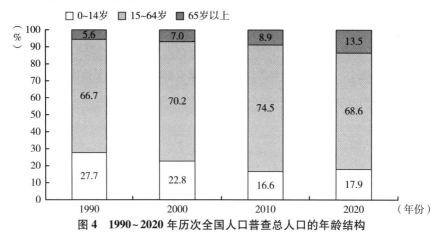

图4　1990～2020年历次全国人口普查总人口的年龄结构

资料来源：国家统计局历次全国人口普查。

城镇人口在城乡结构中占主体地位。随着新型工业化、信息化和农业现代化的深入发展和农业转移人口市民化政策的实施，我国城镇化率持续提升。"七人普"数据显示，2020 年居住在城镇的人口为 9.02 亿人，占63.89%；居住在乡村的人口为 5.1 亿人，占 36.11%（见图 5）。从近四次全国人口普查情况来看，城乡人口占比在 2010 年开始接近，到 2020 年，城乡人口占比彻底实现扭转，城镇人口占比比乡村人口高出 27.78 个百分点。

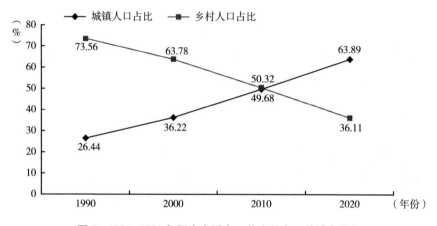

图 5　1990~2020 年历次全国人口普查总人口的城乡结构

资料来源：国家统计局历次全国人口普查。

人口素质全面提升。随着基础教育普及程度的提高和高等教育的快速发展，2020 年我国 15 岁及以上人口的平均受教育年限由 2010 年的 9.08 年提高至 9.91 年，文盲率由 4.08% 下降为 2.67%。与"六人普"数据相比，每十万人中拥有大学文化程度的由 0.89 万人上升为 1.55 万人；拥有高中文化程度的由 1.40 万人上升为 1.51 万人；拥有初中文化程度的由 3.88 万人下降为 3.45万人；拥有小学文化程度的由 2.68 万人下降为 2.48 万人（见图 6）。

3. 人口集聚趋势不断加剧

分区域看，2020 年东部地区人口为 5.64 亿人，占 39.97%；中部地区人口为 3.65 亿人，占 25.87%；西部地区人口为 3.83 亿人，占 27.14%；东北地区人口为 0.99 亿人，占 7.02%。与 2010 年相比，东部地区和西部

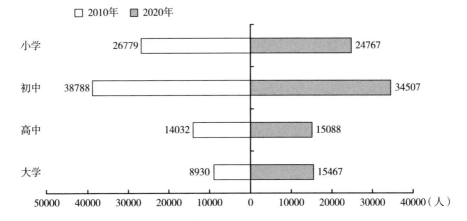

图6 2010年和2020年总人口中每十万人各种受教育程度的人数

资料来源：国家统计局2010年和2020年全国人口普查。

地区的人口占比有所上升，分别上升1.98个和0.11个百分点；而中部地区和东北地区的人口占比有所下降，分别下降0.93个和1.16个百分点（见图7）。

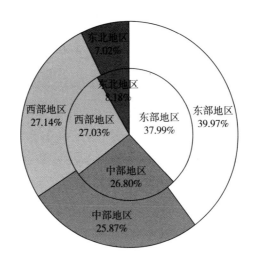

图7 2010年和2020年总人口的地区分布状况

注：内圈为2010年数据，外圈为2020年数据。

资料来源：国家统计局2010年和2020年全国人口普查。

分省区市来看，与"六人普"相比，31 个省区市中有 25 个人口增加。其中增长最多的 5 个省区市依次为广东、浙江、江苏、山东、河南。其中广东的人口增量达到 2170.94 万人，浙江的人口增量为 1014.07 万人。有 6 个省区的人口数量减少，按照人口下降数量由多到少依次是黑龙江、吉林、辽宁、山西、内蒙古和甘肃。其中，黑龙江、吉林、辽宁三省人口减少量均超过了 100 万人。由此可见，人口向经济发达区域集聚的趋势更为显著。

省会城市经济较为发达，通常是城市群培育发展中的核心城市。"七人普"数据显示，全国省会城市中除哈尔滨之外，其余城市的人口规模均实现了不同程度的增长。与"六人普"相比，拉萨、西安、广州、银川、长沙、海口 6 个城市的人口增长率超过了 40%，增长率最低的石家庄也达到了 10.54%。从省会城市人口占比变化来看，2010～2020 年绝大多数省会城市的人口比例均有不同程度的提高（见图 8），表明人口越来越向省会城市和城市群集聚。

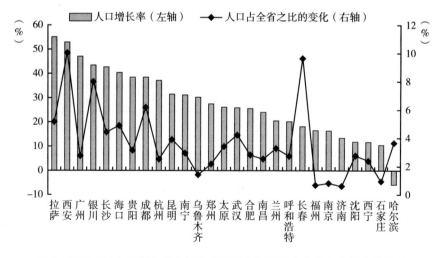

图 8　2010～2020 年部分省会城市人口增长率及其占全省之比的变化情况

资料来源：国家统计局 2010 年和 2020 年全国人口普查。

（二）我国家政服务业发展现状

随着人口结构变化和经济社会快速发展，我国家政服务业在国家政策的扶持下，近年来职业化程度不断增强，规范化水平持续提高，已经成为增加就业、改善民生、更好满足人民群众日益增长美好生活需要的重要平台和实现第三产业发展壮大的重要增长极。

一是产业规模迅速扩大。商务部数据显示，"十三五"时期家政服务企业营业收入年均增速超过20%，家政服务从业人员数量已达3000万人。根据2021年家庭服务业36城调查数据，即便在新冠肺炎疫情给家政服务业带来巨大冲击的情况下，全国36个调查城市2020年新成立相关法人单位数仍然比2018年增长了8.0%，2021年又新增法人单位312个。（见图9）

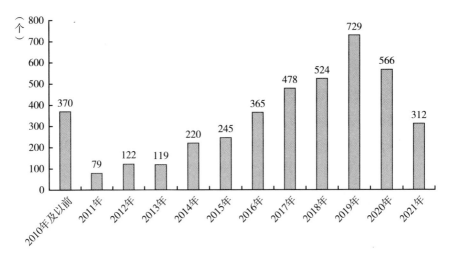

图9 36个城市2010年以来法人单位成立情况

资料来源：人社部统计调查中心，2020年和2021年家庭服务业36城调查数据。

二是市场需求持续旺盛。根据2021年家庭服务业36城调查数据，在受访的8561户未使用家政服务人员的常住居民家庭中，有5624户表示在2022年有使用家政服务人员的需求，占比65.7%，比2020年提高了9.0个百分点。从招用方式上看，有2783户受访家庭拟通过家政服务公司派遣（介绍）招用，占比 49.5%；从服务方式上看，有 3049 户受访家庭拟招用小时工，占比 54.2%（见图 10）。

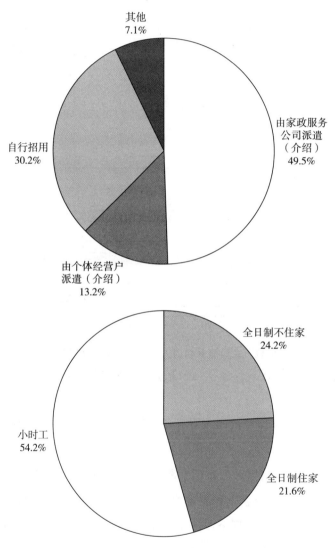

图 10　2022 年拟使用家政服务人员招用形式和服务方式

资料来源：人社部统计调查中心，2021 年家庭服务业 36 城调查数据。

三是服务技能水平普遍提升。2020 年，受疫情影响以及政策的鼓励，大多数家政服务公司都加大了培训力度，接受家政服务培训的从业人员占比大幅上升。根据家庭服务业 36 城调查中常住居民家庭家政服务人员培训情况的问卷调查结果，2020 年有 67.9% 的家政服务人员参加过家政服务培训。2021 年虽然这一比例略有下降，但也有 65.9%。在参加过家政服务培训的家政服务人员中，有 7962 名通过培训获得相关培训证书，6163 名获得与家政服务相关的职业资格证书或职业技能等级证书，分别占参训人员的 76.2%（见图 11）和 59.0%。

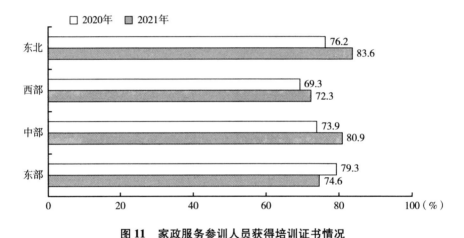

图 11 家政服务参训人员获得培训证书情况

资料来源：人社部统计调查中心，2021 年家庭服务业 36 城调查数据。

同时，调查也发现当前家政服务业中仍存在不少问题和固有缺陷，影响甚至阻碍着行业发展。

一是企业规模小且区域分布不平衡。从企业规模上看，在 4129 家法人单位中，有 2001 家小型企业和 1238 家微型企业，合计占比高达 78.4%。从区域分布上看，东部地区大中型企业占比最高，为 29.2%，2021 年比上年度增加 5.4%；东北地区占比最低，为 11.9%，比上年度减少 15.3%（见图 12）。

二是从业人员学历水平有待提高。从学历分布上看，初中及以下学历有 11287 人，占比 71.20%，高中学历有 3189 人，占比 20.12%，高中及以下学历总占比高达 91.32%，本科及以上学历的仅为 0.53%（见图 13）。

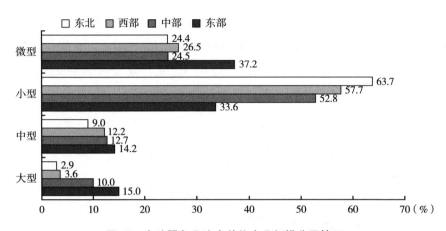

图 12　家政服务业法人单位企业规模分区情况

资料来源：人社部统计调查中心，2021年家庭服务业36城调查数据。

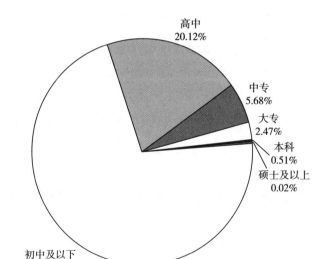

图 13　家政服务人员学历情况

资料来源：人社部统计调查中心，2021年家庭服务业36城调查数据。

　　三是从业人员性别年龄结构有待优化。在对15833户常住居民家庭的入户调查中，共收集15852名家政服务人员的有效信息，其中有14838名为女

性，占比高达93.6%，且以"40/50"人员为主，普遍年龄偏大。根据调查数据，41~50岁的家政服务人员有7287人，占比46.0%，50岁以上的有5858人，占比37.0%，两者合计占比达83.0%。2021年与上年度相比，41岁及以上家政服务人员占比上升3.9个百分点（见图14）。

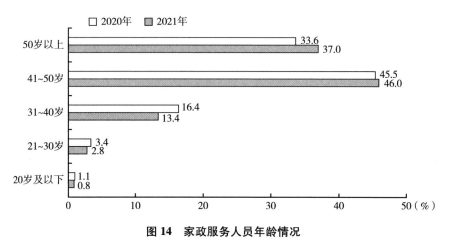

图14 家政服务人员年龄情况

资料来源：人社部统计调查中心，2020年和2021年家庭服务业36城调查数据。

此外，家庭服务业还存在标准法规体系不健全、职业认同感不强等问题，在一定程度上制约了行业的健康快速发展。

二 人口变化给家政服务业带来的机遇与挑战

家政服务业整体的良好发展，取决于政府宏观政策支持、国民经济发展和市场需求的增长。从"十四五"时期到2035年，预计我国的家政服务业有十多年的稳定增长期，在城镇化率提升的大背景下，家政服务需求规模将更大、标准将更高，总体来说，我国家政服务业的未来发展中机遇与挑战并存。

（一）发展机遇

一是需求增加带动产业增长。即便是在人口增速放缓的情况下，2020

年全国新生人口仍然达到了 1200 万人左右，在国家鼓励生育的政策背景下，以家庭孕产妇及新生儿照护为主要内容的家庭服务需求较强。与此同时，人口老龄化也意味着以居家老人照料为主要内容的家庭服务需求潜力巨大。此外，随着家庭结构的变化以及家庭户规模的缩减，将衍生出对以家庭事务管理为主要内容的家庭服务需求，从而进一步推动产业规模的持续扩大。

二是从业人员素质有望提高。"七人普"数据显示，2020 年与 2010 年相比，15 岁及以上人口的平均受教育年限提高了 0.83 年，拥有大学文化程度和高中文化程度的人数占比上升，而拥有小学文化程度和初中文化程度的人数占比下降，这为家政服务业从业人员整体素质的提升创造了可能，从而为产业逐步实现高质量发展创造了条件。

三是产业的空间集聚趋势增强。在市场经济条件下，人口和资源向优势地区集聚是基本经济规律。"七人普"数据显示，我国人口进一步向经济发达区域、省会城市和城市群集聚，这意味家政服务业也将在这些区域和城市呈现较强的空间集聚。相反，随着人口的流失，经济欠发达地区和收缩型城市的家政服务业可能会面临市场需求不足的情况。

（二）面临挑战

一是供给质量有待提高。随着收入水平提高和消费加快升级，城乡居民为了满足美好生活需要，对家政服务业的消费需求将逐渐由"从无到有"过渡至"从有到好"。然而，家政服务业领域长期存在着标准不健全、服务不规范、企业规模小等问题，导致家政服务质量难以满足人民群众日益增长的家政服务需求，家政服务业变革行业服务模式、提升服务质量势在必行。

二是供给数量可能不足。"七人普"数据显示，2020 年与 2010 年相比，16~59 岁劳动年龄人口减少约 4000 万人。劳动年龄人口减少将引起劳动力供给下降，家政服务业发展所依赖的劳动力低成本优势将逐渐消失，推动转型升级将成为家政服务业实现可持续发展的重要任务。与此同时，随着劳动力受教育程度的提高，家政服务业偏低的工资水平也难以吸引劳动力进入。

三是区域发展可能不平衡。随着户籍制度改革的深入推进，人口和人才的跨区域自由流动将成为常态，他们以"用脚投票"的方式流向经济发达区域和城市群地区，从而扩大这些地区家政服务业的需求并推动产业转型升级；而经济欠发达地区和收缩型城市因为人口和人才的流失，家政服务业的需求可能会在一定程度上受到抑制，不利于产业规模的扩张和提质增效。

三 促进家政服务业高质量发展的思考

促进家政服务业高质量发展，主要抓手是通过政策稳固需求、优化供给。其中，需求是相对客观的定量因素，操控需求难度较大；供给是更为主观的变量因素，干预供给相对容易。所以，关键着力点应在深化供给侧结构性改革，提高有效供给的数量和质量，更好满足人民群众的家庭服务需求。在此提出如下四条建议。

一是加强技能培训，提升服务质量。加大政策支持力度，结合实际适当提高培训补贴标准，落实补贴政策；鼓励各地依据民族、地域、生活习惯的不同特点建立家政服务标准，编写相应家政技能教材；将家政服务纳入职业技能提升行动，有针对性地开展家政服务职业培训，鼓励从业人员参加职业技能鉴定或专项能力考核；加强职业素养培训，将法律知识、职业道德、从业规范等内容贯穿于职业技能培训过程中。

二是加强劳务对接，增加服务供给。支持家政劳务输出基地建设，建立和完善家政服务劳务对接工作长效机制，鼓励经济发达地区与中西部、东北地区劳务输出大省建立区域间家政劳务对接机制，开展家政服务人员订单式培养和点对点输送；利用信息化打破传统家政服务业封闭和碎片化现状，支持家政服务业协会利用行业资源优势组织搭建家政服务供需信息平台，开展全国性的线上家政服务供需对接。

三是加强宣传表彰，提高社会认同。加强对家政服务业的优惠支持政策宣传，鼓励和引导更多劳动者投身家政服务业；加强对家政服务领域就业创业典型案例的宣传，营造技能成才、勤劳致富的良好氛围；加强对优秀家政服务人员的表彰宣传，帮助从业人员赢得社会尊重，增强从业人员职业认同感和职业荣誉感。

四是加强国际交流，推动产业升级。广泛开展与菲律宾、日本、英国、德国等国的行业交流，借鉴经验，取长补短，加强行业市场化、规范化、职业化建设，进一步完善从业人员权益保护机制，大力弘扬"工匠精神"，提升从业人员服务理念和技能水平；在行业基础较好的城市优选试点企业开展国际交流合作，大胆"引进来"和"走出去"，增进市场活力，倒逼本土产业提升。

B.7
家政服务业的品牌建设

张 霁*

摘 要： 我国进入新发展阶段，家政服务业作为新兴产业，对促进就业、保障民生具有重要作用。从家政服务业三十多年的发展来看，家政服务业的品牌建设经历了曲折的发展过程，但品牌意识在行业发展中不断得到加强，特别是近年来随着家庭服务业从社会化向产业化迈进的过程中，品牌建设的作用在不断强化。家政服务业近年来虽然发展较快，企业数量较多且增长迅速，但大多家政服务企业规模不大，发展较慢。在把握新发展阶段、贯彻新发展理念、构建新发展格局、推动"十四五"时期高质量发展的大背景下，通过创新发展做好家政服务业品牌建设，对家政服务业提质扩容意义重大。

关键词： 家政服务业 家政服务企业 品牌建设

一 新发展阶段家政服务业的发展

近年来，伴随着我国经济社会不断发展、人口老龄化程度加深和新型城镇化加速推进，家庭也在不断发生变化，有着家庭规模小型化、家庭结构核

---

* 张霁，中华女子学院（全国妇联干部培训学院）继续教育学院院长，中国老教授协会家政学与家政产业发展专业委员会特约研究员，全国家政服务标准化技术委员会（SAC/TC533）委员，研究方向为家政服务社会化和家政服务业发展、家政服务标准化、家政服务业品牌建设。

心化、家庭类型多样化、家庭关系离散化、家庭价值多元化的趋势。随着我国居民消费能力的不断增强，家庭对家政服务的需求也在不断变化，家政服务已经不仅仅局限在简单地为家庭生活提供社会化劳务服务上。家庭对于教育、健康、饮食、整理收纳等专业技术含量较高的家政服务需求出现，随着社会分工日益细化，居家养老、康复护理、育婴早教、营养饮食、家居保洁、整理收纳等多样化的家政服务需求的刚性增强，家政服务业市场总规模保持 20% 左右的年增速。① 随着城乡家庭对家政服务需求类型的不断专业化、细分化，新需求孕育新职业，使家政服务业的发展面临着重大的发展机遇和挑战。我国社会主要矛盾的变化，使家政服务业成为与满足人民美好生活需要关联度最高的行业之一。在把握新发展阶段、贯彻新发展理念、构建新发展格局、推动"十四五"时期高质量发展的大背景下，解决家政服务业的供需矛盾，实现家政服务业的提质扩容和高质量发展，是当今家政服务业发展面临的一个重大课题。家政服务企业向专业化、规模化、品牌化发展势在必行，家政服务业也从社会化发展阶段向产业化发展阶段迈进。

从 20 世纪 80 年代开始，伴随着我国改革开放的步伐和经济社会的不断发展，家务劳动逐步走出家庭，家务劳动社会化的需求不断增加，家政服务从家庭内部事务向着家庭社会化服务的方向发展。同时家政服务也是能够较大规模吸纳富余劳动力的重要行业，逐步发展成为我国社会发展和人民家庭生活不可或缺的行业。

进入 21 世纪，随着我国经济社会近 20 年来的高速发展，家政服务业也有了长足的发展，家政服务企业逐步认识到品牌建设对企业发展的重要性。特别是 2018 年习近平总书记在"两会"期间参加山东代表团审议时表示，家政业是朝阳产业，既满足了农村进城务工人员的就业需求，也满足了城市家庭育儿养老的现实需求，要把这个互利共赢的工作做实做好，办成爱心工程。②

---

① 尹双红：《人民时评：推动家政服务业高质量发展》，《人民日报》2021 年 7 月 8 日，第 5 版。

② 姜赟：《人民时评：用爱心迎来家政业的春天》，《人民日报》2018 年 3 月 12 日，第 5 版。

2019 年 6 月 26 日国务院办公厅发布《关于促进家政服务业提质扩容的意见》，标志着我国家政服务业从作为解决社会富余劳动力就业重要抓手的家政服务社会化发展阶段，已发展成为我国经济发展的新动能之一，家政服务业进入产业化发展的高质量发展新阶段。

二　家政服务企业的品牌建设

家政服务企业是以家庭或家庭成员为服务对象，以向其提供家庭劳务或技术服务为主的劳动密集型企业。家政服务品牌是能够给家政服务企业带来溢价、产生增值的一种无形资产，它的载体是用以和其他家政服务企业（竞争者）的家庭劳务服务区分的名称、术语、象征、符号、设计及其组合，增值的源头是家庭（消费者）心中关于家政服务企业和企业所提供的家政服务的印象。家政服务企业品牌建设对于促进行业诚信经营、引领家政服务业发展意义重大。2019年 7 月，由国家发展和改革委员会牵头，商务部、教育部、人力资源和社会保障部、全国妇联共同下发的《关于开展家政服务业提质扩容"领跑者"行动试点工作的通知》（发改社会〔2019〕1182 号）中明确提出要营造良好的市场环境，实施品牌战略，培育一批家政服务知名品牌。①

经过多年的发展，到 20 世纪 90 年代，家政服务企业开始逐步有了品牌意识，开始了品牌建设的探索。由于当时家政服务项目比较单一，大多以家务劳动社会化的住家保姆为主，这个阶段，家政服务企业品牌意识并不强。部分家政服务企业有品牌保护意识，但仅仅停留在注册商标和商标特许连锁加盟的阶段。当时形成了一批最早的家政服务企业连锁经营品牌。由于当时有的家政服务企业品牌意识淡薄，出现过一些有影响力的家政服务企业商标名称被同行企业抢注然后希望高价出售的情况。但由于当时家政服务项目单一，家政服务企业大多是小微企业且服务范围有限，商标抢注对行业本身发

---

① 《关于开展家政服务业提质扩容"领跑者"行动试点工作的通知》（发改社会〔2019〕1182号），国家发展改革委，https：//www.ndrc.gov.cn/xxgk/zcfb/tz/201907/t20190715_962482.html？code＝&state＝123，2019 年 7 月 15 日。

展影响不大，但在社会上给家政服务业诚信经营的形象产生了负面的影响。这些尝试为家政服务企业规模化发展提供了很好的经验。

2009 年，国务院批准建立由人力资源和社会保障部牵头，国家发展和改革委员会、民政部、财政部、商务部、全国总工会、共青团中央、全国妇联 8 个部门共同建立发展家政服务业促进就业部际联席会议制度。发展家政服务业促进就业部际联席会议办公室（以下简称"办公室"）设在人力资源和社会保障部农民工工作司。2011~2019 年，办公室依托各地人力资源和社会保障部门在全国范围广泛开展了"千户百强家庭服务企业创建活动"，政府开始扶持培育知名家政服务品牌，扶植有实力的家政服务企业做大做强，帮助企业树立知名家政品牌。如北京爱侬家政服务有限公司、北京中青家政有限公司、山西红马甲家政有限公司、杭州巾帼西丽服务集团有限公司、济南阳光大姐服务有限责任公司、湖北木兰花家政服务股份有限公司、贵阳冰清玉洁物业清洁有限公司等。

在此期间，全国妇联也十分重视家政服务业的品牌建设，由全国各地妇联负责妇女发展的部门在当地扶持巾帼家政服务企业，开展巾帼家政品牌创建活动，各地涌现出不少知名的巾帼家政品牌。如山东"阳光大姐"、贵州"黔灵女"、江苏"好苏嫂"、甘肃"陇原妹"、湖北"木兰花"等一系列巾帼家政服务品牌。"巾帼家政服务"成为与妇联系统紧密联系的家政服务品牌的总称，逐渐成为全国知名的家政服务品牌。同时妇联系统将巾帼家政作为服务大局、服务妇女、服务家庭的有力抓手，聚焦重点，突破难点，大胆创新，积极推动家政服务业向职业化、品牌化发展，促进广大妇女在家政服务领域就业创业、脱贫致富，推动我国家政服务业可持续发展①。

作为主管或联系家政服务业发展的相关党和政府部门希望通过家政品牌企业建设提升企业竞争力、培育龙头企业，带动家政服务业持续健康发展。在这一时期，有不少家政服务企业在品牌建设过程中同时得到多个政府部门

---

① 《全国妇联巾帼家政服务创新发展综述》，新华网，http://www.xinhuanet.com/politics/2016-12/31/c_129427315.htm，2016 年 12 月 31 日。

的扶持，家政服务企业的品牌意识明显加强，许多家政服务企业都开始探索适合自身实际情况的品牌建设路径。一批在党和政府相关部门扶持下树立品牌的家政服务企业，诚信经营，企业服务水平不断提升，为我国家政服务企业品牌建设树立了典范，为家政服务业持续健康发展打下了良好的基础。

在这一时期，也出现了个别有一定影响力的全国家政服务连锁企业品牌盲目扩张，进行超出自身业务发展能力的品牌炒作。例如个别企业通过请一线影视明星代言和全媒体广告大规模宣传推广，在短期内表面上形成了较大的品牌影响力和品牌溢价效应，但由于没能在打造符合家庭需求的具有自身特色的家政服务项目（服务产品）和服务好家政服务人员提升自身核心竞争力上下功夫，品牌知名度昙花一现，品牌溢价效应消退，未能实现企业持续发展，最终走向消亡。

这些正反两方面的经验教训都为我国家政服务企业品牌建设和家政服务业持续健康发展提供了借鉴，为家政服务业发展打下了良好的基础。

2019年，国务院办公厅出台了《关于促进家政服务业提质扩容的意见》（"家政36条"），其中专门提出支持院校增设家政服务相关专业、培育产教融合型家政企业和支持家政企业举办职业教育等举措，从源头上为家政服务业人才匮乏、从业人员素质不高、行业缺乏可持续发展的动力提供了解决之道；文件中还专门提出培育家政服务品牌和龙头企业，各地要培育一批具有区域引领和示范效应的龙头企业，形成家政服务业知名品牌。2019年7月起，由国家发展和改革委员会牵头实施的家政服务业提质扩容"领跑者"行动开始在全国逐步推进，产教融合理念的提出和实践为家政服务业与相关产业的创新融合发展和家政服务业品牌建设转型升级提供了新的发展理念，家政服务业品牌建设进入了崭新的发展阶段。

三　新冠肺炎疫情给家政服务业品牌建设带来的机遇与挑战

2020年，新冠肺炎疫情肆虐全球，家政服务业作为以家庭为主要工作场所、以家庭生活服务为主要工作内容的人和人之间接触最为密切的劳动密集型产业之一，受到较大冲击。现阶段，家政服务业从业人员还是以来自经济欠发达地区的灵活就业女性群体为主。家政服务企业、家政服务人员、家庭雇主之间大多是中介关系，特别是家政服务企业与家政服务人员之间没有签订劳动合同，因此组织相对较为松散，因此在 2020 年春节假期过后无法较快复工。而面对疫情，广大经济欠发达的农村地区的疫情防控措施也对家政服务人员的流动带来了阻碍。

从家政服务需求来看，由于春节假期的延长和各地复工复产时间的延后，人们居家和家人在一起的时间较多，家庭生活劳务服务的需求在这段延长的假期中可能会有相应的减少。但随着全国各地的复工复产，还会出现家政服务需求的高峰。由此不难看出以往春节过后出现的家政服务需求高峰会在时间上向后推移。但疫情防控也给家政服务企业带来了新的业务，如小区公共区域消毒杀菌服务等。

在疫情下，如何让家政服务人员和家政服务企业管理人员顺利返岗就业，成为家政服务业面临的重大现实问题。问题的核心主要是家政服务企业如何高效地完成家政服务人员与家政服务客户的匹配与精准对接。

由于现阶段我国家政服务人员以农村女性劳动力为主体，整体文化素质不高，一般正规的家政服务企业都要对新入职的家政服务人员进行岗前培训或由家政服务培训机构进行培训，培训合格后方能上岗。通过培训既能够让家政服务企业更好地了解新入职的家政服务人员，也能够提升家政服务人员的技能水平和职业素养，还可以为向客户家庭提供满意的服务打下良好的基础。家政服务培训虽然看似简单，但实际操作性很强，一般分为家政服务相关专业理论教学和家政服务技能（模拟）实际操作训练两部分。受新冠肺炎疫情影响，无法开展有一定规模的家政服务人员专业技能实际操作培训，这也是疫情期间家政服务企业面临的另一个重大现实问题。

2020 年 5 月，国务院总理李克强在第十三届全国人民代表大会第三次会议上作的《政府工作报告》中明确指出："这次新冠肺炎疫情，是新中国成立以来我国遭遇的传播速度最快、感染范围最广、防控难度最大的重大突

发公共卫生事件。……通过稳就业促增收保民生，提高居民消费意愿和能力。支持餐饮、商场、文化、旅游、家政等生活服务业恢复发展，推动线上线下融合①。"2021年3月，国务院总理李克强在第十三届全国人民代表大会第四次会议上作的《政府工作报告》中明确提出："改造提升传统产业，发展壮大战略性新兴产业，促进服务业繁荣发展。加快数字化发展，打造数字经济新优势，协同推进数字产业化和产业数字化转型，加快数字社会建设步伐，提高数字政府建设水平，营造良好数字生态，建设数字中国。"②

近年来，互联网、大数据、云计算、人工智能等数字化技术快速发展，加上2020年新冠肺炎疫情突袭而至，打乱了人们原有的生活方式，使全国城乡家庭日常生活都发生了巨大的改变。突如其来的疫情促使数字经济加速发展，疫情期间各地相关政府部门加大了对线上家政服务培训的补贴力度，各地相继推出基于互联网的线上培训课程，为返乡的家政服务人员提供职业技能培训，在稳定家政服务人员队伍方面起到了很好的作用。

新冠肺炎疫情加速了家政服务企业数字化转型，家政服务数字化云平台发展迅速。商务部会同相关部门开发建设了家政服务信用信息平台；家政服务企业开始建立互联网线上平台进行营销推广和客户管理；家政服务客户和家政服务人员也开始使用互联网线上家政服务平台进行面试、信息查询、交易等；各地开放大学和家政服务机构合作共同探索利用互联网开展家政服务相关专业培训，打造家政服务培训数字化平台。家政服务作为传统行业正在实现数字化转型，家政服务企业品牌建设搭上了数字经济发展的快车。

四 新发展阶段家政服务业品牌建设案例

我国经济已经步入高质量发展阶段，我国城乡区域发展差距较大、人口

---

① 《2020年政府工作报告》，中国政府网，http：//www.gov.cn/guowuyuan/2020zfgzbg.htm，2020年5月22日。

② 《2021年政府工作报告》，中国政府网，http：//www.gov.cn/guowuyuan/2021zfgzbg.htm，2021年3月5日。

跨区域转移加快、农民落户城市意愿下降等问题都对家政服务业发展产生了影响。在新发展阶段，如何通过家政服务企业品牌建设，提升家政服务品质、提高家政服务业的社会认可度、推动家政服务业整体高质量发展，已成为行业要回答的重要问题。

下面选择现阶段我国东部和中部地区比较具有代表性的家政服务业品牌"阳光大姐""天镇保姆""好苏嫂"为例，探讨家政服务企业品牌建设。

（一）山东济南"阳光大姐"的品牌建设

以全国家政服务标准化示范基地济南阳光大姐服务有限责任公司（以下简称"阳光大姐"）的企业发展历程中的"阳光大姐"品牌建设为例[①]，"阳光大姐"的寓意是"让党的阳光照亮妇女的就业创业之路，把党的温暖洒向千家万户"。"阳光"代表着党，代表温暖、无私和奉献；"大姐"是对女性的尊称。

"阳光大姐"的前身济南市阳光大姐家政服务社成立于 2001 年 10 月，最初是济南市妇联为解决下岗女工再就业而创办的家政服务机构。2004 年实现了市场化运作，成立有限责任公司。成立二十多年来，阳光大姐的办公场所已由 12 平方米发展到 10 万多平方米，各地连锁机构 280 余家，解决就业 248 万人次，服务家庭 236 万户。阳光大姐是家政行业第一个国家级服务业标准化示范单位、示范项目，两次被认定为"中国驰名商标"，被确定为国家级技能大师工作室，连续三届夺得全国家政职业技能大赛团体冠军，成为在全国家政行业具有引领和示范作用的家政企业。

阳光大姐在多年的实践中形成的企业文化核心，就是"安置一个人，温暖两个家"的企业服务宗旨，就是"责任+爱心"的企业服务理念，就是"阳光照到的地方就有大姐的服务，大姐服务的地方必有阳光的温暖"的质量方针。为妇女服务，为家庭服务，为社会服务，传递"温暖的力量"，是

---

① 案例内容根据 2021 年 7 月 30 日~8 月 1 日作者在济南阳光大姐服务有限责任公司的现场调研访谈和公司提供的相关材料以及相关公开媒体报道整理。

阳光大姐茁壮成长、持续发展的法宝。

阳光大姐品牌打造的过程可以用八个字来概括：专业、标准、创新、爱心。

1. 专业，点亮品牌之光

家政服务业是一个新兴行业，它与家庭生活息息相关。同时，家政服务又有其特殊性，是人对人的服务，属于劳动密集型行业，核心是人。因此，服务人员的素质就决定着企业的质量水平和实力。要打造品牌，首先要加强培训，要让家政服务人员"由保姆变成人才"。要在较短时间内让服务人员从思想观念到服务技能有质的变化。

阳光大姐的发展，得益于一直重视职业培训，得益于始终关注市场需求，得益于高度重视就业安置。多年来，坚持"培训为就业服务"的定位，坚持注重思想引领、培养德才兼备的家政服务专业人才的目标，持续开展职业培训。公司结合家庭不断增长的服务需求，围绕"一老一小"相继开设了育婴员、母婴生活护理员、养老护理员、家政服务人员、中式烹调师等十多个培训科目，帮助大批城镇失业人员、农村转移劳动力以及大中专毕业生掌握了家政服务专业技能。

近20年来，阳光大姐已累计培训40万人，年培训2万人次，12万人次通过了职业技能鉴定和企业自主评价，8000多人考取了高级职业资格证书，近60人享受政府津贴，成为首席技师、突出贡献技师。

（1）创新职业培训模式，以培训促就业。创新出"理论+实训+案例+情景模拟"和"课程研发+专职教师+家政专业指导师+业务反馈"两个"四位一体"的教学模式；在家政服务业率先推行"双证上岗"：家政服务人员进入家庭入户服务需要具备培训学校合格证和职业资格证书；提出了"双把关"，鉴定为培训把关，就业为鉴定把关；实行"双轨制"，服务人员星级制与职业技能鉴定等级挂钩，星级与服务人员薪酬挂钩。一系列举措激发了广大家政服务人员的学习热情，从"要我学习"，变成了"我要学习"，形成了争做知识型、技能型、服务型家政服务人员的浓厚氛围。针对下岗职工、农民工等不同群体、不同岗位分门别类开展"专项培训""精准培训"，大批学员通过阳光大姐培训学校走上了家政岗位,获得了稳定收入,成长为家政服务的行家里手,实现了"由保姆变人才"。

（2）提高职业培训软硬件水平,以高标准促进高品质培训。把人脸识别、身份认证等新技术引入培训管理。开发出集职业培训、电子考务、实操考核、就业安置一条龙的信用一体化信息管理平台；在阳光大姐大厦和位于新旧动能转换先行区的全国家政服务标准化示范基地建设了高标准、现代化、行业引领的育婴、养老、保洁、烹饪、烘焙等 20 多个实训操作间；广泛发动工作多年的家政技师、指导师参与教学、标准制订、教材编写。阳光大姐的家政服务人员还撰写了"金牌育儿"丛书；多次承办全国和省市家政服务职业技能大赛；2021 年,阳光大姐还入围教育部"1+X"职业教育培训家政服务领域评价组织,成为首家入围的家政服务企业,阳光大姐开发的母婴护理、家务管理、家庭保健按摩技能证书被人力资源和社会保障部职业技能鉴定中心确定为首批职业技能等级认定第三方评价机构,成为山东省首批企业自主评价试点单位。每年全国各地前往考察交流的人员有 3000 多人次。

以一位 2002 年来到阳光大姐的家政服务人员 LY 为例,她原本是一名内向腼腆没有技能的下岗女工,逐步成长为首席母婴生活护理员、家政专业指导师、山东省首席技师,她还参与培训授课,累计为 9000 多人次授课,带出 200 多名徒弟成为金牌月嫂。在阳光大姐,有许多这样从迷茫自卑、缺乏技能的下岗再就业职工和农村进城务工妇女成长为心态阳光、工作自信、用户信赖的家政服务专家的案例。

2. 标准,筑牢品牌之基

大多数家政服务内容在我们日常生活中十分常见,技术含量不高,但要做到十全十美却不容易。家政服务人员面对的家庭成员（家政服务客户）职业不同,例如有公务员、教师、医生、律师、企业负责人等。家庭成员性格不同、家庭环境不同,对服务要求也不同,可谓众口难调。同时,由于家政服务市场处于发展初期,缺少行业规范和服务标准,服务质量不高、服务消费纠纷频发问题普遍,为更好地保证家庭和家政服务人员的利益,阳光大

姐率先提出让家政服务实现标准化。

在很多人看来，家政服务企业就是"一张桌子+一部电话+两把椅子"，与"标准化"相去甚远。包括很多专家都认为，不同家庭对服务需求差异较大，家政服务很难标准化。但是，通过在家政服务中的实践和不断总结提炼、找出服务中的规律，阳光大姐让家政服务逐步实现了标准化。

2007年，阳光大姐成为首批国家级服务业标准化试点单位，在经营管理过程中逐步构建起家政服务标准化体系。例如，在阳光大姐，切土豆丝的标准是宽度2毫米；叠抹布的标准是将抹布折4折；给宝宝换尿布这个看似极其普通的活有十几项标准流程。阳光大姐已制订各类家政服务企业标准1240项，并起草了9项与家政服务相关的山东省地方标准和5项家政服务国家标准。阳光大姐也因此成为国家级家政服务业标准化示范单位和示范项目，承担了全国家政服务标准化技术委员会（SAC/TC533）秘书处工作，极大地提升了阳光大姐的企业品牌的知名度和专业性、权威性。

标准化让使用家政服务的家庭清楚了各项服务的职责范围，家政服务人员也不用为超范围服务却得不到家政服务用户理解而烦恼。家政服务用工投诉明显减少，家政服务满意度大幅提高，满意度由最初的70%上升到98%以上。阳光大姐的家政服务人员队伍也稳步壮大。2021年，全国各地有3000多人次来阳光大姐学习标准化，每年开办多期家政经理人、师资标准化培训班。阳光大姐的标准化发展模式正在全国推广。

"标准化"大大提高了阳光大姐品牌的美誉度和影响力，"找家政服务，就找阳光大姐"，成为很多家庭的第一选择。

3. 创新，拓宽品牌之路

随着我国经济社会的不断发展，社会生活节奏的加快、人民生活品位的提高，以及老龄化社会的到来，社会和家庭对家政服务的要求也越来越高，而家政服务业作为一个新兴行业，没有现成的经验和成熟的模式可以借鉴。面对机遇与挑战，不断创新成为企业发展的重要出路。通过不断创新，阳光大姐认为，"只要用心，创新无处不在"。

（1）创新服务内容。为更好地满足用户的多样化需求，阳光大姐坚持多元化发展，不断创新服务项目。将原有简单的家务保姆服务，细分为居家养老、母婴生活护理、家务、家庭保洁、病患陪护等 12 大类 31 种服务项目，并将服务延伸至母婴健康管理、智慧康养等十余个领域，搭建起服务产业链，有效地增加了就业岗位、扩大了就业平台，同时保证了家政服务人员选择岗位的空间。许多用户，一个家庭就使用阳光大姐的母婴护理、定期保洁等多名家政服务人员，并享受产后康养服务、婴儿水疗等多项延伸服务。家政服务业与相关产业融合发展的多元化发展格局，使阳光大姐不仅在济南拥有了近 80% 的市场占有率，而且服务遍布北京、上海、广东等全国二十多个省区市。

（2）创新发展模式。创新需要顺应时代变革，新时代要有新思路。

在济南新旧动能转换起步区济阳崔寨，阳光大姐建成了以标准化为支撑的"家政服务聚集示范区"，创新提出将家政教育培训、研发创新、信息化和产业化示范推广结合的思路，目标是打造家政服务业"智力高地"，推动家政服务业升级发展。为适应高质量发展，阳光大姐创办了自己的中等职业学校——济南阳光职业中等专业学校，与山东医学高等专科学校合作成立了二级学院——阳光健康学院。与全国多所院校达成校企合作，深入实施产教融合。阳光大姐还积极探索"家政服务+互联网"的产业化发展和数字化转型模式，开发出家政服务业务管理系统，并持续升级。2020 年新冠肺炎疫情期间，完善的家政服务在线培训平台被人力资源和社会保障部确定为向全国推广的 54 家职业技能在线学习平台之一，一年多时间里，有 186 万人次参加学习，学员来自全国 15 个省区市。阳光大姐还成立了月子中心、托育中心、康养中心等实体，延伸产业链条，提供更多就业创业机会，实现家政服务业与相关产业融合发展。

阳光大姐在继承和发扬的基础上不断创新，"人无我有、人有我优、人有我强"是阳光大姐的创新理念。

4. 爱心，塑造品牌之魂

爱心是家政服务的灵魂，阳光大姐最宝贵之处就是把家政服务做成传递爱心的事业，让企业成为爱的滋生地，成为爱的传播站。

企业把家政服务人员当家人。在家政服务业,家政服务人员是否充满爱心、能否用真情为用户服务,与企业是否有充满爱的氛围有着极为紧密的联系。

阳光大姐努力成为全体家政服务人员的温馨家园,设立了"妇女之家",开设了"温馨话室",疏导家政服务人员的情绪,让他们"哭着进来、笑着出去";开办家政服务人员公寓,使家在外地的家政服务人员辛苦一天之后能在自己的床铺上消除疲劳;开办员工食堂,使家政服务人员能及时吃上可口的饭菜;建立定点联系医院,定期为家政服务人员提供身体检查和健康管理咨询服务;为家政服务人员办理意外伤害保险和第三方责任保险,解除她们的后顾之忧;聘请律师组成法律顾问团,免费为家政服务人员提供法律援助。大家把阳光大姐当成自己的家园,精心呵护、真情付出。"阳光大姐"这一充满爱心与真情的品牌,熔铸着一代代、一个个阳光大姐的善良、辛劳与心血。

家政服务人员把用户当亲人。阳光大姐要求家政服务人员心怀用户家庭,把用户当亲人,用心做事,用心服务,帮助用户排忧解难,少点家庭烦恼,多点幸福阳光。

在服务中,阳光大姐倡导家政服务人员学雷锋,提出"雷锋伴我行,阳光进万家",用雷锋精神教育引导广大员工,为老人服务好就是学雷锋,把孩子照顾好就是学雷锋,企业还设立了"雷锋展览馆"作为思想教育基地,用榜样的力量激励家政服务人员成长。许多用户感受到,同是家政服务,感受大不一样,阳光大姐既尽责任又有爱心,令人信赖和放心。金杯银杯不如老百姓的口碑,阳光大姐的真情付出,换来了用户的真心回报,与用户建立起亲人似的感情。阳光大姐收到的万余封感谢信、四千多面锦旗就是对企业和员工最好的褒奖。

家政服务业是一个新兴产业,也是一个朝阳产业,具有广阔的发展空间和众多发展机遇。

2013 年 11 月 27 日,习近平总书记视察济南,在山东省济南市外来务工人员综合服务中心同阳光大姐的家政服务人员交流时,对阳光大姐的工作给予充分肯定，他表示，家政服务大有可为，要坚持诚信为本，提高职业化水平，做到与人方便，自己方便。①

习近平总书记的重要指示，为我国家政服务业发展指明了方向。阳光大姐品牌化发展之路为家政服务业走高质量发展之路提供了很好的借鉴。

面对人民对美好生活的需要，面对家政服务业提质扩容的新要求，阳光大姐紧抓新机遇，实现新作为，加快升级发展步伐，不断提升服务供给能力，进一步做大做强阳光大姐品牌，探索家政服务业可持续发展之路，为服务民生、服务家庭做出了新的贡献。

从阳光大姐的品牌建设过程中不难看出，家政服务企业品牌建设在新发展阶段被赋予了更加丰富内容和更加广阔的发展空间。家政服务企业需要以人为本，用爱心服务，在专业化、标准化的基础上不断创新发展，加快企业品牌化建设，实现家政服务企业转型升级和高质量发展。

（二）山西大同天镇县"天镇保姆"劳务经济品牌建设

近年来，山西省大同市天镇县委、县政府在推进脱贫攻坚、全面建成小康社会的过程中，深入挖掘贫困根源，探索扶贫机制，将发展劳务经济作为重要抓手，立足天镇县实际，成功打造了"天镇保姆"劳务输出品牌，为全县全面脱贫带来了新契机、新活力。截至2020年，"天镇保姆"已累计培训输出8300余人，成功带动2400多个建档立卡"零就业"贫困家庭有劳动能力的妇女实现就业增收和脱贫。同时也成为全国精准扶贫、造血式扶贫、产业扶贫项目的典型案例。

1. 固本培元，增加内涵，提升"天镇保姆"品牌的核心竞争力

针对"天镇保姆"品牌，天镇县强化党建引领、传统美德、心理教育等三大理念，推动"天镇保姆"品牌向"更高更响更亮"的职业化层次发展，站在新时代经济发展的潮头，走出一条内涵丰富、创新发展的新路，全

---

① 《新时代、新起点、新发展——找准定位　促进全国巾帼家政服务健康发展》，中国妇女报，https：//www. women. org. cn/art/2018/12/26/art_ 19_ 159713. html，2018 年 12 月 26 日。

方位构筑脱贫攻坚的典范工程。

（1）强化党建引领，提升品牌亲和力，让"天镇保姆"在同行业中胜出。天镇的党员家政服务人员属全国首创，党员家政服务人员备受青睐。创新地树立"党建引领托起劳务品牌，劳务经济助力精准脱贫"的理念，开创"培训基地+支部"的服务模式，把家政服务人员党支部建成保障品牌长远发展的"战斗堡垒"。家政服务培训基地党支部以"扶上马，送全程"为宗旨，大力实施组织引领、支部带动、服务保障、素质提升、倾情关爱"五大党建工程"，凝聚家政服务人员的"向心力"，有效地激发每一位家政服务人员增强品牌意识、延伸品牌内涵、传递品牌价值、擦亮品牌色彩的自觉性和主观能动性。

事实证明，天镇县的家政服务人员，在北京等大城市家政服务市场上尤为抢手，许多雇主家庭觉得党员家政服务人员非常有奉献意识和亲和力，值得信赖。

（2）强化道德修养，提升品牌美誉度，让"天镇保姆"在同行业中独树一帜。规范职业操守、恪守道德规范、提升服务理念是保持"天镇保姆"品牌形象的生命线。天镇县着力在提升家政服务人员"新理念"上做文章，在打造"内外兼修"的服务文化上下功夫。在家政服务技能培训中融入中华传统美德教育，激发家政服务人员的"源动力"。使"老吾老以及人之老"的孝老爱亲中华民族传统美德融入家政服务工作之中，凸显天镇乡村妇女特有的"淳朴、诚实、勤劳"本色。打造"四个放心"的核心价值观，成为人文家政服务、诚信家政服务、德孝家政服务的典范。

（3）强化心理教育，提升家政服务人员的适应力，让"天镇保姆"在同行业中领先一步。为了让更多的家政服务人员能够"走出去、留得住、干得长"，创新教学模式，开设心理学课程以及心理卫生健康辅导课程，全方位增强家政服务人员的"适应力"，切实提高家政服务就业成功率。

2. 整合资源，形成合力，扩大"天镇保姆"品牌的社会知名度

一是善于抓住机遇扩大影响，推动品牌市场化发展。在每年的春节期间、"10·17"全国扶贫日等重大节点，组织大批家政服务人员乘坐"专

列"到北京、天津、太原等大城市就业，形成规模化输出的浩大声势。二是开拓基地，助力品牌区域化发展。为了推动"天镇保姆"规模化发展，天镇县在已有的阳光高级职业学校示范基地的基础上，又在山西大同、北京创建了方源职业培训学校、北京市大企业商会两个家政服务技能培训基地，加大培训力度，扩大培训规模，提升培训水平，带动大同市各县区更多妇女加入"天镇保姆"大军，将"小保姆"做成大产业，逐步将"天镇保姆"打造成区域性品牌。三是提档升级，促进技能高端化发展。创建以家政服务业为主的高技能职业培训学校，在全国率先建立"保姆大学"，引进民间资本运营管理，集中力量培养育婴师、月嫂、家庭营养师、高级护工等高技能人才，培养和建设家政服务业高端人才队伍，适应日益增长的家政服务市场需求。四是创建新载体，引领品牌信息化发展。设计制作"天镇保姆"App，建立天镇保姆网上信息平台，拓宽雇用沟通与对接渠道。五是借力发展，力促品牌产业化发展。积极引进北京某教育控股集团的优势资源，创建大型家政服务公司，与现有家政培训资源结合起来，进行市场化运作、企业化经营、规范化管理，作为打造家政服务品牌的长效机制，逐步使"天镇保姆""断奶"，政府退出主导地位，形成劳务培训输送自觉适应市场经济发展需求的产业链。六是权益保障，确保品牌规范化发展。依托社会力量，在"天镇保姆"培训基地创建"天镇保姆会员之家""天镇保姆家政服务中心""天镇保姆党员之家"等机构，为天镇的家政服务人员提供"保姆式"的全方位的服务。

3.找准定位，科学布局，强化"天镇保姆"品牌的后发优势

"天镇保姆"作为全市乃至全省艰难打造的享誉全国的劳务输出品牌，只有逐步实现市场化、标准化、产业化发展，发挥品牌优势，强化品牌"硬核"，着力打造"天镇保姆"升级版，才能让特色劳务经济这条精准扶贫、乡村振兴之路拓得更宽、走得更远。

一是技能培训升级。2020年，"天镇保姆"大同市方源培训基地与中国台湾某教育机构签约合作，植入中国台湾母婴课程体系，中国台湾老师定期以线上线下两种形式对该校学员进行授课，为"天镇保姆"成为国际化品

牌奠定了基础。同时，该基地与日本川崎市的"玲之会"养老产业团体达成共识，共同打造养老护理专业人才，为国内国际市场做好人力资源后勤保障。此外，方源培训基地计划选派人员前往菲律宾进行家政培训考察，学习家务保洁实操流程，将家务保洁课程体系纳入天镇保姆的培训计划。二是教学模式升级。方源培训基地与抖音、快手等平台合作，通过运营自媒体，一方面扩大"天镇保姆"的品牌宣传，另一方面将新媒体培训纳入教学课程中，使学员们能学到相应的技能，做到与时俱进。同时，开设"天镇保姆半边天"直播间，充分利用自媒体带动招生、促进就业。三是就业渠道升级。培训基地与国内知名医护品牌合作，"天镇保姆"成功进入国内各大三甲医院。拓宽就业渠道，瞄准海外市场，与加拿大山西商会合作，输送"天镇保姆"到加拿大华人家庭从事家政服务工作。

从"天镇保姆"家政服务品牌创建的过程中我们不难看出，初期是以政府作为脱贫攻坚重要抓手为主导创建的家政服务劳务品牌，但随着"天镇保姆"的不断发展壮大，成为当地著名的劳务输出品牌，为促进当地经济社会高质量发展和乡村振兴都做出了重要贡献。

（三）江苏"好苏嫂"巾帼家政品牌建设

江苏"好苏嫂"家政服务品牌是由江苏省妇联创办的面向全省的巾帼家政服务品牌。近年来，"好苏嫂"认真贯彻国务院和江苏省关于促进家政服务业提质扩容的意见要求，深入落实全国妇联相关工作部署，创建依托互联网的"好苏嫂"家政服务联盟信用平台，探索家政服务新基建，推动巾帼家政服务诚信化、标准化、职业化发展。

1. 坚持需求导向，建设互联网信用平台，"好苏嫂"品牌由强基到提质

2020年以来，联合江苏省发改委、商务厅、人社厅等部门，共同打造江苏省"好苏嫂"家政服务联盟信用平台。利用移动互联网等数字化手段，通过手机企业端、客户端、阿姨端，运用身份及人脸识别技术，为家政服务企业、家政服务人员、客户家庭建立完善的信用档案，推广家政服务诚信上岗卡，做到一人一卡一记录，并与商务部、国家发改委的国家级信用平台对接，

建立起多家平台互通的信用体系。在此基础上，2021年重点突出平台的质量升级。

（1）强化培训提质。推动江苏全省、地市、县、乡、村五级妇联广泛开展"妇联问你有何想、妇联'培'（培训）你去上岗、妇联助你圆梦想"家政服务提质赋能计划。与江苏省商务厅一起推出家政服务人才高端培养、培训工程，开展与菲律宾相关家政服务培训学院的国际交流合作，组织跨国高端定制家政服务培训，提升家政服务人员整体素质，让家政服务走上国际化发展的道路。

（2）优化品牌提质。实施江苏"好苏嫂"品牌传播推广计划，建立115家"好苏嫂"家政服务门店，不断扩大推行"好苏嫂"家政服务合同规范文本，积极构建"好苏嫂"家政服务规范化标准。以家政服务职业技能比赛为依托，以赛促训，促进家政服务规范标准落地见效。

（3）产教融合提质。与南京师范大学合作建立江苏省家政发展研究院，为全省家政服务实践提供智力支持。江苏全省各地都在积极探索产教融合新模式，如南京市妇联开展产教融合试点，联合南京城市职业学院，挂牌家政服务培训学校，共同打造家政服务产教融合实训基地，培养培训家政服务职业人才，符合条件的可获全日制大专学历及相应等级证书，促进"好苏嫂"品牌打造。

2. 坚持深入居民社区，促进"好苏嫂"品牌落地，推动家政服务精准对接

建立基于数字化的线上线下融合的社区家政服务新模式，积极推动党委、政府为家政服务进社区提供政策支持，将为社区特殊困难群体提供家政服务纳入政府购买服务清单，提升"好苏嫂"品牌的社会美誉度和公信力。目前，江苏全省已形成家政服务进社区四种模式。

（1）争取党政支持，在党群服务中心、社区居家养老服务中心、街坊（邻里）中心、物业（商业）中心等社区综合服务设施建立"好苏嫂"家政服务社区工作站，如江心洲街道"好苏嫂"工作站，从源头上解决"进"的问题。

（2）引进社会组织，通过社会力量提供社区家政服务，如南京扇骨营

社区"宁姐月嫂"服务站。

（3）提高准入门槛，将示范家政企业引进社区，给社区家庭提供高质量家政服务，徐州市正在积极探索推进。

（4）在社区试点建立升级版"好苏嫂"工作室，招募社区管家，及时掌握和对接用户需求，综合定制精细化、标准化服务组，如对家庭硬件条件进行适老化改造，如把标准化服务组直接送进家庭，把"月子会所搬回家""养老机构搬回家""托育服务搬回家"，实现"好苏嫂"业务转型升级、创新发展。

3. 落实国家战略，强化区域合作实现共赢

（1）主动融入长三角区域一体化发展国家战略，与上海市家庭服务业行业协会签订家政服务合作协议，在盐城、南通等地成立上海市家庭服务业行业协会办事处，推进共建家政服务工作网和家政服务技能培训网、规范标准宣贯网、平台共享认证网、合作共赢协作网"五网"共建共享新实践；与浙江省妇联签署女性创业就业协作框架协议，努力实现空间与机制的融入与接轨；联合安徽省妇联在南京建立工作站点，先后为4000余名来自安徽的"皖嫂"提供技能培训、生活指导、子女入学等方面的服务。

（2）以高度的政治自觉推进家政服务扶贫，巩固提升脱贫攻坚成果，目前"好苏嫂"品牌家政服务信用平台已覆盖全国11个省、97个市，与青海、西藏、甘肃、陕西、宁夏、海南等省区均有项目合作，如共建"好苏嫂"品牌家政服务人才实训基地等。

未来江苏"好苏嫂"巾帼家政品牌将从讲政治的高度，在疫情防控下做好家政服务工作。首先要坚定信心，大力宣传并落实好习近平总书记关于家政服务工作的重要指示，从巩固脱贫攻坚成果实现乡村振兴的高度、落实"六稳六保"的高度、将巾帼家政服务人力资源转向人才资源的高度认识家政服务工作。大力发展家政服务电子商务、"家政服务+互联网"等新业态，培育以家政服务专业设备、专门工具、大数据人工智能产品研发制造为支撑的家政产业化集群。在此基础上强化家政服务从业人员个人信用跟踪评价和管理，联合商务、发改等政府部门开展家政服务领域信用建设专项行动；推

动 13 个市与各市开放大学建立积分制灵活培训合作模式，家政服务人员灵活选择实训基地进行培训，同步拿到开放大学学习积分，并积极推动打通获得大专学历的家政服务人员职级和薪资晋升通道。对有实力、有良好标准化基础的巾帼家政服务龙头企业和家政服务协会、联盟等社会团体积极参与巾帼家政服务标准化试点示范工作给予重点扶持，2021 年评选表彰一批巾帼家政服务电商孵化基地、示范巾帼家政服务企业、金牌家政服务师、巾帼家政志愿服务队、为家政服务业发展做出突出贡献的妇联组织。将进一步用好信用平台大数据，更精准地抓取信息、定位需求、提供服务；省、地市、县、乡、村五级妇联联动，实施家政服务企业、家政服务人员和"好苏嫂"品牌门店优培优选计划，建立家政服务企业、家政服务人员、客户家庭三方互评机制，根据多维度指标，着力培育家政服务企业和家政服务人员示范标杆。将在全省"十四五"养老产业发展规划中突出完善支持家庭发展的政策和服务体系。重点考虑广大家庭的所需所盼，协调相关部门充实完善相关家庭支持政策措施，借助大力发展现代服务业大势，重点完善支持服务家庭养老育幼、家政服务提质扩容等家庭公共政策；在"十四五"期间协调有关部门加大养老机构建设，培养壮大养老护理人员队伍。将推动完善支持家庭发展的社会服务体系，创新家庭公益服务模式，目前江苏省各地在积极探索养老服务"时间银行"互助养老新模式，计划一方面打造"好苏嫂"公益讲堂，开展公益化、普及性培训，让志愿者更专业；另一方面探索推动将家政服务人员的培训时间、优质服务时间转化为经验积分、职业价值，形成社会化、互助式，人人为我、我为人人的公益循环。通过以上工作，切实推动城市家庭养老需求和农村进城务工妇女就业需求的有效衔接，更好地打造"好苏嫂"巾帼家政服务品牌。

从以上三个现阶段我国不同地域的知名家政服务品牌案例中我们不难看出，它们都有以下共同特点。

一是离不开各级党和政府政策层面的大力支持，以及家政服务企业党建引领作用，通过党建带动家政服务品牌建设。

二是重视对家政服务从业人员的培训，通过培训、技能比赛等方式提升

从业人员综合素质，提升家政服务专业化水平。

三是与院校合作，通过产教融合，合作开展家政相关专业的学历教育与非学历培训，引导家政服务人才培养与开发可持续发展，促进家政服务业人才转型升级，从而带动家政服务品牌建设。

四是运用新媒体的手段加大品牌宣传力度，通过互联网等信息化手段提升企业运营管理效率和品牌影响力，加速家政服务企业数字化转型和品牌数字化建设。

五是与社区公共服务结合，通过社区公益活动提升家政服务品牌知名度与美誉度。

五　新发展阶段家政服务业品牌发展与建设的启示

2019 年，国务院批准建立由国家发展和改革委员会、商务部牵头的促进家政服务业提质扩容部际联席会议制度，家政服务业进入高质量发展的新阶段。

"十四五"时期是我国经济社会实现高质量发展的重要时期，在准确把握新发展阶段、贯彻新发展理念、构建新发展格局的历史背景下，家政服务业逐步进入产业化发展的新阶段，在满足人民对美好生活新需要、建设高素质专业化家政服务人才队伍的基础上，家政服务企业品牌建设成为企业持续发展的动力。

从以上的家政服务品牌建设与发展的案例中不难看出，在新发展阶段，只有在家政服务企业、家政服务人员、家庭（家政服务客户）三方诚信的基础上，不断提升家政服务人才素质和家政服务品质才能够不断满足家庭对美好生活的新需要，从而不断增强家政服务企业竞争力、提升家政服务品牌的含金量、改变家政服务业"小""散""乱"的现状，从而逐步走上高质量发展之路。

在新发展阶段，家政服务业品牌建设与发展被赋予了更加广泛的内容和更加深刻的内涵。家政服务业要以打造满足新发展阶段家庭美好生活、高品质生活家政服务新需求为核心，通过产教融合培育职业化的高质量家政服务专业人才，通过家政服务进社区以及家政服务业与相关产业融合发展，利用互联网等数字化手段提高家政服务企业服务效率和提升家政服务企业品牌美誉度，从而实现家政服务业提质扩容，促进我国家政服务业高质量发展。

参考文献

1. 习近平：《把握新发展阶段，贯彻新发展理念，构建新发展格局》，《求是》2021年第9期，第3页。
2. 尹双红：《人民时评：推动家政服务业高质量发展》，《人民日报》2021年7月8日，第5版。
3. 姜赟：《人民时评：用爱心迎来家政业的春天》，《人民日报》2018年3月12日，第5版。
4. 《关于促进家政服务业提质扩容的意见》（国办发〔2019〕30号），中国政府网，http：//www. gov. cn/xinwen/2019-06/26/content_ 5403472. htm，2019年6月16日。
5. 科特勒：《市场营销》，俞利军译，华夏出版社，2003，第170页。
6. 《2020年政府工作报告》，中国政府网，http：//www. gov. cn/guowuyuan/2020zfgzbg. htm，2020年5月22日。
7. 《2021年政府工作报告》，中国政府网，http：//www. gov. cn/guowuyuan/2021zfgzbg. htm，2021年3月5日。
8. 《关于开展家政服务业提质扩容"领跑者"行动试点工作的通知》，中华人民共和国国家发展和改革委员会，https：//www. ndrc. gov. cn/xxgk/zcfb/tz/201907/t20190715_ 962482. html？code＝&state＝123，2019年7月15日。
9. 张霁：《家政服务产业化发展与数字化转型》，《家庭服务》2020年第7期。
10. 莫荣主编《中国家政服务业发展报告（2018）》，中国劳动社会保障出版社，2018。
11. 王志刚：《世界家庭服务业发展比较研究》，中国劳动社会保障出版社，2018。

B.8
互联网转型下的家政服务新发展

张 浩 张若愚*

摘 要： 近年来，随着信息技术的不断发展以及国家"互联网+"行动、大数据战略的深入推进，互联网正逐步渗透到家政服务业的方方面面。在此背景下，一种全新的家政服务模式——"互联网+家政"应运而生。目前，家政服务业互联网化的商业模式主要分为员工型和平台型两种。家政服务业互联网化面临诸多挑战，但在国家政策支持和资本的推动下，家政服务业互联网化发展前景良好，打造优质的家政服务供应链将成为发展重心。

关键词： 家政服务业 互联网转型 "数字中国"战略 提质扩容

一 家政服务业互联网转型的必要性

近年来，随着信息技术的不断发展以及国家"互联网+"行动、大数据战略的深入推进，互联网正逐步渗透到家政服务业的方方面面。在此背景下，一种全新的家政服务模式——"互联网+家政"应运而生，为家政服务业的发展注入了新的活力，让家政服务业找到了新方向，也让家政服务市场迎来了新的生机。

互联网时代下，家政服务业消费已趋于智能化，各式各样的"互联网+

---

* 张浩，江苏斑马软件技术有限公司总裁，家政产业互联网践行者；张若愚，江苏斑马软件技术有限公司研究人员。

家政"创业公司涌现出来，诸如 e 家洁、云家政、阿姨帮、小马管家等。多家互联网巨头，如美团、大众点评、58 同城、京东等也纷纷布局家政服务业，着手探索在线式的家政服务与管理模式，探索实现线上的便捷性、易扩展性与线下的专业性、低门槛的互补。而随着"5G"时代的来临，"互联网+家政"的发展势头将更迅猛，不能跟随时代的步伐、固守线下实体门店这一单一经营模式的家政服务企业也将更加难以生存。

从整体上看，"互联网+家政"模式的出现令我国家政服务业的发展速度有了大的突破，然而家政服务企业小、散、弱的特点普遍存在，管理不规范、监管机制缺失、服务标准不健全、信用体系不完善等行业乱象仍旧明显。为营造良好的行业氛围、提高家政服务业信息化管理水平，2019 年，国务院办公厅发布了《关于促进家政服务业提质扩容的意见》（国办发〔2019〕30 号），商务部、国家发展改革委员会印发了《关于建立家政服务业信用体系的指导意见》（商服贸函〔2019〕269 号），随后商务部家政服务信用信息平台正式投入使用。自此，家政服务业线上线下融合的政策环境已然形成，"互联网+家政"已成趋势。而在 2020 年新冠肺炎疫情突袭而至后，线上与线下融合的家政服务业经营模式加速发展，"互联网+家政"帮助数以万计的家政服务企业突出疫情的重围，成功转危为机。

在中央的部署下，我国家政服务业的互联网转型已具备良好的政策环境，加之 2020 年特定的社会环境加速了众多家政服务企业的互联网转型进程，我国家政服务业也必将在有关政策的引导下，加速形成"互联网+家政"发展的新格局，线上线下融合的家政服务模式将成为主流。

（一）"互联网+家政"符合国家发展战略规划

1. "互联网+家政"符合国家"互联网+"行动计划的布局

2015 年 3 月，国务院总理李克强在第十二届全国人民代表大会第三次会议上作政府工作报告，提出制订"互联网+"行动计划，"互联网+"这一关键词首次出现在大众的视野中。同年 7 月，国务院发布"互联

网+"行动计划的纲领性文件——《关于积极推进"互联网+"行动的指导意见》（国发〔2015〕40号），强调要加快推进"互联网+"发展，重塑创新体系，激发创新活力，培育新兴业态和创新公共服务模式，加快打造大众创业、万众创新和增加公共产品、公共服务"双引擎"，主动适应和引领经济发展新常态，形成经济发展新动能，实现中国经济提质增效升级。

由此可知，"互联网+"行动计划的成型和部署实施为我国家政服务业的转型升级提供了重要机遇，对加快家政服务业形成发展新动能、促进传统模式与互联网的融合创新有着重要且深远的意义。面对广阔的行业前景和亟待挖掘的市场潜力，"互联网+家政"已蓄势待发。

2. "互联网+家政"符合"数字中国"战略

2017年，在党的十九大报告中，习近平总书记提出"建设数字中国"。习近平总书记在致首届数字中国建设峰会的贺信中强调："加快数字中国建设，就是要适应我国发展新的历史方位，全面贯彻新发展理念，以信息化培育新动能，用新动能推动新发展，以新发展创造新辉煌。"

随着中国数字经济的快速发展，互联网作为数字经济的关键一环在驱动经济增长方面扮演着不可估量的作用。数字产业化、产业数字化快速发展、数字化治理能力有效提升、数据价值化加速推进均为建设数字中国添砖加瓦。一方面，新技术的探索与应用为提高传统行业基础设施的智能化水平提供了有力保障，利用数字技术，传统产业得到了全方位、多角度、全链条的改造与提升。另一方面，数字技术加速向更多的传统行业渗透，传统行业的数字化转型正向高阶段、高层次、高质量的方向发展。

不仅如此，传统行业的数字化转型给广大人民群众生活水平带来了质的飞跃。一次网购、一份外卖、一堂网课、一次线上就诊，甚至是一次线上加线下的家政服务，都是各行各业数字化转型给大众带来的便利。

因此，推进家政服务业数字化建设，发展"互联网+家政"，不仅是我国数字经济增长的新动能，更能为广大家政服务消费者带来更加快捷、优质的服务，可以使消费者更有获得感和幸福感。

（二）"互联网+家政"对促进家政服务业提质扩容有重要意义

家政服务业的发展事关每个家庭，虽然市场发展空间巨大，但信息不对称、收费混乱、服务水平不一、售后服务难保障等一系列问题仍然存在，由家政服务问题所引发的纠纷甚至恶性案件也并非个例。随着生活水平的提高，大众对家政服务的要求已从过去的"有"转变为现在的"好"，从追求量的满足转为追求质的提升。因此，家政服务业的发展质量亟待提升。

家政服务业与"互联网+"的融合，是提升行业发展的基础，是推进家政服务业提升服务质量和水平的新引擎，是满足广大人民群众品质化家政服务需求的有效手段。基于上述家政服务业的一系列问题，借助互联网开放、创新、易传播的优势，"互联网+家政"能有效简化及透明化服务流程，减少供需双方的信息差，做到服务的规范化，提升家政服务企业的品牌形象，增强广大家政服务消费者的消费信心。

针对目前家政服务人员文化程度低、职业技能水平低的行业现状，"互联网+家政"能有效解决家政服务企业服务人员不足、师资力量匮乏等关键问题。家政服务企业可依托第三方培训机构，借力互联网科技力量，通过线上与线下结合的方式，开展家政服务人员的素质教育与职业技能培训，共享专业培训机构优质师资，大大提升职业教育的效能，扩大普及范围，从供给端提升家政服务质量，提高行业整体发展水平。

2019 年 6 月，国务院办公厅印发《关于促进家政服务业提质扩容的意见》（国办发〔2019〕30 号），指出要大力发展家政电商、"互联网+家政"等新业态，再次为我国家政服务业的高质量发展指明了方向、明确了目标，为促进家政服务业职业化、规范化、标准化提供了有力的抓手。未来，仅限于提供劳务的家政服务企业势必难以立足，借助"互联网+家政"提升服务品质、拓展高端市场、实现便捷消费是未来家政服务业发展的必然趋势。

（三）"互联网+家政"迎合了家政服务消费者的消费习惯

近年来，我国人口老龄化程度不断加深，据民政部预测，"十四五"期间，我国老年人口将突破 3 亿人，迈入中度老龄化阶段。[①] 而随着全面放开二孩政策的出台，对养老类服务连同母婴护理类服务的需求均进一步提升。此外，在经济社会不断发展和人民生活水平不断提升的背景下，伴随着日益加快的生活节奏，广大人民群众追求更高品质的生活，家政服务需求出现井喷式增长。

数据显示，"80、90 后"等"Y 世代"人群已成为家政服务消费的中坚力量，其中"80 后"家庭的家政服务消费额占总体的比重为 54.5%，"90 后"家庭占比为 14.8%。[②] 年青一代对家政服务的接受度和依赖度越来越高，"品质生活"的消费理念已经深入人心。他们在消费时具有很多新特征，除了看重服务的品质和安全性外，还追求服务的高效便捷。因此，互联网购物平台成了他们的主要消费场所。截至 2020 年 12 月，我国互联网用户规模达 9.89 亿人，线上购物用户规模达 7.82 亿人，占互联网用户总数的 79.1%，线上零售额已达 11.76 万亿元。[③]

面对庞大的家政服务市场需求、巨大的互联网用户规模、广阔的家政服务消费前景，家政服务企业必须迎合家政服务消费者的消费习惯，着力推进经营模式的互联网转型升级，通过互联网的技术优势，助力家政服务业实现"质"与"量"的双升级，培育消费新动能，实现业务破局、规模发展。因此，"互联网+家政"的新模式正是顺应时代发展与家政服务消费者习惯改变的产物。

---

① 《"十四五"老年人口将超 3 亿，"老有所养"如何保障?》，中国长安网，http://www.chinapeace.gov.cn/chinapeace/c100007/2022-09/23/content_ 12672613.shtml，2022 年 9 月 23 日。

② 《上有老下有小 80 后成家政市场消费主力》，人民网，http://xiaofei.people.com.cn/n1/2021/0204/c425315-32022092.html，2021 年 2 月 4 日。

③ 《我国网民规模达 9.89 亿》，光明网，https://m.gmw.cn/baijia/2021-02/03/1302089534.html，2021 年 2 月 3 日。

（四）"互联网+家政"有利于促进就业创业

家政服务业的规模和发展潜力表明，这一行业对扩大内需有直接拉动作用。随着现代社会的不断进步，家庭小型化、人口老龄化、生活现代化、服务社会化等趋势正不断加深，家政服务需求还将进一步扩大。而家政服务业是劳动密集型产业，就业弹性系数大，需要背靠充足的劳动力资源才能站稳脚跟。因此，家政服务业中蕴含着巨大的就业空间，有利于缓解就业压力，是有助于扩大内需、服务民生、增加就业、构建和谐社会的优势产业。伴随着"互联网+家政"的发展，传统的家政服务业逐渐向专业化、现代化、信息化、职业化转变，这意味着家政服务业急需大批技术、管理、培训等方向的高素质人才。在此背景下，家政服务业缓解就业压力的渠道也得到了进一步拓宽。

"互联网+家政"的发展在方便家政服务消费者的同时，也提高了家政服务企业的服务效率，实现了由线下的传统经营模式向线上与线下相结合的互联网化经营模式的转变，大大降低了经营成本，提升了经营效率。在国家政策和巨大市场潜力等因素的驱动下，越来越多的创业者投身"互联网+家政"，要在这一片家政服务市场蓝海中一展身手，家政服务业也带来了更多的创业机会。

二 家政服务业互联网转型的现状

（一）"互联网+家政"的商业模式

随着移动互联网和大数据等技术的快速发展，家政服务业也开始信息化转型，资本纷纷进入家政服务赛道，家政服务O2O市场规模不断增长，涌现出了一批又一批的家政服务O2O创新型企业，如阿姨来了、家政无忧、好慷在家、e家洁、51家庭管家等。目前，我国家政服务企业主要的商业模式可分为员工型和平台型两种。

1.员工型

员工型的商业模式，顾名思义，即家政服务企业雇用家政服务人员为员工，与其签订劳动合同，建立劳动关系，由企业统一安排员工的招聘、培训、管理和工作。在业务上，客户通过企业的互联网平台进行下单，企业再将订单派发给员工，服务结束后由企业收集客户的反馈，参与协调员工和客户的矛盾，协助双方维权。此模式的优势是，家政服务企业雇用家政服务人员，保障了用工安全和用工稳定；此模式的劣势是，为员工安排的培训和发给员工的福利、固定薪资等成为家政服务企业的一大固定支出，对企业的规模化程度要求较高。图1是这种商业模式的示意图。

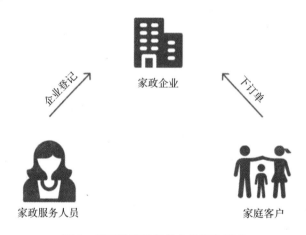

图1 员工型家政服务企业商业模式

2.平台型

平台型商业模式以O2O平台为匹配供需双方的桥梁。家政服务企业或家政服务人员入驻家政O2O平台，双方由平台监管，但不签订劳动合同。平台通过供需双方的具体信息，或使用智能匹配，或引入经纪人进行人工匹配，由平台收取中介费。

平台型家政服务企业的商业模式可细分为C2C型、B2P2C型、B2B2C型和混合型四种类型。

（1）C2C平台型

平台对家政服务人员统一管理，分配统一的工作服装和工具，平台与家政服务人员不签订劳动合同。平台接单后，将订单派给家政服务人员并安排上门服务。此模式的优势是，客户可与家政服务人员直接联系，省去了中介成本，大大提高了供需双方的匹配效率；此模式的劣势是，平台方仅提供匹配服务，难以保证家政服务人员身份信息的真实性和身体健康状况，存在一定的用工隐患。图 2 是这种商业模式的示意图。

图 2   C2C 平台型家政服务企业商业模式

（2）B2P2C、B2B2C 平台型

平台对家政服务人员统一管理，分配统一的工作服装和工具，平台与家政服务人员不签订劳动合同。平台接单后，由家政平台引入的中介或经纪人对家政服务人员和客户进行人工匹配。此模式的优势是，引入经纪人或中介，使客户和家政服务人员的匹配更为个性化，大大提高了供需双方的匹配效率；此模式的劣势是，客户在寻找家政服务时沟通的时间成本较高，且中介良莠不齐，导致平台内的服务质量难以保证。平台方也难以把控家政服务人员身份信息的真实性和身体健康状况，存在一定的用工隐患。图 3 是这种商业模式的示意图。

（3）混合平台型

此模式综合了 C2C 平台型和 B2B2C 平台型模式。一方面，家政服务人员入驻平台，客户通过平台下单，平台智能匹配客户和家政服务人员；另一方面，平台还吸收中介入驻，将一些接到的订单派给中介，中介则协调家政服务人员上门服务。此模式的优势是，对 C2C 型和 B2B2C 型两种商业模式进行整合，一定程度上提高了供需双方的匹配效率和资源整合效率；此模式的劣势是，平台仍难以把控家政服务人员身份信息的真实性和身体健康状况，仍存在一定的用工隐患。图 4 是这种商业模式的示意图。

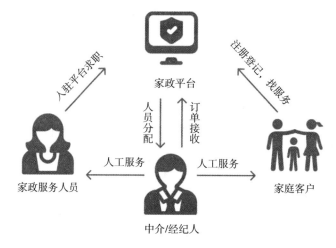

图 3　B2P2C、B2B2C 平台型家政服务企业商业模式

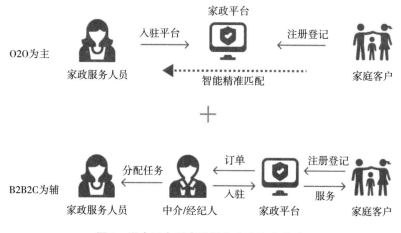

图 4　混合平台型家政服务企业商业模式

（二）"互联网+家政"的产业链

"互联网+家政"的产业链根据家政服务企业商业模式的不同而有所区别。在员工型商业模式中，产业链的供应环节为互联网化家政管理工具供应商，载体为家政服务企业，终端为家庭客户消费者；在平台型商业模式下，供应环节包含家政管理工具产品供应商、家政服务企业和家政服务人员，载体为家政 O2O 平台，负责吸引家政服务提供者入驻，终端为家庭客户消费者。员工型和平台型商业模式的产业链示意可见图 5。

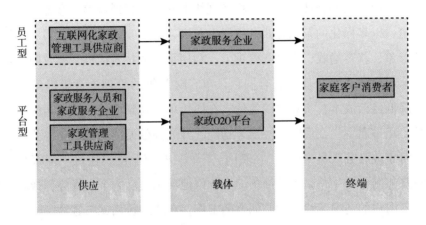

图 5　员工型和平台型商业模式的产业链示意

（三）"互联网+家政"的优势

1. 实现家政服务供需双方的精准对接

家政服务业中经常会出现从业者无单可接而有需求的消费者却"一人难求"的现象。2020 年，在新冠肺炎疫情的影响下，家政服务供需断裂的情况被进一步放大。发掘潜在消费者的需求并实现家政服务人员高效而精准的"定点投放"，成为各大家政服务企业获取订单、增加营收的关键。

相较于传统家政服务模式，"互联网+家政"的模式能够有效弥合存在于供需双方之间的信息鸿沟。"互联网+家政"能够利用大数据、人工智能等新技术对消费者和家政服务人员进行"精准画像"，从而实现供需双方的高效匹配与精细化的运营管理，让消费者能够按需选择服务。依托大数据分析，"互联网+家政"已实现智能化供需匹配与派单，根据消费者对家政服务人员的年龄、技能、服务时间、工作状态等要求，与家政服务企业的数据库信息进行横向对比，智能筛选出符合相应条件的家政服务人员。对家政服务企业而言，这不仅可提升订单量，还节省了运营成本，实现了利润最大化。

137

2. 以信息化布局家政服务的全环节

员工型的"互联网+家政"商业模式的优势显而易见。在家政服务企业方面，利用互联网新技术，可轻松实现线上开店，打通微信、微博等新兴媒体渠道，以多样化的营销方式开展线上获客，助力家政服务企业展示良好的品牌形象、获客增收；在经营管理上，利用平台的技术优势，家政服务企业可在家政服务人员、雇主、合同、订单、财务等的管理上大幅提升工作效率，降低经营成本，实现在线签约、在线接单、视频面试、智能匹配、移动派单、跟进雇主、在商务部注册等功能，开展高效便捷的无纸化办公。

对家政服务人员来说，"互联网+家政"的商业模式让每一位家政服务人员都能制作出一份精美的简历，全方位地展示自己的个人优势，帮助他们在足不出户的情况下找到称心如意的工作，在线进行面试与签约。同时，依托数字化的便利，家政服务人员只要有一部手机，便能随时随地参加在线课程，提升自身技能和服务质量。

对家政服务消费者来说，"互联网+家政"不仅仅迎合了他们的消费习惯和实现了家政服务的线上预订。更重要的是，新模式可以让消费者有更安全可靠、专业稳定、满意愉悦的服务体验。

近年来，促进家政服务业提质扩容，推进家政服务规范化、标准化、职业化建设一直是国家层面的决策部署。借助大数据的优势，"互联网+家政"可与公安部门联网，在线查询家政服务人员的征信情况，杜绝假身份与不良记录，规范家政服务市场秩序，营造诚信服务环境，以互联网化的经营管理手段、更具创新性的家政服务商业模式赋能企业，促进行业规范化、标准化、职业化发展。

3. 降低经营成本，实现高效经营

纸质化办公是传统家政服务企业的主要运营模式，堆积如山的纸质合同既不方便存储与快速、精确化的查找，也大大提高了家政服务企业的运营成本。"互联网+家政"的新模式则让家政服务企业告别纸质化的运营模式，通过合同的电子化，帮助家政服务企业实现高效的家政服务人员管理、客户管理、业务管理与财务管理，大幅节约了人力物力。

此外，互联网的方便快捷与极强的资源整合能力，一方面能让家政服务企业以一定的价格优势共享优质的保险、体检、培训等资源，助力家政服务企业保障家政服务人员的人身安全，提高家政服务人员的服务技能，让家政服务消费者放心消费；另一方面能让家政服务企业突破时间与地域限制，随时随地签订合同，一定程度上方便了家政服务企业的业务开展。

4. 打造品牌口碑，塑造品牌形象

品牌，是每一家家政服务企业的独特标识，更是家政服务企业核心竞争力的体现。可以说，在其他硬性条件差别不大的情况下，家政服务企业的竞争就是品牌的竞争，谁能打造出专属的品牌口碑、在消费者中树立良好的品牌形象，谁就能在激烈的市场竞争中占据主动地位，掌握先手优势。

在"互联网+家政"的新模式下，家政服务企业可以利用互联网，清晰、准确地展示自己的服务内容、服务人员与服务标准等。同时，借助服务的在线评价功能，可直接向每一位潜在消费者展示家政服务企业的服务质量，让消费者有依据地选择。通过服务质量的可视化与服务内容的在线展示，可帮助家政服务企业打造品牌口碑、塑造品牌形象、促进老客户的转介绍、提升品牌的核心竞争力。

5. 高效开展营销获客

在传统家政服务企业的运营模式中，线下老客户的转介绍是其主要的获客方式。仅靠线下门店获客有很强的局限性。依靠互联网方便、快捷、易触达的特性，"互联网+家政"可帮助传统家政服务企业打通线上与线下融合的获客渠道，仅需一部手机，家政服务企业便能靠微信这一巨大流量入口，在自己的微信、朋友圈轻松开展营销获客，更能将业务推广开展在任意新媒体平台上，极大地拓宽了家政服务企业的获客渠道。

利用互联网传播速度快的特性，家政服务企业的营销活动也更容易开展，且营销形式更加多样化。"互联网+家政"支持家政服务企业开展会员营销、拼团砍价、推广分销、储值卡、优惠券、秒杀等各式各样的营销活动，助力家政服务企业在短时间内大量积聚客户流量、增加营业收入，有助

于使企业从传统的以人力、口碑为中心的营销推广方式转变为以裂变、分销、砍价等营销活动为核心的推广方式，更为高效与便捷。

（四）2020年"互联网+家政"加速发展

新冠肺炎疫情给家政服务企业带来了前所未有的考验。首先是行业用工需求不减，但因家政服务人员异地隔离，导致家政服务市场供不应求，业务出现停滞；其次是由于行业的特殊性，家政服务人员避免不了与人的接触，企业的复工之路显得尤为艰难。疫情之下，业务发展的需要正在倒逼家政服务业完成经营模式的转型与升级，实现产品、业务流程全面在线化，完成线上与线下的无缝衔接。在此背景下，"互联网+家政"迅猛发展。

线上培训模式的出现打破了学习时间和地域的限制，让家政服务从业人员更愿意参与培训。防疫期间，不少家政公司为滞留在家无法返工的从业人员开设了多门线上培训课程，包括"金牌月嫂"养成、养老护理实操、保洁服务流程等，让家政服务人员抓紧时间通过学习网课"在家充电"，以进一步提升其职业技能和服务质量。

线上面试功能的出现打破了业务开展的时间与地域限制，让家政服务企业与家政服务人员在足不出户的情况下便能在线开展三方面试、在线签订服务合同，帮助了成千上万的家政服务企业在疫情期间开展业务。

2020年，"互联网+家政"在疫情常态化防控等方面也发挥了积极作用，同时也为圆满完成脱贫攻坚任务做出了重要贡献。

（五）资本青睐助力"互联网+家政"发展

面对庞大的家政服务业市场，各路资本都看到了家政服务业的广阔前景。一方面，各路资本都想要在家政服务的蓝海中分一杯羹；另一方面，互联网家政服务企业急需以融资的方式扩大经营规模、降低经营成本。资本的介入，让"互联网+家政"的发展逐步提速。

2021年1月5日，网经社电子商务研究中心发布了《2020年家政服务融资数据榜》。网经社"电数宝"电商大数据库显示，2020 年家政服务业共发生融资事件 8 起，涉及的平台包括天天洗衣、企鹅洗衣、浣洗、斑马电商云、轻喜到家、天鹅到家、来帮手，已公开的融资金额超 12.3 亿元（2 起交易的金额未披露）。[①] 8 起融资事件的详情见表 1。

表 1　2020 年家政服务企业融资数据榜

序号	融资方	公司所在地	融资时间	融资轮次	融资金额	投资方
1	天鹅到家	天津	2020 年 2 月 14 日	战略投资	未公开	红杉资本
2	浣洗	日照	2020 年 3 月 19 日	Pre-A 轮	2000 万元人民币	日照市财金投资集团中顺易资本
3	天天洗衣	广州	2020 年 4 月 29 日	并购	9.5 亿元人民币	泰笛科技
4	来帮手	深圳	2020 年 7 月 6 日	战略投资	未公开	盈信资本
5	浣洗	日照	2020 年 7 月 8 日	战略投资	8000 万元人民币	三奇发展集团
6	企鹅洗衣	杭州	2020 年 8 月 25 日	战略投资	上亿元人民币	友宝在线
7	轻喜到家	深圳	2020 年 8 月 10 日	A1 轮	数千万元人民币	未公开
8	斑马电商云	南京	2020 年 9 月 18 日	A 轮	6000 万元人民币	一米资本北京中关村文化江苏鼎竹科技

三　家政服务业互联网转型面临的挑战

家政服务业一直以来变化缓慢，新技术带来的变革也未能触及家政服务业的根本，行业本身的瓶颈依然难以打破。

---

① 《「榜单」〈2021 年中国在线家政服务融资数据榜〉：3 家获超 1.8 亿元》，网经社，https://baijiahao.baidu.com/s? id=1722529606738616761&wfr=spider&for=pc，2022 年 1 月 21 日。

141

（一）"互联网+家政"难以保障信息真实性

初创的"互联网+家政"企业建立自己的互联网平台，在前期推广阶段，首先将自己掌握的家政服务人员和消费者的个人信息上传到平台上，使少量消费者和家政服务人员在平台上达成协议，线下进行服务，前期只要家政服务人员和消费者在平台注册就可以自由交流，平台为了赚取流量，将注册门槛设置得很低。平台和消费者无法把控服务人员的技能水平、服务水平和个人素质，服务人员对客户抱有戒心，担心客户克扣工资，担心劳动强度高、客户的态度差，造成线下服务过程中出现很多问题。家政服务O2O平台没有自己直属的家政服务公司，虽然平台上家政服务人员信息多，但是大多数家政服务人员的工作经验和专业技术描述信息都来自家政中介公司，O2O平台的安全性和正式性难以得到保证。由于双方信息不对称和当前信用体系的不健全，相关个人信息难以鉴别，造成"互联网+家政"发展遇到瓶颈。

（二）"互联网+家政"的平台运营成本高

家政服务企业一旦搭建了互联网平台，就会涉及网站、App、公众号的长期不间断的更新，服务器还有很多硬件设施都需要专业人员进行维护，以应对随时出现的问题、及时修补系统漏洞等，还有数据库维护、日常信息的备份、实时信息的发布、内容更新和调整等，目前很多互联网家政服务企业还没有能力解决这些问题。消费者在使用家政服务平台的过程中，网页设计、网页功能是否齐全、资源是否充足、客服是否容易联系等因素都会影响用户的体验。因此，从长期看来，一般小型的"互联网+家政"平台如果没有足够的实力，其经营所得是不足以覆盖高额的经营成本的。大型的"互联网+家政"平台短期内可以靠融资等进行运营，但是占领市场的速度一定要快，要尽早实现盈利。

另外，家政服务的某些服务项目属于低频次的消费项目，例如月嫂、保洁等项目，如果不深层挖掘盈利项目，那么客户的低频次消费也会导致平台运营成本过高。因此需要深层挖掘用户价值。

现在很多互联网家政服务平台会通过一些补贴，刺激家庭的保洁需求，但是由于目前大多数家庭还没有形成这样的消费惯性，因此需要一个很长的周期来培养用户习惯，同时刺激消费者的其他家庭服务需求，例如家庭收纳、家庭园艺、家庭营养膳食等方面的需求。

（三）"互联网+家政"难以兼顾行业标准化与服务个性化

一方面，家政服务业亟待标准化、规范化；另一方面，也要兼顾需求个性化。原因在于行业供给端的服务人员的职业素质、技能水平、服务态度参差不齐，需要通过标准引领提高整体服务能力和水平，而消费者的需求又是多种多样的，要想提供更好的消费体验，行业需要探索更加多元的服务模式。

因此，发展"互联网+家政"必须针对家政服务业独特的行业特性，探索适宜的发展之路，如果照搬照抄电子商务的模式显然不符合行业实际。因为对于服务行业来说，把服务卖出去只做到了第一步，而家政服务的产品就是服务本身，要等到服务评价完成后，产品生产才算完成，所以互联网能给标准化程度较高的行业带来颠覆性的变革，而对家政服务业等个性化较强的行业就很难做到这一点。

（四）互联网信息的无边界和家政服务的地域性之间存在矛盾

在互联网时代，"跨界"成为一种必然趋势和普遍现象。发现两个现象之间的显著相关性就可以创造巨大的经济和社会效益。"互联网+"天然是无边界的，然而互联网信息的无边界性和家政服务的地域性之间存在诸多矛盾。互联网信息可以在任何地方、任何时间被广大用户搜索到，用户可以在平台上找到满足自己要求的家政服务人员。但如果不在用户所在的城市，两者之间就不能很好地匹配。

家政服务业要实现从传统到现代的蜕变，与互联网的结合将是一个重大契机，同时"互联网+家政"的发展正处于初级阶段，存在着互联网

信息的无边界性和家政服务的地域性之间的矛盾，有待进一步规范和完善。

（五）家政服务人员的职业保障亟待加强

作为灵活就业人员，传统的家政服务人员群体缺乏社会保障，在产业链中处于相对弱势地位。随着行业不断发展，高端家政服务需求增多，大学生保姆、金牌月嫂等群体引起社会关注。可以看到，消费者的要求不断提高，家政服务人员的薪酬待遇、权益保障等也应当"水涨船高"。而"互联网+家政"吸引了大批量高学历、高技能、高素质人才，这部分人群的职业保障、职业尊严感、荣誉感也是需要思考的问题。

（六）"互联网+家政"同样面临服务人员供给问题

传统家政服务业中，有"得阿姨得天下"的说法，家政服务人员是家政服务企业的命脉，所谓"巧妇难为无米之炊"，在"互联网+家政"模式下，家政服务人员的供给仍是一大核心问题。家政服务市场整体供不应求，更准确的说法是，家政服务市场上缺少"高服务水平的家政阿姨"。在传统的家政服务企业中也难找到此类家政服务人员，而在"互联网+家政"模式下则更难。

家政服务的线下黏性强，"互联网+家政"绕不开中介模式，消费者的习惯也会导致互联网家政服务平台的资源流失，消费者如果对通过家政服务公司请到的家政服务人员感到满意，一般会直接找到这名服务人员进行下一次预约。这导致家政服务人员的流失率很高，私单率也水涨船高。目前，"互联网+家政"按照业务比例划分为"三分线下七分线上"，重心仍在线下，为了短时间内迅速形成规模流量，以达到数据匹配上的高效，大多数互联网家政服务平台都采取了优惠补贴政策来拓展业务，有的是向 B 端补贴，有的是向 C 端补贴，也有的兼而有之。目前很多互联网家政服务平台都已看到供应链的重要性，纷纷开始打造自己的供应链体系，建设自己的培训学校。

四　家政服务业互联网转型的发展前景

（一）国家政策持续为"互联网+家政"发展铺路

2020年3月17日，李克强总理主持召开国务院常务会议，强调要聚焦养老、托育、家政等就业潜力大的领域，发展线上线下融合的生活服务业。

不难预见，未来政策层面将不断发力数字经济发展，改造提升传统产业，加快现代服务业发展。而家政服务业对促进就业、精准脱贫、保障民生具有重要作用，或将成为实现壮大新动能、稳就业目标的一个"稳定锚"，尤其是在新冠肺炎疫情后显得更为重要。

（二）资本推动"互联网+家政"发展行稳致远

先前，多家以家政服务O2O模式为重心的家政服务公司接连拿到风投，投资人对"互联网+家政"模式前景的信心可见一斑。家政服务万亿元的市场规模正是投资者看准的机遇，伴随着"互联网+家政"发展的大势，投资规模将会继续扩大。

"互联网+家政"是一片蓝海，但真正意义上实现线上线下融合，仍任重道远。结合行业现状，"互联网+家政"尚处于起步阶段，无论是企业营收还是融资，都需要进一步的投入，以扩充团队、招募服务人员、扩张市场、延伸品类、摸索线上、招揽用户等，短期内实现盈利都是不现实的，所以众多家政服务企业都渴求资本的注入。未来几年，资本将纷纷流向线上线下融合模式，但要想最终实现安全化、个性化、精准化、智能化的"互联网+家政"模式，需要更多的资本来撬动。

（三）打造优质的家政服务人员供应链成重心

随着家政服务的消费群体越来越年轻化，人们对品牌的认可度越来越

高，因此在选择家庭服务时更愿意选择具有品牌效应的家政服务企业。"互联网+家政"企业在建立良好口碑的同时，一定要有优质的家政服务人员供应链。家政服务分工越来越细，对专业技能的要求越来越高，因此目前的几个龙头"互联网+家政"企业纷纷开设家政服务培训学校，开展家政服务人员的专业技能培训，提升家政服务的质量与水平，加大高素质技能型家政服务人员的供给。目前，为应对越来越高端的消费者需求，好慷在家、管家帮等企业纷纷引入国际的先进经验和人才体系，在供应链上进行升级，好慷在家还为员工提供到各国学习的机会，并考取国际认证的服务证书。由此可见，面对国内的家政服务需求，优质的家政服务人员供应链的打造，已成为各大家政服务企业非常重视的环节。

（四）人工智能将对家政服务人员形成互补

近年来，作为人工智能重要应用载体的服务机器人渐渐开始市场化、产业化，并悄然走进家政服务业。有理由相信，以家政服务为核心应用场景的智能化、智慧化的服务机器人将逐步被开发出来，家政服务机器人的普及应用指日可待。

人工智能和家政服务业的深度融合将主要体现在对数据的挖掘和服务需求匹配上，基于大数据技术对信息的收集和分析效率，服务标准可以得到细化，服务体验可以得到升级。但由于家政服务人员和消费者的互动是带有紧密情感联系的行为，相当复杂，目前的人工智能技术还没有提供较好的解决方案。尽管如此，人工智能仍会是家政服务人员的有益补充。随着"互联网+家政"带来的数据沉淀和数据闭环，相信在未来一定会出现由人工智能引领的"强者更强"的家政服务业。

（五）赢利模式多样化，抢占家庭消费入口

家政服务O2O除了提供家政服务之外，还拥有哪些盈利点？管家帮日前推出了自有的蔬果基地，供其服务的家庭采摘新鲜蔬果，同时有需要的家庭可以每日订购，家政服务人员上门提供服务的时候可以将新鲜蔬果顺便带

到家中。家政服务是一项必须建立情感交互的职业，尤其是育儿嫂、月嫂、住家保姆等岗位，每天跟家庭成员有非常密切的互动，家政服务人员可以站在专业角度为家庭提出更专业的养护建议、母婴用品推荐等，深挖背后的产业链，以创造更高的价值。

（六）家政服务企业规模化发展将成为必然

家政服务业规模化发展是大趋势。一方面，大型家政服务企业扩张或兼并中小家政服务企业形成集团经营；另一方面，抱团取暖、联合发展也是应对竞争的必要手段。

对于平台型家政服务企业来说，规模化发展是必然趋势，而对于员工型家政服务企业，通过扩大规模实行统一管理，可以降低企业的运营成本。现在也已经开始有部分有实力的家政服务企业开始通过收购、入股、连锁加盟等多种形式实现规模扩张。因此可以认为，规模化发展是现代家政服务企业发展到一定阶段的必然结果。只有不断提升企业服务质量、不断拓展服务领域，家政服务企业才能实现规模化发展，才能够有效地降低服务成本。部分有实力的家政服务企业在风投资金的帮助下，已经开始通过收购、入股、连锁加盟等多种形式进行扩张。未来，规模化经营不仅是中小家政服务企业转型升级的必经之路，更是做大做强的必由之路。

参考文献

1. 济兼：《"互联网+家政"亟待补齐行业短板》，《光明日报》，https：//baijiahao. baidu. com/s？id=1669237811060246217&wfr=spider&for=pc，2020 年 6 月 12 日。
2. 傅彦生：《打造家政服务专业化网络化规范化正规军》，《中国经济导报》2019 年 7 月 18 日，第 2 版。

职业培训篇

Reports on Vocational Training

B.9
家政服务技能培训创新发展探索

——以北京开放大学家政技能人才培养为例*

史红改**

摘 要: 近年来,我国家政服务业发展迅速,但是由于历史原因和传统观念的双重影响,家政服务业尚未走上规范化、专业化、职业化之路。虽然在政府大力支持下,家政服务业得到了长足发展,但是专业技能人才短缺的问题依然难以得到解决。家政服务技能人才市场需求巨大,仅靠传统技能培训很难满足市场需求,必须走创新发展之路,这不仅是行业发展的需要,也是时代的呼唤。为此可以借鉴北京开放大学家政专业技能人才培训的做法,走学历教育与非学历技能培训融通、产学研结合、数字化转型的创新发展路径。

---

* 本报告的研究受到中国成人教育协会一般项目"开放大学家政专业特色化建设研究"资助(项目编号:2021-397Y)。

** 史红改,博士,北京开放大学家政专业学科带头人,研究方向为语言学、家政学、教育学。

关键词： 家政服务业　技能培训　产学研结合　数字化转型

随着社会经济的快速发展，人们的生活水平日益提高，对于生活品质的追求也不断提升，再加上生育政策的逐步放开，以及人口老龄化程度的加深，家政服务业也迅速发展。但是由于历史原因和传统观念的双重影响，家政服务业专业人才紧缺。在政府大力支持和资本不断涌入下，家政服务业迎来了创新发展的大好时机。为解决家政服务不专业，家政服务技能人才缺乏的问题，家政技能培训也引起了广泛的关注。很多家政企业和培训机构、职业院校、普通高校也纷纷试水。有些专家提出借鉴菲律宾、日本、德国、英国等国家的职业技能培训经验，有的则是从本国家政行业发展的特点出发，探索技能培训的可行之道。本报告以北京开放大学家政人才技能培养的实践探索为例，尝试总结家政技能培训的创新做法，以供行业参考。

一　家政服务技能培训创新发展的前提

（一）行业需要创新

随着社会经济的飞速发展，人民的生活水平日益提高，人们对于生活品质的要求也日渐提升。再加上三孩政策的实施和人口老龄化程度加深，对家政服务的需求也与日俱增。由于目前国内家政服务人员学历普遍偏低，知识储备不足，再加上普遍缺乏正规的技能培训，家政服务业存在服务不专业、职业道德素养低、法律意识淡薄等问题，以至于时常出现盗窃、伤害儿童和老人等各种不良事件。家政服务业暴露出的种种问题，说明家政服务业的服务水平需要加强，行业有待规范，从业人员队伍亟待专业化。

鉴于家政服务业发展提升与规范的重要性和迫切性，2010 年，国务院办公厅出台了《关于发展家庭服务业的指导意见》（国办发〔2010〕43号），从此拉开了家政服务业快速提质扩容的序幕。2017 年，国家发改委等

17 部门发布了促进家政服务业规范发展的《家政服务提质扩容行动方案》（发改社会〔2017〕1293 号）等指导文件，把家政服务业提升到国家战略高度。行业发展必须依托教育，教育才能真正为家政行业解决专业人才短缺和职业素养问题，教育部等七部门于 2019 年 9 月印发了《关于教育支持社会服务产业发展提高紧缺人才培养培训质量的意见》（教职成厅〔2019〕3 号），明确提出"原则上每个省份至少有 1 所本科高校开设家政服务、养老服务、托育服务相关专业。每个省份要有若干所职业院校开设家政服务、养老服务类专业，引导围绕社会服务产业链打造特色专业群。"鼓励院校开展职业培训，"支持职业院校发挥资源优势，重点为困难企业转岗职工、去产能分流职工和贫困劳动力等就业重点人群从事社会服务产业提供职业培训，承担'雨露计划''巾帼家政服务培训''家政培训提升行动'等培训任务。"在一系列利好政策的刺激下，家政服务业发生了巨大的变化，特别是教育部、国家发改委、财政部、市场监管总局联合印发《关于在院校实施"学历证书+若干职业技能等级证书"制度试点方案》（教职成〔2019〕6 号）以后，在家政服务业，逐渐形成了学历教育与非学历技能培训双轨并行的局面。

但是，传统的家政服务技能培训主要依靠现场面授，一般都是由经验丰富的从业者手把手传授家政服务经验，存在规模小，培训时间短，缺少系统化、专业化、规范化教学等问题。这样的技能培训既不能培养出高素质、专业化的家政服务技能人才，也很难为社会培养出足够多的家政服务人才。总之，即使国家利好政策再多，利用传统的作坊式培训，短时间内也无法满足家政服务市场日益增长的需求。

（二）科技助力创新

经济的飞速发展和科学技术的不断进步，为家政服务技能培训创新发展提供了基础，新技术包括互联网、智能手机、多媒体技术、智能家电以及区块链等。

互联网的普及为家政服务技能培训的创新发展提供了可能。互联网对现代社会各个领域的发展都起着至关重要的作用，虽然家政服务业目前还处于初级阶段，但是互联网大大促进了家政服务业的发展。具体表现在以下几个方面。首先，技能培训方面，过去都是靠纸媒宣传招收学员，覆盖面很小，一般仅限于培训机构附近区域，很难实现跨地域、大面积的招生推广。互联网的普及使家政机构可以借助网站等网络手段，让招生突破地域的限制，实现跨市、跨省的全国招生，因此能够大大促进家政服务技能培训的普及与发展。其次，互联网手段还可以直接运用在培训过程中。家政服务机构可以制作视频，将其放到自己的网站平台，供学员观看学习，突破了时间和空间的限制，实现时时可学、处处能学。再次是家政服务企业的管理。传统的家政服务结构一般采用中介制、小作坊式经营，一间屋几个人就可以经营。近些年来，随着资本的涌入，大型的家政服务企业开始出现，带动家政服务小微企业也逐步走向正规化。在互联网技术的推动下，越来越多的家政服务机构采用O2O模式，使家政服务企业管理网络化、平台化。家政服务企业将服务人员的照片和信息挂在企业平台上，供用户选择，极大地方便了雇主选择的同时，也规范并简化了管理。因此互联网不仅有利于家政服务技能培训、革新家政服务管理模式，还推进了家政服务的现代化发展。最后，互联网的发展还完善了家政服务企业的服务。家政是家庭事务的管理，家政服务就是为有需要的家庭提供家庭事务管理服务，因此，服务是家政服务企业的主要内涵，服务优劣也成了评价家政服务企业的最重要的要素。为了提高家政服务人员的服务质量和服务水平，家政服务企业除了线下检查、回访，还会利用网络信用评价体系管理家政服务从业人员，提升企业形象和市场竞争力。

　　智能手机的普及也为家政服务技能培训和家政服务企业的管理提供了很好的条件。家政服务人员，不管是月嫂、育婴员、老年护理员还是一般家政服务人员，基本都是全天住家服务，吃住都在雇主家里。他们基本没有固定的上下班时间，更没有自己的电脑。在没有智能手机的时代，雇主家庭就是家政服务服务业生活的主要场所，也是他们的狭小世界。如果雇主不支持，他们是没有办法读书、看报，更没有机会到外面参加家政服务技能培训的。因此过去很长一段时间内，我国的家政服务人员一直处于知识基础薄弱、素

质较低、技能水平较差的状态。随着互联网的发展、智能手机的普及，以及各种家政 App 的开发，现在几乎所有的家政服务人员都可以利用智能手机随时学习知识和技能，这大大方便了家政服务人员素质和技能的提升。

（三）时代呼唤创新

2019 年 2 月 20 日，国务院总理李克强在主持召开国务院常务会议时，部署出台推动家政服务增加供给、提高质量的措施，促进扩内需、惠民生。作为一个发展前景广阔的产业，家政服务业进入了一个大发展、大转型、大跨越的关键时期，迫切需要大量人才，来满足激增的市场需求。2019 年 2 月 23 日，党中央、国务院印发文件《中国教育现代化 2035》，提出了推进教育现代化的八大基本理念：更加注重以德为先，更加注重全面发展，更加注重面向人人，更加注重终身学习，更加注重因材施教，更加注重知行合一，更加注重融合发展，更加注重共建共享。到 2035 年建成服务全民终身学习的现代教育体系、普及有质量的学前教育、实现优质均衡的义务教育、全面普及高中阶段教育、职业教育服务能力显著提升、高等教育竞争力明显提升、残疾儿童少年享有适合的教育、形成全社会共同参与的教育治理新格局。教育现代化已经成为当代教育发展的新目标。

职业教育是教育的重要组成部分，教育现代化也包括职业教育的现代化。为贯彻落实党中央、国务院决策部署，实施职业技能提升行动，2019 年 5 月，国务院办公厅印发了《职业技能提升行动方案（2019~2021 年）》（国办发〔2019〕24 号），要求把职业技能培训作为保持就业稳定、缓解结构性就业矛盾的关键举措，作为经济转型升级和高质量发展的重要支撑。坚持需求导向，服务经济社会发展，适应人民群众就业创业需要，大力推行终身职业技能培训制度，加快建设知识型、技能型、创新型劳动者大军。职业教育的现代化，呼唤职业技能培训的网络化、数字化。

（四）新冠肺炎疫情加速创新

根据国家发改委预测，到 2025 年家政服务业市场规模将达到 1.4 万亿元。广阔的市场前景吸引资本进入家政服务业，同时行业也得到了政府的关注和支持。各级政府密集出台各类政策，鼓励和帮助家政服务业实现规范化发展。家政服务业在政策的春风下，也展现出了新的活力和面貌，特别是家政服务技能的专业化、标准化，以及家政服务人员持证上岗已经普及。家政服务技能培训发展势头积极向好。

然而新冠肺炎疫情使快速发展的家政服务业经历了"急刹车"。居家办公、减少人员聚集、禁止大型培训活动等疫情防控措施使得家政服务技能培训无法在线下开展。即使少数有条件的家政服务企业将培训转到线上，由于家政服务技能培训的特殊性，也很难保证技能培训的质量。在新冠肺炎疫情防控常态化情况下，如何有效开展家政服务技能培训，成了迫切需要解决的问题。

二 家政服务技能培训创新探索

在互联网走进千家万户、智能手机得到普及的科技新时代，在教育现代化的社会大背景下，家政服务技能培训也迎来了前所未有的大好机遇。再加上疫情防控常态化的需要，家政服务技能培训亟须探索创新发展之路。综合社会经济发展、国家政策以及教育规律，家政服务技能培训应从学历教育与非学历技能培训融通、产学研结合和数字化转型三个方面发力。北京开放大学家政专业照此思路走出了一条创新发展之路。

（一）学历与非学历融通

家政行业作为服务行业，属于第三产业，但是该行业与其他服务行业相比有其明显的特殊性，主要包括：家政服务业属于新兴产业；家政服务的对象是家庭；家政服务的内容具有综合性。

作为新兴产业，家政服务业多年来一直处于自然发展状态，相关法律法规不健全，政府监管和扶持比较少，最重要的是缺少专业理论引导和支持。因此，长期以来家政服务不被看作正规职业，认为家政服务人员就是保姆，

低人一等，一听到做家政保姆都感觉羞于启齿。这导致但凡有较高学历的人基本不会选择家政服务业。据统计，在家政服务人员中，只有11.9%的人具有高中或中专学历，具有大专学历的人只有1.8%，具有本科学历的人则更少，只有0.4%。[①] 一个行业发展的关键是人才，作为新兴产业的家政服务业要想快速、健康发展，首先要解决的是人才问题。

众所周知，"菲佣"是国际家政服务业的知名品牌，菲佣之所以能够获得成功，最重要的原因就是菲律宾政府采取了五位一体的发展策略，即实施国家战略、注重法律保护、普及家政教育、加强技能培训、培育职业文化。[②] 因此，家政服务技能的提升既要靠搞好家政教育，也要靠加强家政技能培训。

鉴于家政服务业属于技能服务行业，新时期家政服务业的人才培养目标应该是：适应社会和市场经济发展需要，培养具有良好的思想品德和职业道德、遵纪守法、具有较高的文化素养的专业人才。通过家政服务专业基本理论、专业基础知识和实践技能的学习，辅以传统文化的熏陶，使服务人员掌握家政管理、家庭服务的各项专业技能，达到能够为家庭提供专业服务，在政府机关、企事业单位、街道、社区等从事与提高人们生活质量相关工作的目标。显然要达到这样的目标只靠非学历技能培训是无法实现的。因为非学历技能培训一般是短期岗前技能培训。这种短期技能培训能够快速传授服务技能，但是很难培养人的基本素养和文化素质。如前所述，家政服务业是综合性、专业性很强的服务行业，不仅需要专业的技能，更需要较高的文化水平和基本素养，还需要护理学、营养学、心理学、教育学、社会学、文学艺术、食品卫生、沟通礼仪、法律法规等各类专业知识，甚至还需要计算机、外语等公共基础能力，这些知识和素养需要较长时间的学习和吸收才能内化为人的基本素质。因此要想家政服务业快速健康发展、全面提

① 莫荣主编《中国家政服务业发展报告（2018）》，中国劳动社会保障出版社，2018，第34页。

② 胡艺华：《五位一体：菲佣职业化发展的成功之道》，《东南亚纵横》2013年第7期，第69页。

升家政服务水平，首先需要采取学历教育与非学历技能培训融合发展的道路。

北京开放大学家政学科在建立之初就确定了学历教育与非学历技能培训融合、理论与技能并重的路径。北京开放大学在筹备高端家政技能培训项目的同时，申报了家政服务与管理专科。根据市场需求，制定了以理论和素养为基础、突出实践技能的培养目标。学历教育由于其内在要求，学习周期长、课程设置多，专业技能实操教学比较欠缺，而家政服务市场人才急缺，仅靠学历教育很难快速满足市场需求。因此，北京开放大学与互联互家公司合作，设置了家政专业实践教学中心，专门开设家政技能短期的培训班，让学员先掌握专业技能，然后边工作边学习专业理论和基本素养提升课程。并且通过"学分银行"和学分认定机制，将学历教育与非学历技能培训结合，实现了二者的共建共享、协作融通。北京开放大学家政学科的学历教育与非学历技能培训融合具体体现在招生融合、教学融合和就业融合三个方面。

1. 招生融合

北京开放大学在组织各项家政技能培训时，通过向参加非学历技能培训的学员介绍家政大专学历的重要性和必要性，引导学员参加家政服务与管理大专学历教育；同样通过向家政服务与管理大专学历班的同学推广宣传北京开放大学的非学历技能培训项目，特别是各类师资培训项目，引导学历教育学员参加非学历项目，实现了二者在招生中的双向融合。

2. 教学融合

家政服务与管理专业与家政服务技能培训项目之间，在教学方面也进行了良好的融合，主要表现在课程设计和工作实习两个方面。

在课程设计上，家政服务与管理专业教学计划中设置了"家务劳动管理与实务""母婴护理""婴幼儿保育""老年健康照护"四门课程，这四门课程正是家政服务技能培训中的四个最重要的非学历培训课程。为了保证学历教育与非学历技能培训的无缝衔接，四门课程的教学内容和考核方式也保持了基本一致。向参加了"家务劳动管理与实务""母婴护理""婴幼儿保育""老年健康照护"非学历技能培训的学员颁发北京开放大学家政技能

证书，凭家政技能证书抵扣家政专科相应学历课程的学分。这样既能保证学生快速掌握家政服务专业技能，同时又能完成家政大专学历的学业。

同时北京开放大学家政服务与管理大专学历教育中还设置了家政服务综合实训，学校会安排学生到家政服务企业、家政服务培训机构、社区等参加工作实习。通过在家政服务企业或家政服务培训机构、社区等的在岗实习，进一步促进了学历教育与非学历技能培训的融合。

3. 就业融合

北京开放大学城市管理学院与互联互家合作，共建家政专业的同时，共同组织了家政服务技能培训。在合作开展教育培训的同时，合作企业也就成了学历教育毕业生的就业渠道。反过来，参加了技能培训的成绩优异者也可以直接在合作企业就业。

（二）产学研结合

家政服务公司是家政服务业的主体。由于家政服务业多年来存在法律法规不健全、政策支持不到位、专业理论缺失、人才素质较低等问题，所以目前家政服务业尚处于初级发展阶段。在家政服务企业运营管理和专业人才培养等方面遇到了发展瓶颈，这些问题是行业自身无法解决的，必须依靠学校、科研机构的介入才能实现产业的优化升级。近年来，产教融合、校企合作、工学结合、知行合一已经成为我国职业教育融合发展的重要特征，也是我国职业教育向现代化发展的重要路径。企业、高校、研究机构等要共同发力，借助产学研的深度融合来实现家政服务技能培训的创新发展。

为此，北京开放大学家政学科建立之初就确定了校企合作办学的模式，学校和企业分别派出专家组成专业团队申报家政服务与管理大专学历教育资格，共同研究制订专业培养方案。经北京市教委批准后，从课程设置、资源建设、教师聘任到教学过程、考核监督、质量保障、工作实习等，各个环节都由学校和企业双方专业成员共同磋商完成。校企深度合作共建家政专科教育，使得北京开放大学的家政大专学历能够与家政服务市场需求高度契合，得到了业内企业的认可。

鉴于家政服务技能型人才严重短缺，特别是高技能、专业化人才奇缺，而家政大专学历教育周期较长，校企双方经过研究，启动了家政服务非学历技能培训项目。北京开放大学的家政服务技能培训项目依托家政专科学历教育，利用学校雄厚的师资，与全国妇联干部培训中心和中国关心下一代工作委员会儿童发展研究中心、老教授协会家政专业委员会等合作，很快推出了专业化、标准化的家政服务技能培训项目，为家政服务业专业人才培养做出了贡献。

此外，北京开放大学家政专业还和企业合作，成立了家政科学研究中心，共同开发家政服务技能人才培养标准、研发家政服务培训教材、建设家政服务在线课程、开发家政服务学习平台，促进家政服务技能型人才培养的课程、教学和评估一体化，努力建设一种可持续发展的家政服务技能型人才培养的路径，进而形成政府、高校、企业齐心协力共育家政服务业"能工巧匠"的机制。

（三）数字化转型

虽然我国的家政服务业起步比较晚，尚未形成专业化、规范化、标准化、现代化的发展模式，但是在国家倡导教育现代化的今天，家政服务业备受政府和市场关注，可以说我国的现代家政服务教育发展恰逢其时。教育的现代化，不仅体现在教育内容的现代化，也体现在教育技术、教育手段、教育模式的现代化。家政服务专业教育尤其如此，不仅要注意专业理论、专业技能、专业知识的现代化，同时要注意充分利用现有的先进科学技术手段，推动家政服务教育实现全方位现代化发展。

实现教育现代化，对互联网技术要格外重视。网络信息技术的发展为教育现代化插上了翅膀，推动了在线教育的发展。为了帮助在线教育健康发展，2019年9月，教育部等十一部门联合印发《关于促进在线教育健康发展的指导意见》（教发〔2019〕11号）。意见指出，在线教育是教育服务的重要组成部分，发展在线教育要以习近平新时代中国特色社会主义思想为指导，全面贯彻党的教育方针，落实立德树人根本任务，创新教育组织

形态，丰富现代学习方式，为加快建设"人人皆学、处处能学、时时可学"的学习型社会。鼓励职业院校、普通高校、科研院所、企业等密切合作，推进在线教育产学研用一体化发展，鼓励职业院校、普通高校结合社会需要和办学特色，加强相关专业建设和在线教育人才培养力度，积蓄发展动力。北京开放大学是教育部批准设立的新型大学，依托网络信息技术开展远程教学，采用先进的科技手段将前沿的科学理论和科技知识传播到千家万户。北京开放大学家政专业的开设，为家政服务业的发展提供了新的思路，开创了网络远程环境下家政服务技能型人才培养的新模式。

近些年来，家政服务市场供不应求，不要说受过正规家政服务教育的专业人才，就是无基础农村剩余劳动力或者城市下岗职工，只要愿意从事家政服务工作，基本能保证立即安排上岗，基本不用参加技能培训。雇主等不及家政服务人员参加技能培训，或者说是从业人员根本没有时间参加专业学习。但是这种情况的后果是不断出现偷盗财物、虐待老人、伤害孩子等恶性事件，正规家政服务教育势在必行。即便后来推出了持证上岗的规范，但是很多家政服务机构面对利益诱惑，也经常无视技能培训规范，甚至出现了买卖证书的不良现象，不仅不能推动行业的健康发展，反而起到了破坏作用。家政服务业之所以乱象丛生，应归咎于专业人才培养的滞后。20 世纪 50 年代教育部取消了家政学科教育，导致长久以来家政服务专业人才培养断层。即使现在重新提倡家政服务教育、鼓励高校开办家政专业，由于传统观念的影响，人们对家政服务业存在偏见，也鲜有家长会让自己的孩子选择家政专业。因此有的普通高校设置了家政专业，然而却难以招到学生。即便有个别高校能招到学生，每一届学生的数量最多不过 50 人，如此怎么能够满足庞大的家政服务市场需求呢？

北京开放大学的家政专业教育较好地解决了以上问题。首先，北京开放大学是面向成人教育，实行注册制，宽进严出，无须入学考试，这就为广大家政服务业从业者提供了提升学历的大好机会。因为她们本身已经从事家政服务行业，因此心理上已经接受这一职业，不再被传统观念所束缚。其次，利用网络开展远程教育，不限时间不限地域，为大规模开展家政服务技能培训提供了技术支持。再次，智能手机的普及弥补了家政服务业从业者普遍没有电脑、无法上网学习的遗憾，使得学员能够随时随地学习，打通了家政服务业人才培养的最后一段路。最后，新冠肺炎疫情推动了家政服务人才培养的网络化，改变了人们的生活，同时也改变了家政服务业的发展，特别是家政服务技能培训的发展。

一般认为网络远程教育比较适用于理论教学，而家政服务技能培训主要是实操教学，只能采用传统的线下面授、手把手教学，利用互联网开展实操教学会给人一种隔靴搔痒的感觉。为了解决实操教学的远程教育难题，2019年春，北京开放大学城市管理学院实践教学中心与互联互家经过研究，利用双方多年来的网络远程教育经验优势，联合推出了"家政空中课堂"。为了解决远程教育技能培训看不见摸不着的问题，家政空中课堂除了给每个空中教室配备了超高清摄像头外，还为每个空中教室配置了助教。专家线上教学的同时，助教在学员所在地的空中教室开展线下手把手指导。通过专家与助教的配合，实现了家政服务职业技能培训线上线下双师教学的完美结合，完成了"互联网+职业技能培训"的数字化转型升级，有效促进了家政服务业的提质扩容。家政空中课堂依托北京开放大学家政学历教育，利用先进的网络信息技术，把专家老师授课现场、课件、板书和与学员的实时互动等全仿真地搬到线上，跨越空间的限制，让全国各地的学员不出远门就能享受到知名专家的高水平、高质量教学。

2020年初，新冠肺炎疫情突袭而至，不管是高等教育还是基础教育，都被迫转为线上教学。对于理论性较强的课程来说，从线下面授转为线上教学比较容易，但对于实践技能为主的课程则是一种挑战。因此家政服务职业技能培训遭受了巨大打击，而北京开放大学家政实践教学中心与"互联互家家政空中课堂"充分发挥了"互联网+技能培训"的优势，不仅规模没有萎缩，反而得到了快速发展，有效缓解了新冠肺炎疫情给家政服务业带来的冲击。到2020年底，在全国设立的空中教室已达上百家，分布于全国31个

省、自治区、直辖市。合作的机构有家政行业协会、高职院校、职业培训学校、家政服务企业等，出现了"专家一人讲，全国百家听"的壮观场面。这主要是得益于家政空中课堂的以下优势：

（1）统一师资：国内知名专家统一授课；

（2）统一教学：360°展现线下培训场景，实操手法清晰可见；

（3）统一考试：所有空中教室统一考试，"理论+实操"均需达到80分才算合格；

（4）统一证书：全体空中教室的学员考核合格后颁发北京开放大学职业技能专项证书；

（5）双师教学：专家线上授课，助教当地课堂现场指导；

（6）配套微课："直播+录播"帮助学员反复学习，提升技能水平；

（7）学分认定：可以抵扣北京开放大学现代家政服务与管理大专学历的相应学分；

（8）就业对接：通过遍布全国的家政空中教室实现全国范围推荐就业。

三　家政服务技能人才培养创新发展路径

家政服务业既是一个传统行业，也是一个新兴行业。之所以说传统是因为从古至今家政服务一直存在，只不过以前叫丫鬟、伙计、保姆或管家；之所以说新，是因为近年来随着经济的快速发展和人们生活水平的提高，家政服务需求日益扩大，逐渐发展成热点行业、朝阳产业，受到了政府和高校的关注和支持。由于家政服务业关系千家万户，关系民生，关系社会稳定，因此家政服务业的健康发展是国之大事。家政服务业属于第三产业，与其他服务行业一样是人的服务。因此专业人才的培养决定了家政服务业的发展。20世纪50年代家政学科被取消，造成了专业人才的断层和专业理论的缺失，但是现在家政服务业迎来了政策的春风，又恰逢互联网技术的广泛应用和智能手机的普及，因此家政服务业可以通过学历教育与非学历技能培训融合、产学研的融合以及数字化转型来实现创新发展、弯道超车。总之，家政服务技能型人才培养可以采取图1所示的创新发展路径。

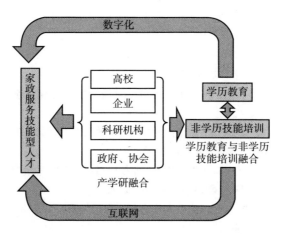

图1　家政服务技能型人才培养的创新发展路径

　　家政服务技能型人才培养需要学历教育与非学历技能培训的融合，也需要高校、企业、政府和科研院所共同参与，在传统技能培训基础上，借助互联网、多媒体技术、智能手机等先进科技实现教育培训的现代化，为家政服务业培养更多专业人才，实现家政服务业的转型升级。

参考文献

1. 谷素萍：《家政服务标准化建设和质量提升路径研究》，《人民论坛》2019年第27期，第80~81页。
2. 胡艺华：《五位一体：菲佣职业化发展的成功之道》，《东南亚纵横》2013年第7期，第69~71页。
3. 李艳梅：《我国家政服务业的现状分析与规范化建设》，《社会科学家》2008年第7期，第107~110、第103页。
4. 莫荣主编《中国家政服务业发展报告（2018）》，中国劳动社会保障出版社，2018。
5. 莫文斌：《家政服务业的国外经验及其借鉴》，《求索》2016年第4期，第83~

87 页。

6. 宁高平、王丽娟：《新时期技能人才培养培训机制研究》，《宏观经济管理》2019
   年第 8 期，第 59~67、第 74 页。

7. 彭小慧：《国家职业教育改革背景下 1+X 证书制度实施的意义、难点与方略》，
   《教育与职业》2020 年第 3 期，第 5~12 页。

8. 王丛漫、刘晓艺：《高校家政专业生源供给的影响因素研究》，《中国高等教育》
   2019 年第 19 期，第 57~59 页。

9. 王华、李欣洋：《浅议 58 到家 O2O 平台的盈利模式》，《财务与会计》2016 年第
   7 期，第 51 页。

10. 易银珍：《"产学研"一体化：我国高校家政教育发展的必由之路》，《中国高教
    研究》2013 年第 1 期，第 73~77 页。

11. 余凡、佘阳梓：《"校行企"共建职业技能培训 MOOC 平台的可行性调查研究》，
    《职教论坛》2017 年第 21 期，第 81~85 页。

12. 史红改、于舒洋：《我国家政人才培养的现状与策略》，《家庭服务》2020 年第
    4 期，第 12~15 页。

13. 史红改、张琳琳、蔡倩：《家政服务行业提质扩容应以远程开放教育为依托》，
    《家庭服务》2019 年第 3 期，第 54~57 页。

14. 张霁：《家政服务产业数字化转型案例》，《家庭服务》2020 年第 7 期，第 20~
    23 页。

B.10
我国家政服务专业人才培养现状分析

朱晓卓*

摘　要： 家政服务业在保障民生方面发挥了越来越重要的作用，对相关人才需求也明显增加。家政服务教育从最初的家庭劳动教育逐步与市场化的家政服务业对接，中、高、本、硕各层次的家政服务相关专业布局逐步形成，但是行业"小、散、弱"现象普遍存在，由于岗位不清晰，管理不规范、用工不合理等问题，院校办学面临困境，相关专业布点不充足、人才培养数量不够，对接产业经济的专业集群未能形成，专业设置和教学内容对接新业态、新模式不够，培养规模还有待进一步扩大，校企合作有待进一步深化。面对行业提质扩容快速发展的机遇，提出要聚焦行业高端，人才培养对接家政健康等行业融合发展；聚焦"一老一小"，人才培养对接养老托育社会需求；聚焦互联网经济和社区服务，人才培养对接复合型能力要求；聚焦高水平专业群建设，人才培养要实现与相关专业的协同发展；推动构建家政服务人才培养的政策保障体系等建议。

关键词： 家政服务业　人才培养　家政教育

---

* 朱晓卓，宁波卫生职业技术学院健康服务与管理学院院长，教授，高职研究所所长，宁波家政学院执行院长，现代家政服务与管理专业教研室主任。

家政教育是以家庭日常生活为切入点，对受教育者进行关于家庭生活的相关观念和技能的培养，以提高家庭生活质量、指导家庭建立良好生活方式的一种教育形式，具有非常强的可操作性和实用性。近年来，我国人口结构发生重大变化，家庭小型化、服务专业化趋势明显，家政服务需求增加，尤其在"一老一小"领域，在刺激消费、拉动内需、促进就业、改善民生以及促进社会经济转型方面发挥着积极的作用。作为实现行业提质扩容的关键要素——家政服务人才培养，也受到党和政府的高度重视。

一　我国家政教育的发展阶段

从人类社会中出现家庭以来，就产生了对家庭日常生活进行管理的"家政"，主要包括家庭日常事务的处理，家庭生活办事的行为准则，与家庭生活实践相适应的实用知识与技能、方法等内容，这些内容都和全体或者部分家庭成员生活相关。我国有着悠久的家政教育传统和丰富的家政教育内容，在不同的社会发展阶段，家政教育的表现形式差异很大。

（一）传统家政教育阶段

我国古代社会以家庭为最基本的生活单位，家政教育思想在周朝已经开始形成，据《礼记》记载："是以古者夫人先嫁三月，祖祢未毁，教于公宫；祖祢既毁，教于宗室；教以妇德、妇言、妇容、妇功"，同时也提出了"修身、齐家、治国、平天下"的思想，将家庭治理和治理国家、安定天下紧密结合起来。秦朝以后较为系统阐述家政教育思想的典籍有东汉班昭的《女诫》，南北朝颜之推的《颜氏家训》，唐代宋若莘、宋若昭姐妹的《女论语》、北宋司马光的《家范》、宋代袁采的《袁氏世范》，明代姚儒的《教家要略》，明末清初朱柏庐的《朱子家训》以及清代曾国藩的家书等。

在我国古代"男主外、女主内"的家庭角色分工模式下，家政教育的对象主要是家庭中的女性，教育的目的是让她们具有持家的技能、贤淑的性格，并能够恪守传统家庭伦理要求，而家政教育的技能主要包括织布、缝补、刺绣、烹饪、奉养老人、养育子女、操持家务等，和家庭生活密切相关，更多是通过长辈的言传身教来实现。此外，由于家族的延续，家训家规也是家政教育的内容之一，用来规范家庭成员的行为。

（二）近代家政教育的发展

近代以后，女性接受教育的权利逐步被社会所接受，家政教育开始进入学校，作为向女性传授技能之一。在清政府制定的《奏定女子小学堂章程》中就明确了女子学堂的教育宗旨——"养成女子之德操与必须之知识技能"。1912年，北洋政府教育部颁布的《中学校令实行规则》第一条就提出："女子学校加课家事、园艺、缝纫"，第十三条指出："家事园艺要旨在习得理家及治圃知识，养成勤俭整洁之习惯。家事园艺宜授以衣、食、住及伺病、育儿、经理家产、家计、簿记，病栽培莳养等事，兼得实习烹饪"。

1919年，国立北京女子高等师范学校设立了我国教育史上第一个家政学系，随后燕京大学、河北女子师范学院、东北大学、金陵女子文理学院、辅仁大学、协和大学、四川女子师范大学、震旦大学等也先后设立家政学系，并纳入高等教育体系，主要课程有心理学、营养学、教育学、服装设计和卫生学等。

（三）现代家政教育的发展

新中国成立后，高等学校在院系调整撤并了家政学系，不再设置家政学专业，但对于家政相关知识如幼儿教育、烹饪等，在职业教育体系中并没有中断。改革开放以后，社会民众对家政服务需求增加，我国家政教育重新得到发展，吉林农业大学和北京师范大学珠海分校于2003年开始开展家政本科教育，同一年，清远职业技术学院、菏泽家政职业学院先后开设家政服务高职专科专业。2012年9月，教育部颁布了《普通高等学校本科专业目录（2012年）》，首次将家政学专业列入本科专业目录，同时在教育部《学位授予和人才培养学科目录》中将家政学列入社会学目录下，这些都标志着家政服务人才培养在我国逐步进入正规化的发展轨道。

二 目前我国家政服务专业人才培养的现状分析

当前，我国家政服务业处于发展的初级阶段，"小、散、弱"现象普遍存在，存在岗位不清晰、管理不规范、用工不合理等问题，招人难、留人难，发展人更难，行业专业人员的教育问题日益凸显。由于对行业认知程度不高，社会上简单地认为"家政"就是保姆，导致各地高校在家政服务人才培养上举步维艰。从 21 世纪初到 2019 年，不少院校如浙江树人大学、北京师范大学珠海分校等院校先后停办了家政专业的全日制学历教育，而一些高职院校每年家政服务专业的招生人数仅为个位数。2019 年，国务院办公厅发布《关于促进家政服务业提质扩容的意见》（国办发〔2019〕30 号），教育部等七部门发布《关于教育支持社会服务产业发展 提高紧缺人才培养培训质量的意见》（教职成厅〔2019〕3 号），提出"每个省份要有一个本科院校和若干所职业院校开设家政服务类专业"，各地院校开始积极探索家政服务办学的有效途径，办学点有了明显增加。

（一）校企协同培养家政服务专业人才培养的办学格局逐步显现

各地职业院校在相关政策指导和政府部门的支持下，联系行业企业积极参与，逐步推进政校企协同培养家政服务专业人才的办学格局，办学成效不断显现。例如吉林农业大学家政学专业获批教育部"双万计划"首批一流本科专业建设点，清远职业技术学院和宁波卫生职业技术学院获批省特色专业，2013 年宁波卫生职业技术学院和宁波市商务局联合成立宁波家政学院，共同培养家政服务专业人才，被人社部主管的《家庭服务》杂志评价为家政人才培养"宁波模式"。2019 年 3 月，该办学案例被国家发改委社会发展司、人社部农民工工作司、商务部服务贸易和商贸服务业司等部门联合认定为全国首批家政服务业发展典型案例；同年 7 月 5 日，在国务院政策例行吹风会上，国家发改委和教育部等部委有关负责人介绍《关于促进家政服务业提质扩容的意见》有关情况，在谈到家政服务人才的培养培训工作时，高度肯定了宁波卫生职业技术学院采取政企校联合设立的宁波家政学院，创新了人才培养模式，助力家政服务业发展。2020年，郑州师范学院获批设立家政学专业，并得到了政府专项资金1.2亿元，用于投资建设家政服务产教融合实训基地。2019年，国家启动家政服务提质扩容"领跑者"计划，共有68所学校成为家政服务业提质扩容"领跑者"行动领跑学校。

（二）形成了中职、高职、本、硕多层次的家政服务人才培养布局

2003年，吉林农业大学设置家政学本科专业并正式招生，这是我国高等学校全日制学历教育中的第一个家政学本科专业点。2020年，河北师范大学家政学硕士点获批。目前有湖南女子学院、郑州师范学院、聊城大学东昌学院等本科院校开设家政学专业；清远职业技术学院、宁波卫生职业技术学院、贵阳护理职业技术学院、山西运城农业职业技术学院、长沙民政职业技术学院、遵义医药高等专科学校、白城医学高等专科学校、菏泽家政职业学院等开设了高职层次的家政服务与管理专业；嵊州职业技术学校、宁波特殊教育学校等中职院校开设了家政服务与管理专业，实现了中、高、本、硕不同层次的全覆盖。在2021年教育部公布的《职业教育专业目录》中，中职和高职层次的家政服务与管理专业更名为"现代家政服务与管理"，同时设置了"现代家政管理"高职本科专业，实现了"中、高、本贯通"，拓展了学历提升路径。

（三）家政服务人才培养标准化体系开始构建

全国人力资源与社会保障职业教育教学指导委员会牵头制定完成的家政服务与管理专业教学标准，于2019年由教育部正式发布，该标准对专业培养定位、培养目标、课程体系、师资队伍、实训条件等给出了指导性意见，各校根据该标准也制订了本专业的人才培养方案和课程标准。根据教育部、国家发改委、财政部《关于推进1+X证书制度试点工作的指导意见》（教职成厅函〔2019〕19号），母婴护理、养老照护、失智老人照护、家务管理、家庭保健按摩以及幼儿照护等多个家政服务领域的等级证书标准将陆续发

布，推动了岗位能力标准和人才培养标准对接，提高学生在家政服务岗位的就业能力。而人力资源和社会保障部根据家政服务业发展需求，针对"一老一小"照护社会需求，先后认定了健康照护师、整理收纳师等新职业，并出台和完善了养老护理员等职业标准，为专业人才培养提供了行业标准。

（四）院校办学支持家政服务业发展的能力日益提高

各院校积极参与到家政服务业提质扩容、转型升级的工作中，一方面通过人才培养为行业发展提供人才支持，通过校企合作提高人才培养的质量，行业留住人、企业发展人情况大有改善，例如宁波卫生职业技术学院从2013年起开设家政服务专业，采取行业导师培养的方式，目前已经培养了近400多名毕业生，已有十多名学生走上企业中层管理岗位；另一方面通过参与行业标准制定、教材编写、人才培养培训，逐步构建了支持行业发展的服务体系，例如清远职业技术学院参与了南粤家政工程建设，宁波卫生职业技术学院完成了家庭保洁、病患陪护员等五个家政职业工种的考核体系建设，其中病患陪护员、婴幼儿照护员、母婴护理员、家务助理员4个工种的考核体系成为地方标准，出版培训教材16种，承接了针对家政经理人、家政服务人员等的多种培训，参与了家政合同范本制定、行业发展调研、家政相关立法调研等工作。

三 我国家政服务专业人才培养存在的问题

根据教育部《普通高等学校高等职业教育（专科）专业目录》（2016年），高职家政服务与管理专业属于公共服务类，分为家政服务和家政管理两个方向，对应的主要职业类别是生活照料服务人员，衔接的中职专业是民政服务与管理，衔接的本科专业是公共事业管理。尽管近年来国家也高度重视家政服务人才培养培训工作，但院校相关专业基本处于建设起步比较迟、体量规模比较小、各院校办学水平不够高的状况下，还存在着相关专业布点不充足（见表 1），人才培养数量不够（见表 2），对接产业经济的专业集群未能形成，专业设置和教学内容对接新业态、新模式不够，培养规模还有待进一步扩大，校企合作有待进一步深化等问题。

表 1　2016~2020 年高职院校家政服务与管理专业备案布点情况

专业名称	时间	布点数量（个）
家政服务与管理专业	2020 年	125
	2019 年	72
	2018 年	31
	2017 年	35
	2016 年	29

资料来源：全国人力资源与社会保障职业教育教学指导委员会。

表 2　2019 年全国高职院校家政服务与管理专业招生计划区域分布情况

省区市	安徽	福建	广东	贵州	黑龙江	湖南	辽宁	山东	山西	陕西	上海	四川	云南	浙江	重庆	合计
招生计划（人）	70	20	60	130	20	170	50	20	30	60	40	10	20	80	170	950

资料来源：全国人力资源与社会保障职业教育教学指导委员会。

（一）专业没有形成集群化发展，支持家政服务业产业链的能力不足

家政服务业呈现多领域加快融合发展趋势，"家政+养老""家政+育幼""家政+物业服务""互联网+家政"等多种服务业态不断出现，以信息化管理系统、数字化服务平台、智能服务产品为支撑的家政服务产业集群逐步完善，形成了包括职业培训、系统支持、技能服务、产品开发、市场维护等家政服务业的产业链。目前，家政服务与管理类专业包括了助产、社区管理与服务、护理（母婴护理方向）、人口与家庭发展服务等方向，但是与家政服务业联系最紧密的专业就是家政服务与管理方向，助产、护理（母婴护理方向）等方向基本不可能或者极少在家政服务业中就业，对应性和支

持性不高，仅仅依靠家政服务与管理专业，难以全部覆盖家政服务产业链，对行业支持力度有限。

（二）各院校专业人才培养岗位定位差异大，培养定位不够明确

家政服务覆盖领域广，包括母婴照护、养老照护、水电维修、搬家货运、家庭保洁、居家保姆等。根据教育部的家政服务与管理专业教学标准，该专业面向居民服务业和其他服务业的家政服务人员、养老照护员、健康管理师、保健调理师、保育员、育婴员、婴幼儿发展引导员等职业群，涉及家政培训、家政基层管理、养老照护、老年社会工作、家庭育婴、母婴照护、家庭教育指导等岗位，培养能够从事家政管理、养老照护、母婴照护与早期教育等相关工作的高素质技术技能人才。由于家政服务领域岗位覆盖面广，各院校人才培养要求难以统一，各院校基本根据自己的办学优势开办家政服务与管理专业，主要的专业方向包括高级家政服务、早期教育、母婴照护与管理、养老照护与管理、社会工作等（见表3），造成人才培养差异比较大，特色不够鲜明，办学定位和社会工作、养老服务与管理专业重叠。本科层次的家政学专业更侧重于对自身的家庭生活教育、改善自身的家庭生活品质，而和行业满足他人家庭生活需求的性质存在差距。

表3 部分高职院校家政服务与管理专业分方向情况

序号	院校	分方向	备注
1	宁波卫生职业技术学院	母婴照护与管理 养老照护与管理	
2	白城医学高等专科学校	家政管理 老年保健 母婴照护	
3	长沙民政职业技术学院	母婴照顾 母婴门店运营	
4	重庆机电职业技术大学	婴幼儿养育	无法开设家政服务方向
5	遵义医药高等专科学校	未分方向	

序号	院校	分方向	备注
6	清远职业技术学院	家政管理 早期教育	
7	贵阳护理职业技术学院		未分方向
8	山西运城农业职业技术学院		未分方向
9	德州职业技术学院	家政管理 母婴护理与早期教育 社会工作	
10	菏泽家政职业学院	母婴服务 老年服务 高级家政服务	

资料来源：作者整理。

（三）职业传统认识导致社会认可不高影响招生，中高本衔接不畅通

由于受到传统观念的影响，长期以来家政服务都被认为是一种"伺候人"的工作，职业形象不佳。服务人员大多来自农村，女性多，年龄大，文化水平低，流动性强，缺乏稳定的劳动关系，入职门槛低，服务技术含量较低，更进一步降低了职业稳定性和职业荣誉感。因此，各院校办学举步维艰，造成了"社会有需求，政府有要求，学校有能力，考生不认可"的办学困境，完成招生计划难度大。不少院校反映招生计划完成不了。家政服务企业普遍规模不大，管理人员学历水平普遍不高，企业对学生重使用轻培养，已在家政服务企业就业的学生流失率较高，这也和目前行业中存在的人员归属感不强、流动性强的情况相吻合。此外，各院校家政服务与管理专业学生生源因为各地不同层次学校开设的家政服务相关专业情况不一，中、高、本衔接还没有形成可持续发展机制。

四　我国家政服务专业人才培养面临的挑战和机遇

人才是家政服务业提质扩容的关键，是家政服务质量的保障。当前我

国已进入决胜建设全面小康社会阶段，基于家庭需求的家政服务业迎来了快速发展的机遇，也为相关人才培养提供了良好的职业环境，职业前景向好。

（一）国家高度重视行业发展为家政服务人才培养指明方向

各级政府要求充分认识家政服务业对社会发展的作用，要求推进家政服务业发展、加快家政服务专业人才培养。2013年11月27日，习近平总书记在山东调研时表示，家政服务大有可为，要坚持诚信为本，提高职业化水平，做到与人方便，自己方便。2013年5月3日，全国政协副主席、时任浙江省委书记夏宝龙在省教育厅向省委省政府报送的信息专报《我省成立首家省级家政服务人才培养培训联盟为人才培养培训工作构建新平台》上批示："此项工作要尽快见到大效果，这是我天天想着的一件事，它既是一个产业，也是个大民生。"2018年10月22日至25日，习近平总书记在广东考察时表示："要切实保障和改善民生，把就业、教育、医疗、社保、住房、家政服务等问题一个一个解决好、一件一件办好。"2019年2月和5月，国务院总理李克强在国务院常务会议上提出："要在有条件的高校、职业院校开设家政服务相关专业，支持符合条件的家政服务龙头企业创办家政服务类职业院校。"2019年国务院办公厅发布《关于促进家政服务业提质扩容的意见》（国办发〔2019〕30号）提出："支持院校增设一批家政服务相关专业。原则上每个省份至少有1所本科高校和若干职业院校（含技工院校，下同）开设家政服务相关专业，扩大招生规模"，"推动家政进社区，促进居民就近享有便捷服务，支持家政企业在社区设置服务网点"，"大力发展家政电商、"互联网+家政"等新业态"。教育部等七部门《关于教育支持社会服务产业发展 提高紧缺人才培养培训质量的意见》（教职成厅〔2019〕3号）提出："鼓励引导有条件的职业院校积极增设护理（老年护理方向、中医护理方向）、家政服务与管理、中医养生保健、中医营养与食疗、健身指导与管理等社会服务产业相关专业点。"人才培养是提升行业的重要抓手，家政服务人才培养立足民生，是改善家庭生活、满足人民群众美好生活需求的重要支撑和保障。

（二）家政服务业人才需求激增

现代化的城市是家政服务需求的聚集区，城市人口的增加、城市规模的扩大为家政服务业的发展提供了肥沃土壤。近年来，我国大力推进新型城镇化建设，城市家庭的小型化、城市人口数量占比增加，极大地扩展了家政服务的潜在市场容量，家政服务业市场总规模每年保持20%左右的增速，2018年家政服务业经营规模达到5762亿元，同比增长27.9%，从业人员总数超过3000万人，正逐步成为吸纳就业的重要领域，对"六稳"（稳就业、稳金融、稳外贸、稳外资、稳投资、稳预期）特别是"稳就业"发挥着日趋显著的作用。在新冠肺炎疫情影响下，家政服务业对于"六保"中的"保居民就业、保基本民生"也具有重要价值，有助于拉动消费、恢复经济、保障就业。国家发改委修订发布的《产业结构调整指导目录（2019年）》基于对经济社会发展有重要促进作用、有利于满足人民美好生活需要等标准，将"家政"等四个行业新增为"鼓励类"行业。家政服务业的兴起、服务需求的旺盛，极大地刺激了社会投资活力，吸引了大量社会资本进入该领域，拉动内需，带动消费增长，成为社会经济的新增长点，人才需求旺盛。例如"七人普"数据显示，截至2020年，我国60岁及以上人口超过2.54亿人，其中失能老年人已超过4200万人，占60岁以上老年人口的16.6%，需要大量专业照护人员。

（三）"互联网+家政"进社区拓展了家政服务人才培养新领域

在2016年全国"两会"期间，李克强总理参加山东代表团审议时表示，千万不要小看家政服务、社会养老，这些都是朝阳产业。

过去也有保姆，政府也办敬老院，但没有成为一种业态。现在出现标准化服务，结合"互联网+"，变成一种新型服务业。这是大产业，属于经济新动能。一方面出现了诸如58到家、斑马电商云、轻松妈妈、好慷在家、e

家政、云家政等互联网家政服务企业，另一方面传统家政服务企业陆续依托互联网开展家政培训、家政订单洽谈、人员面试等业务，互联网经济在行业发展中的地位进一步提升，家政服务企业通过政府购买居家养老服务、开设服务驿站或网点进入社区，满足社区居民的家政服务需求，有助于提升居民生活品质，也有助于企业整合优化资源，快速占领市场，打造服务品牌，吸引社会资本进入家政服务市场，提高行业对资本的吸引力，实现服务项目增值互补，提高服务的经济效益，成为行业增值的重要措施。由此可见，互联网技术和社区网点让家政服务业更有活力和发展动力。新时代的家政服务企业正朝着年轻化发展，也急需大学生新鲜血液带动行业发展，这也要求家政服务人才培养要立足社区家政岗位需求，积极和大数据、信息化手段接轨。

（四）行业的转型升级将给学生今后的职业环境带来明显改变

2019年，根据《关于促进家政服务业提质扩容的意见》（国办发〔2019〕30号）要求，国家先后启动了家政信用体系建设、家政服务"领跑者"计划、家政培训提升三大行动计划，越来越多的家政服务企业意识到规范化发展对于行业的重要性，员工制企业的不断增加、"互联网+家政"新业态不断出现、家政产业园区不断涌现，正在逐步改变行业形象，一些地区已经出台或者正在研究吸引大学生在家政服务领域就业创业的补贴政策，加上家政服务的社会刚性需求，学生会对家政服务业更有信心，行业留住人、发展人的情况将逐步改善。

（五）家政服务领域新职业为专业办学提供指引

2018年，人力资源和社会保障部按照新职业评审标准对征集的新职业有关材料进行了评审论证，在"家政服务员"（职业编码：4-10-01-06）下增设母婴护理员工种，进一步明确了职业定位。2020年2月，"健康照护师"作为新职业，正式被纳入我国《职业分类大典》，该职业在育婴员、医疗护理员、养老护理员、家政服务员等职业基本要求基础上，重点面向

"一老一小"，新增了对常见疾病的预防和家庭成员照护的职能，对于解决家政服务人员结构性矛盾具有重要意义。此外，教育部先后推出了母婴护理、幼儿照护、养老照护、家务管理、家庭保健按摩等多个职业技能证书，为明确家政服务领域健康照护方面的职业岗位能力、提高学生就业能力提供了保障和支持。

五　加快我国家政服务专业人才培养的对策建议

根据《关于促进家政服务业提质扩容的意见》（国办发〔2019〕30号），家政服务业是指"以家庭为服务对象，由专业人员进入家庭成员住所提供或以固定场所集中提供对孕产妇、婴幼儿、老人、病人、残疾人等的照护以及保洁、烹饪等有偿服务，满足家庭生活照料需求的服务行业"。由此不难看出，对孕产妇、婴幼儿、老人、病人、残疾人等健康照护是目前家政服务业的重点发展领域和服务内容，受到社会广泛关注。根据《关于促进健康服务业发展的若干意见》（国发〔2013〕40号）的精神，健康服务业"以维护和促进人民群众身心健康为目标，主要包括医疗服务、健康管理与促进、健康保险以及相关服务，涉及药品、医疗器械、保健用品、保健食品、健身产品等支撑产业"。家庭作为社会的组成单位，健康和每个家庭密切相关，越来越多的家庭要求社会提供形式多样、质量过关的家政服务，尤其健康保健服务更为越来越多的家庭所关注。同时，互联网经济强势介入家政服务业，社区成为家政服务业的重要阵地，对能将家政服务与互联网、社区服务紧密结合的复合型人才需求也将进一步扩大。

（一）聚焦行业高端，人才培养对接家政、健康等行业融合发展

长期以来，家政服务业涉及服务内容多而广，而且属于较低层次的服务。但是，近年来专业化程度高的家教、理财、保健等新兴服务进入家政服务范畴，在传统服务的基础上，家政服务不断拓展服务项目、延伸服务内

涵，根据市场需求的多样化特点，家政服务也呈现出多样化、专业化发展态势。传统的保洁、搬家、保姆等项目被不断细分，月嫂、陪护、聊天、理财、保健、居家养老等服务逐步成为家政服务的主要内容。尤其是针对特殊人群如老人、孕妇、婴儿、高收入家庭以及涉外家庭等的家政服务，对家政服务人员的要求越来越高，月子护理、婴幼儿保育、居家养老等服务的专业性越来越强，尤其对医药卫生相关知识的要求也日益提高。这也是家政服务业和健康服务、养老服务、托育服务等行业融合发展的体现，有助于提高家政服务的品质、提高家政服务人员的社会地位。

（二）聚焦"一老一小"，人才培养对接养老托育社会需求

随着我国社会经济迅速发展、人口老龄化程度加深、三孩政策实施，目前我国有 2.5 亿多人老年群体和 1 亿多人 0~6 岁学龄前儿童群体，社会总抚养比不断提高，市场需求在家政服务领域催生了健康养老、托育服务等新兴产业，但与之配套的专业化人才、规范化服务、市场化运营等并不能满足需求，社会民众的获得感、满足感、安全感还远远得不到满足。家政服务人才培养聚焦"一老一小"，以人才支持供给短板突出、需求潜力大、促进就业和惠及民生作用显著的养老、托育等家政服务，有助于夯实普惠性家政服务的基础，解决社会急需问题，也有助于学生提高就业质量。

（三）聚焦互联网经济和社区服务，人才培养需要对接复合型能力要求

互联网经济推动家政服务业转型发展，家政服务进社区推动家政服务规模化运营，打造服务品牌的需求凸显。随着现代化市场经济日益渗透到家政服务业中，家政服务企业开始走上规模化，道路越来越多的家政服务管理人员不仅要精通技术，还要熟悉现代化的企业运营模式，对于互联网、电商、社区服务等技术也需要掌握，单一技能的家政服务人员在行业中发展空间有限，复合型的家政服务人才在行业中大有可为。

（四）聚焦高水平专业群建设，人才培养要实现与相关专业的协同发展

《关于印发国家职业教育改革实施方案的通知》（国发〔2019〕4号）提出："启动实施中国特色高水平高等职业学校和专业建设计划，建设一批引领改革、支撑发展、中国特色、世界水平的高等职业学校和骨干专业（群）"。提出通过核心专业引领，面向同一领域，以职业岗位群为依据，带动相关专业协同发展。例如宁波卫生职业技术学院老年保健与管理专业群获得浙江省高水平专业群立项，该专业群包括老年保健与管理、健康管理、医学营养和家政服务与管理四个专业。该专业群根据养老服务业提质发展需要，以服务老年人为目标，以信息化、现代化、科学化的管理视角，以健康养老为理念，以健康保健技术为核心，对接与居家社区机构相协调、医养康养相结合的养老服务体系，实现机构——社区——居家的互通互融，根据健康维护全要素，围绕"康养护居"，贯穿养老服务全过程，形成以健康照护为核心的健康养老服务技术链、岗位链、人才链，通过与相关专业的协同发展，家政人才培养实现了整体提升。

（五）推动构建家政服务人才培养的政策保障体系

目前家政服务业发展滞后、"小、散、乱"特征明显，而且职业社会认可度不高，这就需要政府相关部门在家政服务人才培养上给予政策保障。首先，建议加大对家政服务专业人才培养的支持力度，解决办学经费问题。建议对学生就读家政相关专业出台减免学费的政策，尤其是针对高职扩招，要有吸引招生的具体措施，要提高开办家政专业学校的办学经费，各类教学建设项目对家政专业予以倾斜，支持根据产业链的情况以及行业发展趋势，合理规划家政服务类专业布局，提高对产业的适应度。高职扩招要鼓励企业行业联合招生，和龙头企业联合培养，采取"送教上门"、在线教学的多种培养方式。其次，建议提高家政服务企业参与培养大学生的积极性。从实践情况来看，规范的实践教学可以带动企业管理水平的提升。建议国家发改委、

商务部、人社部等政府部门和行业协会联合出台政策，对承担大学生实习带教的家政服务企业予以考核，并纳入企业社会责任报告或者信用评价，在企业申报产教融合家政企业、家政类产教融合校企合作项目和加入家政服务职业教育集团前，政府相关部门要充分听取院校意见，以院校评价作为申报或推荐的重要依据。对考核合格或能留住学生发展的企业给予补贴或奖励。最后，要提高从事家政服务工作大学生的职业荣誉感。建议政府牵头组织开展家政服务专业技能大赛和创新创业比赛，多方努力逐步提高职业的社会认可度，落实大学生在家政服务领域创业就业的补贴政策。

注：鉴于教育部《职业教育专业目录（2021年）》公布不久，各院校按照新专业名称招生尚在进行之中，原有学生仍以"家政服务与管理"专业名注册学籍，故本报告仍采用"家政服务与管理"这一专业名称。

参考文献

1. 李福芝、李慧：《现代家政学概论》，机械工业出版社，2004。
2. 汪志洪：《家政学教学参考书》，中国劳动社会保障出版社，2015。
3. 汪志洪：《家政学通论》，中国劳动社会保障出版社，2015。
4. 王志刚：《世界家庭服务业发展比较研究》，中国劳动社会保障出版社，2018。
5. 莫荣主编《中国家政服务业发展报告（2018）》，中国劳动社会保障出版社，2018。
6. 朱晓卓：《加快宁波生活性服务业高质量发展的对策建议》，《宁波经济（三江论坛）》2021年第8期，第26~28页。
7. 朱晓卓：《疫情后时期家政服务相关专业人才培养的思考》，《宁波职业技术学院学报》2021年第3期，第25~28页。
8. 朱晓卓：《推动宁波家政服务行业规范化培训的对策建议》，《宁波经济（三江论坛）》2022年第3期，第42~45页。

权益保障篇

Reports on Rights and Interests Protection

B.11
家政服务人员从业现状及权益维护分析

丁赛尔*

摘　要： 目前，家政服务人员多为大龄女性，文化程度较低，平均从业时间不长，职业流动性较高。家政服务人员在劳动权益保障方面主要呈现以下几个特征：一是合同签订率不高，员工制比例低；二是工资水平普遍不高，大多由雇主家庭按月直接支付；三是家政服务人员月休息时间少，接近半数月休息时间不足4天；四是社会保险参与率不高，参与城镇职工保险的比例更低；五是劳动纠纷较少，纠纷处理很少申请仲裁调解。针对家政服务人员权益保护缺失问题，建议进一步推动和完善员工制，加强行业规范化建设，鼓励购买保险，推动建立民间团体和社会组织对家政服务人员的支持体系。

关键词： 家政服务业　家政服务人员　劳动权益保障　员工制

---

* 丁赛尔，中国劳动和社会保障科学研究院国外劳动和社会保障研究室主任，研究员，研究方向为中外就业制度比较研究、青年就业、家政服务业发展、外国人来华工作政策等。

家政服务业是吸纳就业的朝阳服务行业，2015 年以来，家政服务从业人员人数快速增长，2021 年预计仍保持超过 3000 万人的规模，约占第三产业就业总量的 8.6%。但是由于家政服务业以中介制管理为主，从业人员劳动权益缺乏保护的问题一直备受关注。本报告主要利用人社部统计调查中心的家庭服务业 36 城调查数据和课题组调研数据来分析当前家政服务人员从业现状和权益维护情况，分析原因并提出相关政策建议。

一 家政服务人员基本特征

1.家政服务人员多为大龄女性

人社部家庭服务业 36 城调查中的常住居民家庭入户调查结果显示，2021 年家政服务人员中女性占 93.6%，比 2020 年下降 0.9 个百分点。从年龄分布看，仍然以"40/50"人员为主，而且年龄结构有进一步老化的趋势。2021 年，家政服务人员中 41 岁及以上的占 83.0%，比 2020 年提高 3.9 个百分点，其中 50 岁以上年龄段的占 37.0%，比 2020 年提高 3.4 个百分点（见图 1）。

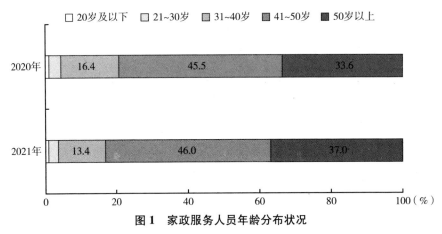

图 1　家政服务人员年龄分布状况

资料来源：人社部统计调查中心，2020 年和 2021 年家庭服务业 36 城调查数据。

具体来看，从事家庭孕产妇新生儿照护、家庭婴幼儿照护的家政服务人员年龄构成相对年轻，50 岁以上年龄段的占比较低；其次是从事家庭事务管理和家庭保洁服务的，50岁以上年龄段占比约为38%。从事居家老人照料的家政服务人员老龄程度最高，50岁以上年龄段占比超过50%（见表1）。

表1　不同服务内容家政服务人员的年龄构成

单位：%

年龄段	家庭孕产妇新生儿照护	家庭婴幼儿照护	家庭饮食服务	家庭保洁服务	家庭事务管理	居家老人照料	家庭病人陪护	其他家庭服务
20岁及以下	0.6	0.8	1.2	1.1	1.7	1.2	1.1	1.2
21~30岁	3.1	3.0	2.3	2.5	3.8	3.2	3.5	4.3
31~40岁	19.3	17.2	11.6	12.3	15.2	9.0	11.8	17.8
41~50岁	57.3	52.8	42.6	45.8	41.7	32.6	38.1	41.5
50岁以上	19.7	26.1	42.3	38.3	37.7	54.0	45.5	35.1
合计	100.0	100.0	100.0	100.0	100.0	100.0	100.0	100.0

资料来源：人社部统计调查中心，2021年家庭服务业36城调查数据。

2.家政服务人员文化程度略有提高

家政服务人员的文化程度以初高中学历为主的情况仍然延续。入户调查结果显示，2021年常住居民家庭雇用的家政服务人员中，初中及以下学历的占71.2%，高中学历的占20.1%。大专及以上学历的虽然占比极低，但与2020年相比提高了0.6个百分点。具体来看，从事家庭孕产妇新生儿照护的家政服务人员平均文化程度最高，其次是从事家庭婴幼儿照护的。从事居家老人照料和家庭病人陪护的家政服务人员平均文化程度最低（见图2）。

3.超过半数的家政服务人员参加过技能培训

从技术水平看，2021年家庭服务业36城调查显示，家政服务人员中有65.9%参加过家政服务人员技能培训，有50.2%获得了职业资格证书。其中男性家政服务人员接受培训的比例（61.2%）比女性（66.3%）低5.1个百分点，男性家政服务人员获得职业资格证书的比例（36.9%）比女性（51.5%）低14.6个百分点。可能的原因是男性大多从事居家老人照料和家庭病人陪护工作，而这些工作的培训率比较低。

从事家庭孕产妇新生儿照护的家政服务人员参加培训和获得职业资格证书的比例最高，占比分别是87.2%和81.0%。从事家庭婴幼儿照护的家政

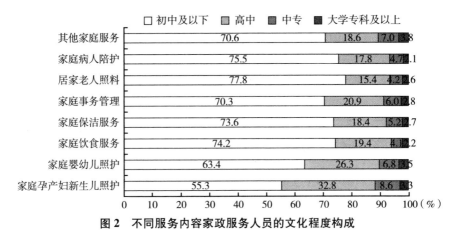

图2 不同服务内容家政服务人员的文化程度构成

资料来源：人社部统计调查中心，2021年家庭服务业36城调查数据。

服务人员紧随其后，参加培训和获得职业资格证书的比例也非常高。从事居家老人照料的家政服务人员参加培训和获得职业资格证书的比例最低，分别仅占55.1%和37.1%（见图3）。

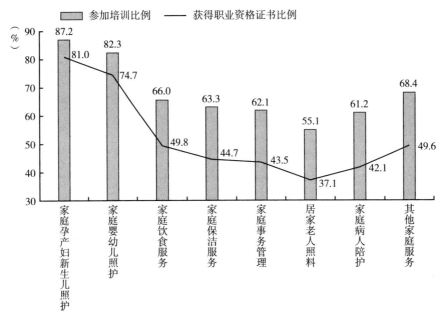

图3 不同服务内容家政服务人员参加培训和获得职业资格证书情况

资料来源：人社部统计调查中心，2021年家庭服务业36城调查数据。

二 家政服务人员职业状况

1. 平均从业时间不长

2021年调查显示，受访家政服务人员中从业时间超过5年的占27.7%，从业时间在3年以下的超过一半，其中在1年以内的占受访者总数的12.4%（见图4）。鉴于家政服务人员整体的年龄以"40/50"人群为主，从业时间分布反映出家政服务人员中长期耕耘的"老人"少，"新手"多，新老更替频繁，而家政服务需要较长时间的经验积累和技能学习，这样不断有新人进入并且不断有老人流失的情况不利于行业的人力资本积累和长远发展。

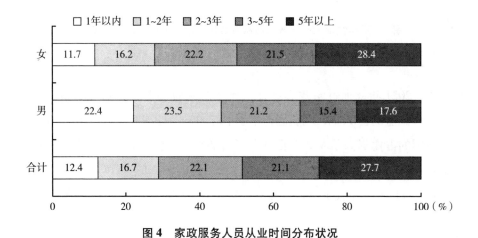

图4 家政服务人员从业时间分布状况

资料来源：人社部统计调查中心，2021年家庭服务业36城调查数据。

从业时间在1年以内的家政服务人员中男性占比显著高于女性，说明近年来有更多的男性劳动者进入家政服务业。男性家政服务人员更多地从事居家老人照料和家庭病人陪护工作，反映出随着我国人口老龄化程度的加深，老人照护和病人陪护方面的家政服务需求有大幅增加（见图5）。

2. 自行招用占四分之一强

居民招用家政服务人员主要通过家政服务公司派遣（介绍），其次是自

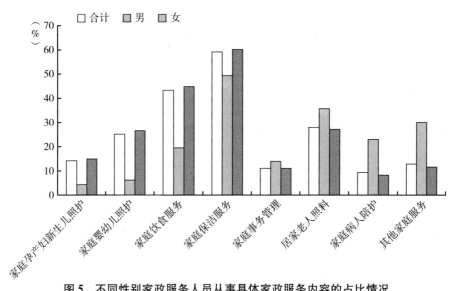

图5 不同性别家政服务人员从事具体家政服务内容的占比情况

资料来源：人社部统计调查中心，2021年家庭服务业36城调查数据。

行招用。2021年，通过家政服务公司派遣的家政服务人员占59.8%，由个体经营户派遣的占7.0%，自行招用的占27.0%（见图6）。与2020年相比，自行招用的占比提高了4.2个百分点。西部地区①家政服务人员自行招用的比例相对较高，约占四成。从具体城市看，在被调查的36城中有8个城市家庭用户自行招用比例超过50%，其中比例最高的是克拉玛依市，占78.2%，其次是拉萨市，占65.2%。

对于从事不同服务内容的家政服务人员，提供家庭孕产妇新生儿照护和家庭婴幼儿照护的家政服务人员多由家政服务公司派遣（介绍），提供居家老人照料服务的自行招用比例较高，达到32.9%（见表2）。

---

① 区域分布包括：
—东部：北京市西城区和石景山区、天津市滨海新区、沧州、上海市浦东新区、苏州、杭州、温州、厦门、烟台、深圳、茂名、海口（13个）
—中部：合肥、赣州、洛阳、宜昌、长沙、郴州、临汾（7个）
—西部：桂林、重庆市沙坪坝区、绵阳、遵义、玉溪、拉萨、西安、兰州、西宁、银川、克拉玛依、五家渠、呼和浩特（13个）
—东北：沈阳、吉林、哈尔滨（3个）

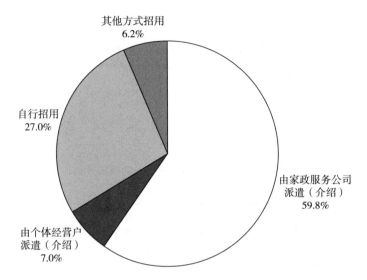

图 6　2021 年家政服务人员的雇佣方式

资料来源：人社部统计调查中心，2021 年家庭服务业 36 城调查数据。

表 2　不同服务内容家政服务人员的雇佣方式

单位：%

雇佣方式	家庭孕产妇新生儿照护	家庭婴幼儿照护	家庭饮食服务	家庭保洁服务	家庭事务管理	居家老人照料	家庭病人陪护	其他家庭服务
由家政服务公司派遣（介绍）	78.2	74.6	61.9	56.9	59.9	51.8	57.4	67.0
由个体经营户派遣（介绍）	6.1	6.7	6.9	6.7	7.4	7.1	8.0	7.4
自行招用	13.7	16.1	26.3	29.6	24.6	32.9	26.2	16.7
其他方式	2.1	2.6	4.9	6.8	8.1	8.1	8.4	8.9
合计	100.0	100.0	100.0	100.0	100.0	100.0	100.0	100.0

资料来源：人社部统计调查中心，2021 年家庭服务业 36 城调查数据。

3. 照护型服务以全日制住家为主，家庭保洁服务多为小时工

从服务方式看，2021 年入户调查显示，家政服务人员中全日制住家的占 43.9%，全日制不住家的占 23.8%，小时工（钟点工）占 32.3%。与 2020 年相比，全日制住家的占比略有下降，全日制不住家的占比略有上升。

家政服务人员根据不同的服务内容，服务方式有较大的差别。总的来说，从事照护型服务的家政服务人员多为全日制住家方式。其中，全日制住家方式占比最高的是家庭孕产妇新生儿照护人员，占比高达 78.6%，其次是家庭婴幼儿照护和居家老人照料人员，分别占 65.2% 和 62.2%。从事家庭保洁服务的多为小时工（钟点工），占比达 44.6%（见表3）。

表3　不同服务内容家政服务人员的服务方式

单位：%

雇佣方式	家庭孕产妇新生儿照护	家庭婴幼儿照护	家庭饮食服务	家庭保洁服务	家庭事务管理	居家老人照料	家庭病人陪护	其他家庭服务
全日制住家	78.6	65.2	51.1	32.7	54.2	62.2	56.5	37.9
全日制不住家	14.7	28.0	27.5	22.7	25.7	21.7	27.3	23.3
小时工（钟点工）	6.7	6.8	21.5	44.6	20.1	16.1	16.2	38.8
合计	100.0	100.0	100.0	100.0	100.0	100.0	100.0	100.0

资料来源：人社部统计调查中心，2021年家庭服务业36城调查数据。

4. 职业流动性较高，但略有改善

绝大多数家政服务人员的职业流动性较大。2021 年入户调查的受访家政服务人员中，过去在各个雇主家平均工作年限在 1 年以内的占 37.6%，1~2 年的占 32.7%，二者合计占七成以上（见表4）。但与 2020 年相比，流动性大的问题略有改善，在各个雇主家平均工作年限在 1 年以内的比例下降了 5 个百分点。东北地区家政服务人员的职业流动性显著高于其他地区，过去在各个雇主家平均工作年限在 1 年以内的占比高达 60.2%

家政服务职业流动性高一方面与家政服务内容有关，比如孕产妇新生儿照料、家庭保洁等服务，一般家庭雇佣时间不会太长，另一方面也与家政服务人员主要是农村大龄女性有关。许多家政服务人员是在农闲时来到城市打工，有的在自己家庭需要人照料时就会回到家中，有的在从事家政服务的同时还在做其他工作。职业流动性大不利于家政服务人员的职业发展和人力资本积累，也不利于整个行业的职业化水平提升。

表4　家政服务人员在雇主家平均工作年限情况

单位：%

区域	1年以内	1~2年	2~3年	3~5年	5年以上
全国	37.6	32.7	17.2	7.0	5.6
东部	31.0	33.0	19.3	9.1	7.6
中部	33.9	37.0	19.8	5.8	3.5
西部	40.9	32.4	15.5	6.1	5.1
东北	60.2	23.9	9.1	3.7	3.2

资料来源：人社部统计调查中心，2021年家庭服务业36城调查数据。

三　家政服务人员劳动权益现状

1. 合同签订率不高，员工制比例低

2021年入户调查的受访家政服务人员中，由家政服务公司或个体经营户派遣（介绍）的家政服务人员中，有30.9%签订了劳动合同。其中由家政服务公司派遣（介绍）的家政服务人员中有33.0%与家政公司签订了劳动合同，在由个体经营户派遣（介绍）的家政服务人员中有13.5%签订了劳动合同。其中西部地区家政服务人员签订劳动合同的比例较低，仅为14.6%，未达到全国平均水平的一半。考虑到家政服务人员受教育程度不高，对劳动合同和三方劳务协议的区别可能并不十分清楚，所以签订劳动合同的比例可能存在"虚高"。对法人单位的调查数据显示，2021年被调查36城的家政服务业法人单位中，员工制家政服务人员占16.3%。

2. 工资水平普遍不高，大多由雇主家庭按月直接支付

从调查结果看，家政服务人员的收入水平普遍不高，入户调查得到的家政服务人员月收入水平中位数在3501~4500元。与2020年相比，家政服务人员的收入水平有较大提高，月平均收入水平在3500元及以下水平的家政服务人员占比为37.1%，比2020年下降了4.8个百分点，月收入水平在8000元以上的占比比2020年提高了0.9个百分点。从地区情况看，东部地区收入水平显著高于其

他地区，月收入中位数在4501~5500元组中，接近28%的家政服务人员月收入在5501~8000元水平，9.2%的家政服务人员月收入超过8000元（见表5）。

表5 入户调查家政服务人员月平均收入水平

单位：%

月平均收入	全国	东部	中部	西部	东北
1500元及以下	2.7	3.2	1.9	3.1	1.4
1501~2500元	11.9	8.5	21.1	10.8	11.3
2501~3500元	22.5	12.4	26.7	29.2	29.0
3501~4500元	25.6	16.2	27.6	36.1	19.3
4501~5500元	16.2	22.7	10.4	12.9	14.5
5501~8000元	15.1	27.9	8.9	5.7	11.9
8001~10000元	4.5	7.8	2.8	1.4	7.2
10000元以上	1.4	1.4	0.6	0.8	5.5
合计	100.0	100.0	100.0	100.0	100.0

资料来源：人社部统计调查中心，2021年家庭服务业36城调查数据。

2021年，小时工平均每小时工资为47.8元，西部城市小时工工资相对较高，其中拉萨市和克拉玛依市小时工工资超过100元，分别达到118.6元和112.0元。

员工制家政服务人员的收入水平总体高于非员工制家政服务人员，但不同地区差别较大。调查数据显示，法人单位家政服务人员平均月收入水平为3724.4元，其中非员工制家政服务人员平均月工资为3568.6元，比员工制家政服务人员工资水平低962.8元。但是中部地区和东北地区的非员工制家政服务人员工资水平高于员工制（见表6）。

家政服务人员的收入大多按月支付，占82.0%，其次是按次支付，占14.0%。其中从事家庭保洁服务的小时工占比较高，按次支付工资的比例显著高于从事其他服务内容的家政服务人员。大多数家政服务人员的收入由雇主直接支付，占74.0%。相对来说，从事家庭孕产妇新生儿照护和家庭婴幼儿照护的家政服务人员，工资由企业代发的比例高于其他家政服务人员（见表7）。

表6　法人单位家政服务人员月平均收入水平

区域	全部家政服务人员平均月工资(元)	非员工制家政服务人员平均月工资(元)	员工制家政服务人员平均月工资(元)
全国	3724.4	3568.6	4531.4
东部	3567.9	3357.8	5198.3
中部	4202.1	4307.1	3680.2
西部	3805.5	3605.7	4168.6
东北	4275.3	4498.2	2963.0

资料来源：人社部统计调查中心，2021年家庭服务业36城调查数据。

表7　家政服务人员的工资支付和发放方式

单位：%

工资支付发放方式		总体	家庭孕产妇新生儿照护	家庭婴幼儿照护	家庭饮食服务	家庭保洁服务	家庭事务管理	居家老人照料	家庭病人陪护	其他家庭服务
工资支付方式	按月支付	82.0	91.8	94.2	92.4	77.3	87.9	89.9	89.0	78.5
	按次支付	14.0	6.4	3.7	4.7	18.3	6.7	6.8	5.0	14.8
	不定期支付	2.4	1.1	1.3	2.1	2.7	3.0	1.8	2.9	4.1
	其他	1.6	0.7	0.8	0.9	1.7	2.4	1.5	3.1	2.6
	合计	100.0	100.0	100.0	100.0	100.0	100.0	100.0	100.0	100.0
工资发放方式	企业直接支付	14.9	16.5	13.4	10.4	16.4	13.9	10.2	12.0	15.9
	企业代发	11.1	24.4	18.5	13.3	9.4	6.2	6.6	7.4	6.6
	雇主家庭直接支付	74.0	59.1	68.1	76.3	74.2	79.9	83.2	80.6	77.5
	合计	100.0	100.0	100.0	100.0	100.0	100.0	100.0	100.0	100.0

资料来源：人社部统计调查中心，2021年家庭服务业36城调查数据。

3. 接近半数家政服务人员月休息时间不足4天

家政服务人员总体来说休息时间较少。入户调查结果显示，2021年，有45.0%的家政服务人员每月休息时间少于4天，其中有11.0%的家政服务人员无休息时间（见图7）。与2020年相比，家政服务人员的休息时间状况有所改善，每月休息4天及以上的比例提高了1.4个百分点。具体来看，

从事家庭孕产妇新生儿照护、家庭婴幼儿照护和家庭饮食服务的家政服务人员休息时间相对更有保障，每月休息4天及以上的家政服务人员比例接近60%。从事家庭病人陪护和居家老人照料的家政服务人员休息时间最少，其中无休息日的比例分别高达18.1%和18.0%（见表8）。

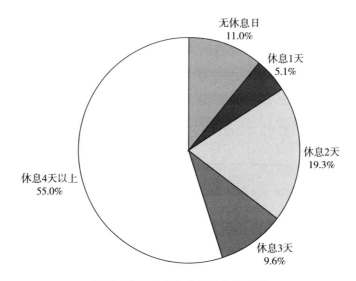

图7　家政服务人员每月休息时间

资料来源：人社部统计调查中心，2021年家庭服务业36城调查数据。

表8　不同服务内容家政服务人员的每月休息时间分布

单位：%

每月休息时间	家庭孕产妇新生儿照护	家庭婴幼儿照护	家庭饮食服务	家庭保洁服务	家庭事务管理	居家老人照料	家庭病人陪护	其他家庭服务
无休息日	6.6	6.6	10.8	12.5	15.6	18.0	18.1	10.4
休息1天	4.0	4.0	4.6	4.9	8.8	6.2	7.9	7.3
休息2天	19.6	19.6	17.1	17.9	18.0	22.5	28.8	23.6
休息3天	10.7	10.7	8.5	9.0	9.4	10.7	12.1	8.4
休息4天及以上	59.1	59.1	59.0	55.7	48.2	42.6	33.1	50.3
合计	100.0	100.0	100.0	100.0	100.0	100.0	100.0	100.0

资料来源：人社部统计调查中心，2021年家庭服务业36城调查数据。

4. 社会保险参与率不高，参与城镇职工保险的更低

家政服务人员参与社会保险的比例整体不高。2021 年入户调查结果显示，至少参加过一种社会保险的家政服务人员仅占 55.0%，有 45.0% 的家政服务人员未参加任何社会保险。东北地区家政服务人员参与社会保险的比例最低，未参与率高达 72.8%。具体到各险种，基本医疗保险的参与比例最高，50.6% 的家政服务人员都参加了基本医疗保险，其次是基本养老保险，参与率为 47.0%。其他三类社会保险的参与率均低于 4%，其中失业保险参与率最低，不及 1%（见图 8）。

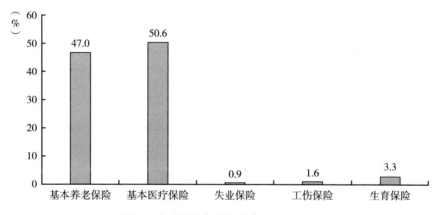

图 8　家政服务人员的社会保险参与率

资料来源：人社部统计调查中心，2021 年家庭服务业 36 城调查数据。

在基本养老保险方面，家政服务人员更多的是参与城镇居民基本养老保险，占 73.3%。在参加城镇职工基本养老保险的家政服务人员中，调查数据显示，法人单位约 2/3 的人员是以灵活就业人员身份参加，其中西部地区这一比例最高，达到 80.1%。在基本医疗保险方面，79.5% 的家政服务人员参加的是城乡居民基本医疗保险。家政服务人员参与社会保险，尤其是城镇职工养老保险和城镇职工医疗保险的比例较低，这主要还是家政服务人员签订劳动合同的比例较低所致。

5. 家政服务人员劳动纠纷较少，纠纷处理很少申请仲裁调解

在与雇主的关系方面，大多数家政服务人员都表示与雇主关系较好，其

中选择"非常融洽"和"比较好"的占比合计达到94.2%。关系不融洽的原因中,"家政服务人员不够专业"占比最高,占39.9%,其次是"价值取向不同",占37.9%。值得注意的是,选择"投诉渠道不畅导致恶性事件发生"的受访者占8.4%(见图9)。其中在东部和中部地区,选择"价值取向不同"原因的受访者占比更高,略超过40%,在东北和西部地区,选择"家政服务人员不够专业"的占比最高,分别达到46.7%和43.6%。

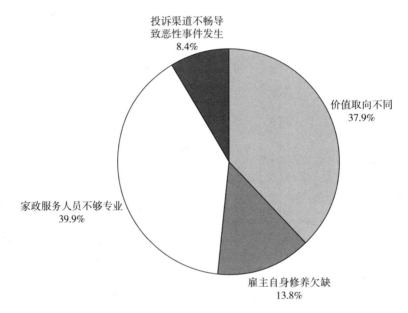

图9 家政服务人员与雇主关系紧张的主要原因

资料来源:人社部统计调查中心,2021年家庭服务业36城调查数据。

极少(0.56%)有家政服务人员与家政公司产生劳动纠纷。在产生纠纷的情况下,纠纷原因各不相同。相对来说,因"劳动工时"问题产生纠纷的比例略高,为24.7%,因"劳动合同"产生纠纷的比例最低,为18.0%(见图10)。对于产生的纠纷,大多数(67.4%)家政服务人员未因纠纷申请过仲裁或调解。

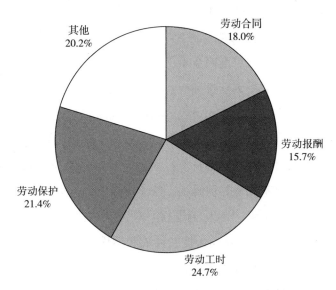

图 10　家政服务人员与家政公司发生纠纷的主要原因

资料来源：人社部统计调查中心，2021 年家庭服务业 36 城调查数据。

四　促进家政服务人员权益保护

1. 家政服务人员劳动权益保护缺失的原因分析

首先，缺乏相关的法律保护。一是我国家政服务业的法律法规非常不完善，没有一部法律对家政服务工作和家政服务从业人员的法律地位做出明确规定。最高人民法院颁布的《最高人民法院关于审理劳动争议案件适用法律若干问题的解释（二）》也确认，家庭或者个人与家政服务人员之间的纠纷不属劳动争议范畴。根据上述统计可知，我国家政服务人员中有 1/3 是由家庭直接雇用或通过其他方式雇用。这部分家政服务人员不受《劳动法》保护。二是即使是家政服务公司派遣的家政服务人员，由于大多数家政服务公司实行中介制模式，家政服务人员与家政服务公司签订劳动合同的比例非常低，他们的劳动权益也难以获得劳动法律法规的保护。

其次，家政服务工作的性质导致相关权益保障较难。一方面，受家政服务内容的影响，家政服务人员普遍超时工作，每天工作时间长且休息日不多，一些家政服务工作很难准确衡量工作时间。另一方面，家政服务工作环境相对封闭，从业人员受到骚扰和权益侵害无法为公众所知。即使受到权益损害有心维权，许多家政服务人员也因取证困难而放弃。

最后，家政服务人员维权力量薄弱。一方面，家政服务人员自身维权能力弱。家政服务人员大多数是来自农村的大龄妇女，总体受教育程度低，对劳动权益了解不多也不知道如何维权，缺乏维权能力。另一方面，家政服务人员的工会组织率非常低，不利于维权。对劳动法律调查统计显示，超过2/3的家政服务人员没有针对纠纷提起仲裁和诉讼，说明了家政服务人员缺乏维权意识或者成功维权较为困难。

2. 促进家政服务人员权益保护的政策建议

家政服务人员权益保护困难是国际普遍问题，这主要是由家政服务人员工作的非正规性导致的。国际劳工组织 2011 年 6 月通过了《家政工人体面劳动公约》①，为家政工人建立了国际劳工标准。2021 年公约实施十周年，国际劳工组织对家政工人的劳动权益问题进行了较为全面的调查，其结论是尽管家政工人的权益保护仍然不容乐观，但在一些方面还是取得了较大的进展。我国虽然未加入公约，在家政服务业快速发展的近十年中，在促进家政服务人员权益保护方面也进行了积极的探索。2019 年以来，国家陆续出台了《关于促进家政服务业提质扩容的意见》及其配套政策等，地方上如上海市、深圳市、温州市、营口市等出台了家政服务条例，《广东省家政服务条例（征求意见稿）》也正在意见征集过程中。这些条例的制定和出台为建立健全行业监管机制、推进行业信用体系建设、规范行业发展和保障各方权益提供了法制保障，但是实施范围和效力非常有限。为促进我国家政服务业从业人员的权益保护，提出以下建议：

---

① 国际劳工组织公约和有关国际组织公约、报告中，将家政服务人员称为家政工人，本报告相关内容也按这一惯例称"家政工人"。

　　一是进一步推动落实和完善员工制。研究制定员工制家政服务企业的认定标准，积极落实员工制家政服务企业扶持政策，加强对员工制家政服务企业的社会保障支持，优化员工制家政服务企业营商环境。

　　二是进一步加强行业规范化建设。完善家政服务业标准，研究确定科学可行的信用评价体系和服务标准体系，加强服务质量监管。

　　三是针对家政服务人员社会保障参与率较低的问题，在稳步推进员工制的同时，鼓励家政服务企业或雇主家庭为家政服务人员购买意外伤害保险，鼓励家政服务人员以灵活就业方式参加社会保险。

　　四是推动建立民间团体和社会组织对家政服务人员提供支持的体系。我国目前这种组织力量非常薄弱，作用有限。在现行的法律框架下，可以进一步加强行业协会、民间团体建设，通过这些组织，为家政服务人员提供法律咨询、就业指导、心理疏导和权益维护。规范家政服务合同，将家政服务人员的劳动权益保障落实到合同条款上。

B.12
员工制家政服务企业劳动用工
现状与规制选择

黄昆　王茜*

摘　要： 员工制家政服务是我国促进家政服务业高质量发展的重要内容，
互联网平台为其发展提供了良好的机遇。当前家政服务企业劳动
用工有中介制、会员制和员工制三种模式，线上线下家政服务企
业内也存在不同类型。当前我国员工制家政服务企业劳动用工及
法律规制方面主要存在法律关系不确定、休息权较难得到保障、
职业安全健康保障具有特殊性、未订立劳动合同人员存在社会保
险困境四方面问题。通过对家政服务人员劳动权益保障立法国际
经验的总结，以及吸收新就业形态劳动者权益保障的经验，提出
对不同类型员工制家政服务企业劳动用工规范的路径选择，以及
家政服务人员权益保障法律的基本原则、框架和具体内容建
议等。

关键词： 家政服务业　员工制　劳动用工规制

　　家政服务是家庭服务的主要内容之一，是指为家庭提供的儿童、老人、
病人照顾、清洁保洁以及根据家庭的需要提供的家务管理等服务。① 落实员

---

　　* 黄昆，中国劳动和社会保障科学研究院劳动人事争议研究室主任，副研究员，研究方向为
劳动法、劳动关系；王茜，上海工程技术大学管理学院讲师，研究方向为劳动法。
　　① 人力资源和社会保障部农民工工作司、人力资源和社会保障部劳动科学研究所：《家政服
务劳动用工问题研究》，2014 年 11 月。

工制家政服务是我国促进家政服务业高质量发展的一个重要内容。根据国务院办公厅《关于促进家政服务业提质扩容的意见》（国办发〔2019〕30号）的界定，员工制家政服务是指家政服务企业一方面直接与消费者（客户）签订服务合同，统一安排服务人员为消费者（客户）提供服务，另一方面与家政服务人员依法签订劳动合同或服务协议并缴纳社会保险费（已参加城镇职工社会保险或城乡居民社会保险均认可为缴纳社会保险费），直接支付或代发服务人员不低于当地最低工资标准的劳动报酬，并对服务人员进行持续培训管理的一种家政服务模式。

员工制家政服务解决了家政服务业长期以来存在的一些痼疾，因此一直被认为是提升家政服务业质量、促进家政服务业正规化发展的重要途径。

一 员工制家政服务企业发展及其劳动用工现状

（一）员工制家政服务企业的总体发展状况

根据艾媒数据中心报告，我国目前名称或经营范围含"家政服务"，且登记状态为"在业/存续"的相关主体超过212万家；其中，55%登记为个体经营户，45%登记为有限责任公司。[①] 行业分布方面，11%的相关主体分布在房地产业，40%的相关主体分布于居民服务、修理和其他服务业。[②] 同时截至2021年4月29日，中国家政服务机构中，注册资本在100万元以内的有约153万家，占比约72%，注册资本在100万元至500万元的约有37万家，占比约18%。[③] 但据笔者了解，其中实行员工制的占比并不高，且主要集中在高端家政服务领域。

[①] 艾媒咨询：《2021年中国家政服务业市场规模及重要细分领域分析》，艾媒网，https：//www.iimedia.cn/c1020/78545.html，2021年5月12日。

[②] 艾媒咨询：《2021年中国家政服务业市场规模及重要细分领域分析》，艾媒网，https：//www.iimedia.cn/c1020/78545.html，2021年5月12日。

[③] 艾媒咨询：《2021年中国家政服务业市场规模及重要细分领域分析》，艾媒网，https：//www.iimedia.cn/c1020/78545.html，2021年5月12日。

中青家政是较早实行员工制的家政服务企业，于 1994 年首创家政服务企业化员工制管理模式。中青家政采用统一招生、统一培训、统一考核、统一持证、统一安排工作、统一后期管理的模式：家政服务人员招录后，首先由公司对其进行统一的岗前理论/技能培训，经培训考核合格后统一颁发上岗证，统一安排工作。家政服务人员在接受培训期间、未上岗之前，公司实行免费培训、免费食宿、免费安排工作；家政服务人员上岗工作后公司利用其休息时间开展系统的再培训，以充分提高其服务技能和职业操守，并为家政服务人员提供全面的文化素质培养机制，结合家政服务人员的各自特点为其提供系统的职业规划，在公司获得发展的同时，也促进家政服务人员获得工作、学习、转岗的良性发展空间。经过 27 年的发展，中青家政不仅成为中国家政服务百强企业，而且积极参与《家政服务员国家职业技能标准》的开发和家政服务职业技能培训，已在国内 100 多个城市设立了 200 余家实训基地，年培训家政服务、母婴保健护理、健康养老护理类人才 10 万余人次。①

互联网平台的发展为员工制家政服务企业的发展提供了很好的机遇。线上平台好慷在家创办于 2010 年，以"员工制管理+标准化服务"为经营特色，业务范围包含居家保洁、做饭保姆、深度清洁、日式收纳四个板块。据公司提供数据，目前好慷在家已在全国 26 个一、二线城市开设了分公司，全职员工数超过 1 万人；服务于 350 万户家庭，2018 年完成的服务时长达 2400 万小时，全年营收达 8.5 亿元。②

（二）家政服务企业劳动用工的模式与类型

家政服务企业运营主要有三种模式，即员工制、会员制（准中介制）、中介制。不同模式下家政服务企业与客户家庭和家政服务人员之间的法律关系不同。

---

① 中青家政官网，http://www.zqjz.com/company/。
② Jamie：《"好慷在家"完成近 3 亿元 C 轮融资，海尔资本领投、IDG 资本等跟投》，36Kr 网，https://www.36kr.com/p/1723130806273，2019 年 1 月 10 日。

1. 中介制

中介制即家庭和家政服务人员通过职业介绍所等中介机构提供中介服务的模式，双方经平等协商建立雇佣关系，中介机构收取一次性服务的中介费用。此种情况下，中介机构提供的是一次性的职业介绍服务。客户家庭与家政服务人员直接建立雇佣关系。

2. 会员制

会员制也被称为"准中介制"，即从事家政服务业的机构招募家政服务人员为其会员，向会员提供培训、纠纷调解、职业介绍等服务，会员为获取服务需每年交纳一次会费。家政服务人员在经这类机构介绍到家庭工作后，与客户家庭直接建立雇佣关系，家政服务人员的工资由家庭直接支付，机构不介入其中，服务合同的主体是家政服务人员和客户，双方约定各自的权利及义务，机构不是服务合同的主体，最多只起见证人的作用。客户家庭与家政服务人员之间的纠纷由其双方自主解决，机构按照合同约定可予以协助。

3. 员工制

根据《国务院办公厅关于促进家政服务业提质扩容的意见》（国办发〔2019〕30号）的要求，员工制家政服务企业应依法与招用的家政服务人员签订劳动合同，按月足额缴纳城镇职工社会保险费；不符合签订劳动合同情形的，员工制家政服务企业应与其签订服务协议，家政服务人员可作为灵活就业人员按规定自愿参加城镇职工社会保险或城乡居民社会保险。从事家政服务业的机构招聘家政服务人员作为其员工，由该机构对员工进行培训并派遣到客户家工作。该模式下从事家政服务业的机构一般为登记设立的有限责任公司，其与家政服务人员之间为劳动合同关系或服务协议关系，与客户家庭之间为服务合同关系。客户与家政服务人员不存在直接的法律关系，出现纠纷由公司与客户双方解决，家政服务人员的行为属于职务行为。这种模式可以解决家政服务业长期以来存在的一些痼疾主要是由于以下三个方面的优势：一是通过实施严格的职业培训和质量管理，家政服务人员的工作技能和服务理念得到提升；二是通过企业化运作，使客户家庭只与企业对接并签订合同，相当于为其免去了纠纷处理方面的后顾之忧；三是劳动合同或服务合

同的签订很大程度上明确了家政服务人员和机构的权利和义务，便于标准化管理，有助于提高服务质量和品牌知名度。家政服务不同运营模式的比较可见表1。

表1   家政服务不同运营模式比较

运营模式	家政服务机构与客户家庭之间的关系		家政服务机构与家政服务人员之间的关系		家政服务人员与客户家庭之间的关系	
	关系性质	法律适用	关系性质	法律适用	关系性质	法律适用
中介制	一次性中介服务关系	关于职业中介的有关法律规定民法关于居间合同的有关规定	一次性职业介绍服务关系	关于职业中介的有关法律规定民法关于居间合同的有关规定	雇佣关系（服务合同关系）	民法
会员制	相对稳定的中介服务关系	关于职业中介的有关法律规定民法关于居间合同的有关规定	相对稳定的职业介绍和职业培训关系	关于职业中介的有关法律规定民法关于居间合同的有关规定	雇佣关系（服务合同关系）	民法
员工制	服务合同关系	民法、合同法	劳动合同关系或服务协议关系	劳动合同法、劳动法、民法	双方是特定服务合同执行人与服务接受者，但是没有直接的合同关系	

资料来源：作者根据有关资料整理。

（三）员工制家政服务企业劳动用工的不同类型

1. 线下员工制家政服务企业劳动用工类型

根据国办发〔2019〕30号文件对员工制家政服务企业的界定，线下员工制家政服务企业劳动用工存在两种类型：一类是与家政服务人员依法签订劳动合同；另一类是与家政服务人员依法签订服务协议。前者是指员工制家政服务企业依法与招用的家政服务人员签订劳动合同，按月足额缴纳城镇职工社会保险费；后者是指对不具备签订劳动合同条件的情形的，员工制家政服务企业与家政服务人员签订服务协议，家政服务人员可作为灵活就业人员按规定自愿参加城镇职工社会保险或城乡居民社会保险。

2. 线上家政服务企业劳动用工类型

近年来，"互联网+家政"发展迅速，前瞻产业研究院发布的数据显示，2016 年中国家政 O2O 行业的市场规模达 1678 亿元，互联网渗透率达 10.5%，中国家政 O2O 行业市场规模的增速要远远高于中国家政服务业市场规模的增速。[①] 一批家政服务互联网创业公司涌现出来，如 e 家洁、云家政、阿姨帮、好慷在家、小马管家等。

线上家政服务企业劳动用工主要有两种类型：员工制与平台制（中介制）。线上员工制模式中，平台与家政服务人员签订劳动合同或服务协议，建立劳动关系或民事雇佣关系；由平台企业统一安排劳动者的招聘、培训和管理，客户与平台签约，平台匹配合适的家政服务人员，参与家政服务人员与客户的协商，这种模式以好慷在家为主要代表。

线上平台型（中介制）模式中，平台为匹配双方需求的中介，家政服务机构或个人进驻平台，平台根据双方具体信息通过智能匹配或经纪人，匹配家政服务人员和客户，不与家政服务人员签订劳动合同。此模式也可细分为 B2P2C 经纪人模式、B2B2C 模式、B2C 直营+B2B2C 模式等。[②]

二　员工制家政服务企业劳动用工的主要问题和困境

当前员工制家政服务企业劳动用工中主要存在以下问题。

（一）法律关系不确定

从员工制家政服务劳动用工类型可知，当前存在签订劳动合同和服务协议两种合同类型。合同类型的可选择性使员工制家政服务企业和人员之间的法律关系存在不确定性。一方面，合同类型的可选择性使双方易就是否存在劳动关系发生争议；另一方面，在明确不存在劳动关系情况下，

---

① 前瞻产业研究院：《家政服务行业规模达 1.6 万亿　市场需求与日俱增》，前瞻网，https://bg.qianzhan.com/report/detail/459/171109-40fb4512.html，2017 年 11 月 9 日。

② 宋文洁：《"好慷在家"商业模式研究》，硕士学位论文，厦门大学，2017。

1995 年 8 月劳动部出台的《关于贯彻执行〈中华人民共和国劳动法〉若
干问题的意见》和 2021 年 1 月的《最高人民法院关于审理劳动争议案件
适用法律问题的解释（一）》均由于考虑到家政服务业的特殊性而将其排
除在以社会化大生产为立法基点的劳动法适用范围之外；而民法对于雇佣
关系、居间合同的一般性规定，又无法兼容家政服务业的特殊性，从而导
致无论是对家政服务企业、从业人员还是对接受服务的家庭都缺乏明确的
权益保障依据。

（二）休息权较难得到保障

目前我国家政服务业中，超时工作、没有休假、没有加班报酬等现象十
分普遍。家政服务人员的工作具有其特殊性质，"大多数家政服务人员由于
要照顾老人或小孩，往往处于 24 小时待命状态，尤其是住家型家政服务人
员，其工作和休息地点均在用户的家里，在工作时间、工作任务上往往听从
家庭雇主的安排，接受雇主的管理和监督"。[1] 工作内容弹性大，工作时间
较长，"由于住家比例高，北京家政服务人员平均每天工作时长为 12.4 小
时，平均每周工作时长达 77.3 小时"[2]，长时间工作对家政服务人员的身体
和精神健康十分不利。

（三）职业安全健康保障具有特殊性

由于家政服务人员工作场所的特殊性，现行基于工作场所处于用人单位
控制之下设计的职业安全保障制度难以适应住家工作环境，不仅用人单位难
以考察员工制家政服务人员的工作场所安全标准，同时劳动保障监察部门也
难以进入工作场所进行检查。而在工伤认定方面，工作场所和工作原因两个
重要因素的判断也与标准劳动关系下处于用人单位监督管理下的情况存在较

---

[1] 胡媛媛：《家政服务人员的社会保险与权利保护研究》，《法制与经济》2017 年 9 期，第
100~114 页。

[2] 萨支红、张梦吉等：《家政工生存状况研究：基于北京、济南被访者驱动抽样调查》，《妇
女研究论丛》2020 年第 4 期，第 56~72 页。

大区别。

同时家政服务人员职业安全健康权利也因私人空间工作的隐蔽性而存在受侵犯的情况。根据一项调查，"11.8%和4.4%的北京和济南家政工自曝过去一年曾受过雇主或其家人的辱骂或恐吓。4.1%和1.0%的北京、济南家政工报告过去一年曾受到过雇主或其家人的性骚扰，而当北京家政工被问及自己认识的家政工中是否曾经历过雇主或其家人的性骚扰时，这一比例增至30.8%"。[①]

（四）未订立劳动合同人员存在社会保险困境

员工制家政服务人员劳动合同的可选择性，即使双方法律关系处于不确定状态，也导致签订服务协议的员工制家政服务人员参加社会保险存在制度障碍。一方面，签订服务协议员工制家政服务人员仅能作为灵活就业人员参加城乡居民基本养老和城乡居民医疗保险，不仅保险费用较签订劳动合同的人员高出许多，导致参保意愿的降低，而且也会在同一企业内部形成待遇差别，不利于劳动关系的和谐稳定。另一方面，根据现行立法，灵活就业人员难以参加工伤保险，只能依靠商业保险补充或寻求侵权损害赔偿，不利于员工制家政服务人员在遭受工作伤害时及时有效地得到相应的制度保障。

三　家政服务人员劳动权益规制的路径及国际经验

（一）家政服务人员劳动权益保障的主要立法路径选择

综观国际上涉及规范家政服务的立法，基本上都是从保障家政服务人员的基本权益，规范雇主和家政服务提供机构与家政服务人员的双方的关系、

[①]　萨支红、张梦吉等：《家政工生存状况研究：基于北京、济南被访者驱动抽样调查》，《妇女研究论丛》2020年第4期，第56~72页。

明确双方的权利义务作为出发点。根据国际劳工组织对 60 个国家的分析①，家政服务业的相关立法基本上可以分为以下四种情况。

1. 单独立法模式

所谓单独立法模式是指制定专门适用于家政服务人员的法律。大约有 19 个国家采用了这种模式，包括阿根廷、巴西、奥地利、丹麦、芬兰、意大利、西班牙、葡萄牙、秘鲁、南非等。

2. 劳动法调整模式

所谓劳动法调整模式是指将家政服务人员纳入本国的劳动立法予以调整。又分为两种情况，一种是在《劳动法典》《就业法》《雇佣合同法》中设专章或专节予以调整。专章立法中又分为一般适用和排除适用两种情况。一般适用是指除了专章或者专节中予以专门规定的内容外，对没有规定的其他内容适用劳动法的一般规定，例如比利时、加拿大安大略省、哥斯达黎加、马来西亚、墨西哥、菲律宾等；所谓排除适用是指虽然将家政服务人员纳入劳动法调整，但是仅适用劳动法中特别规定中的内容，而不适用其他一般规定的内容，例如海地、委内瑞拉等。劳动法调整的另一种模式，就是在《劳动法典》的某些条款中，明确其是否适用于家政服务人员，例如越南、哥伦比亚、埃塞俄比亚、突尼斯、纳米比亚等国家。

3. 民法调整模式

所谓民法调整模式是指家政服务关系原则适用民法的有关规定，而不纳入劳动法的调整范围。但是完全适用民法调整的国家，也逐渐开始通过特别立法补充单纯民法调整的不足。例如日本，因老龄化社会的需要，为了鼓励更多的劳动者从事"介护"服务，因此规定家政服务中的介护人员可以部分适用劳动基准法。又如荷兰，其在《民法典》中明确规定工作时间和休息时间标准适用于家政服务人员，工作制度、带薪年休假、加班工作规定、夜班或者公共休假日的许可程序应该在雇佣合同中明确，但是

---

① José Maria Ramirez-Machado, *Domestic Work*, *Conditions of Work and Employment*: *A Legal Perspective*, ILO, https: //www.ilo.org/wcmsp5/groups/public/---ed_protect/---protrav/---travail/documents/publication/wcms_travail_pub_7.pdf.

1998 年荷兰颁布了《家庭服务就业法》，该法的最初目的是扩大私人保洁服务市场，并让那些受教育少的人也能够进入劳动力市场，又增加了两个目标，即非公开工作正规化和鼓励雇用家政服务人员的雇主参与劳动力市场，将以周为周期的家政服务关系界定为非典型性的雇主与雇员关系，并根据家政服务人员为同一雇主的每周服务时间进行分类，实行不同的权益保障和保险费缴纳制度。[①]

4. 国家层面集体合同调整模式

所谓国家层面集体合同调整模式是指通过全国性集体合同规定家政服务人员的权益内容。例如在法国，其《劳动法》仅对家政服务人员做出了定义并明确了适用于家政服务人员的条款（L7221 条），不过关于家政服务人员的全面标准则是由具有法律效力的集体协议规定的，即 1999 年 11 月 24 日颁布的关于个人雇主聘用雇员的国家集体协议。集体协议使得《劳动法》部分规定适用于家政服务人员，如固定期限合同。[②]

综合分析世界上对家政服务人员的立法调整方式，可以发现有以下特点：①充分考虑到家政服务工作的特殊性，特别在劳动基准适用上；②更多地从家政服务人员权益保障的角度出发进行立法，而不是从促进就业或行业规制的角度进行立法；③以家政服务人员与雇主家庭的关系为基点进行立法，而非从家政服务关系建立是否有第三方参与出发进行规制。

（二）新就业形态劳动者权益保障对员工制家政服务劳动用工的影响和路径选择

移动互联网的普及为新就业形态发展提供了技术契机，对便捷生活方式的追求为新就业形态发展提供了庞大的消费市场，规模庞大的就业人口

---

① 胡大武：《理念与选择：劳动法如何照耀家政工人》，《法律科学》2011 年第 5 期，第 122~133 页。

② ILO, *Effective Protection for Domestic Workers: A Guide to Designing Labour Laws*, *Conditions of Work and Employment Programme*, Industrial and Employment Relations Department, Geneva: ILO, 2012.

则提供了劳动力支持，三者结合共同促成我国新就业形态的飞速发展。新就业形态与传统的标准和非标准就业均存在着一定的区别，也对劳动者权益保障提出新的挑战。《国办发〔2019〕30号》提出要大力发展家政电商、"互联网+家政"等新业态，"互联网+家政"得到进一步发展。根据前瞻产业研究院报告，我国家政服务用户线上渗透率已经达到71.4%，互联网家政平台月活跃用户规模达到2919万人。[①] 面对员工制家政服务与互联网结合的现实状况、家政服务业本身所具备的特点，以及员工制家政服务企业劳动用工困境，当前对新就业形态劳动者权益保障的相关制度探索能够提供一些启示。

人力资源和社会保障部、国家发改委等八部门《关于维护新就业形态劳动者劳动保障权益的指导意见》（人社部发〔2021〕56号）对新就业形态中的劳动者进行类型区分，包括：①符合确立劳动关系情形的，企业应当依法与劳动者订立劳动合同；②不完全符合确立劳动关系情形但企业对劳动者进行劳动管理（以下简称不完全符合确立劳动关系情形）的，指导企业与劳动者订立书面协议，合理确定企业与劳动者的权利义务；③个人依托平台自主开展经营活动、从事自由职业等，按照民事法律调整双方的权利义务。

员工制家政服务人员既可签订劳动合同，也可签订服务协议，因此也可参照《关于维护新就业形态劳动者劳动保障权益的指导意见》中的两条路径进行相应规范化管理。首先，对签订劳动合同的和虽未签订劳动合同但符合确立劳动关系情形的员工制家政服务人员，给予劳动法保护。其次，对签订服务协议、不符合确立劳动关系情形但在一定程度上接受企业劳动管理的员工制家政服务人员，在签订书面协议明确双方权利义务的前提下，为其提供公平就业、最低工资和支付保障、劳动安全卫生、职业伤害保障以及基本养老医疗保险等方面的特殊保障。

---

① 前瞻产业研究院：《2021年中国家政行业市场现状及发展趋势分析　互联网家政助力行业发展》，前瞻网，https://www.qianzhan.com/analyst/detail/220/210824 - 85b11516.html，2021年8月24日。

（三）家政服务人员劳动保障权益的主要立法经验

1. 家政服务人员社会保障权益

根据国际劳工组织《使家政工人体面劳动成为现实》[①] 报告，将家政工人纳入一般社会保障计划是一种普遍趋势，虽然家政工人不能享有与其他工人相同的条件，但往往有权享有与其他工人相同的社会保障类别。

相对较多的国家为家政工人提供了一种或多种国际劳工组织 102 号公约中列出的 9 个社会保障类型。在 168 个接受调查的国家中，有 102 个（60.7%）提供至少一种社会保障，全球几乎一半的家政工人（49.9%）至少得到一个社会保障部门的覆盖。在家政工人覆盖范围上，虽然在某些情况下存在专门针对家庭工人的单独立法，各国仍倾向于扩大现有的社会保障法律框架。当家政工人被纳入一般社会保障计划时，通常享有与其他工人相同的社会保障类别。

在特定社会保障类别的覆盖范围上，工伤、失业和家庭福利等非缴费类别，通常将家政工人排除在外或没有明确规定。虽然至少有一半接受调查的国家为家政工人提供养老金，覆盖了 45.4% 的家政工人，但只有 25.2% 的国家提供失业救济。

2. 工作时间和休息休假

在每周正常工作时间上，各国倾向于在与其他工人平等的基础上限制家政工人的正常每周工作时间。在国际劳工组织调查的 108 个国家中，有一半国家对正常每周工作时间设定了与其他工人相同的限制。还有部分国家家政工人比其他工人工作时间更为有利。例如在比利时，集体谈判协议规定家政工人每周正常工作时间为 38 小时，而一般劳动法规定为 40 小时。在 19% 的接受调查的国家中，家政工人的正常每周工作时间比其他工人的规定工作时间长。

[①] ILO, *Making Decent Work a Reality for Domestic Workers: Progress and Prospects Ten Years after the Adoption of the Domestic Workers Convention*, 2011 (No. 189), Geneva: ILO, 2021.

在周休日方面，各国明显倾向于为家政工人提供与其他工人相同的每周休息的权利。根据国际劳工组织2020年的数据，在接受调查的108个国家中，77.8%的国家提供至少与其他工人相同的每周休息的权利，而只有4个国家（3.7%）设置了比其他工人更为不利的周休日。除了少数例外，大多数国家家政工人每周休息时间不低于24小时，部分国家甚至高达48小时。

在年休假方面，77.8%的国家规定家政工人与其他工人有相同的休带薪年假的权利，带薪年假的时间在2周到4周之间。在另外6.5%的国家中，家政工人有权享受带薪年假，但时间比其他工人短。

3. 职业健康卫生

整体上，无论家政工人是否受劳动立法的保护，各国劳动法职业安全与卫生条款很少涵盖家政工作部门。在某些情况下，家政工人由于被排除在劳动法之外而被排除在此类立法之外，而在部分情况下，他们被明确排除在职业安全与卫生立法之外。例如，丹麦工作环境法明确排除在雇主私人家庭中进行的工作。尽管如此，仍有部分国家将家政工人纳入职业安全与卫生立法保护范围，通过特殊法规、法院解释来进行。例如在西班牙，家政工人的雇主有义务确保家庭雇员的工作在健康和安全的条件下进行，而在葡萄牙，家庭雇主必须确保工作场所、工具、产品和流程不会对工人的健康构成威胁。在圭亚那，职业安全与卫生法明确适用于家政工人。

4. 预防骚扰与暴力

在部分国家，通过在不同监管部门中采用工人和工作场所的综合定义为家政工人提供法律保护，以及提供了在遭受暴力和骚扰时可求助的争议机制。例如在芬兰，家政工人根据国家立法获得与其他工人相同的保护，特别是根据《就业合同法》、《职业保健法》和《职业安全与健康法》，他们享有广泛的法律覆盖范围，可以诉诸各种投诉程序。在哥斯达黎加，保障工人安全和健康的一般制度适用于家政工人。

部分国家立法通过将家庭暴力的定义扩展到家庭关系之外来保护家政工人免受暴力和骚扰。通过这种更广泛的理解，所有居住在家庭中的人都享有免受家庭暴力和骚扰的权利。例如在印度尼西亚，住家家政工人被视为家庭成员，免受身体、心理、性和经济暴力。在加纳，《反家庭暴力法》禁止在家庭环境中发生一切形式的暴力和骚扰。

5. 工资

在最低工资方面，国际劳工组织调查显示，许多国家通过最低工资立法为家政工人设定最低工资，一般采取两种方式：①将家政工人纳入普遍适用的国家最低工资的覆盖范围；②为家政工人确定具体的最低工资标准。在极少数情况下，家政工人的具体最低工资是通过集体谈判确定的。64.8%的被调查国为家政工人规定了至少与其他工人相同的法定最低工资。在工资支付形式上，超过 1/3 的被调查国家禁止以实物支付最低工资，而大致相同数量的国家（36%）允许实物支付，即在提供最低工资覆盖的国家中约有一半允许以实物支付最低工资的一部分。

6. 法律执行

劳动监察在家政服务方面也面临特殊挑战。劳动监察员在无法获得房主或承租人同意的情况下，通常需要获得司法授权才能进入家庭，而往往司法授权需要有合理的怀疑理由时才能获得。部分国家正在尝试建立无须进入家庭即可进行检查的新方法，比如在智利，检查员向雇主出示合同文件和其他雇佣关系证明后，就可以到其家中检查或在劳动监察局预约。

四　员工制家政服务劳动用工的立法规制建议

规范员工制家政服务劳动用工行为、保障员工制家政服务人员的劳动权益应当在整个家政服务业法律规范路径的框架下综合考虑、合理定位，根本措施是制定规范家政服务劳动用工关系、保障家政人员权益的法律规范，具体建议如下。

（一）制定家政服务人员权益保障法律

从当前的地方立法实践以及国际上的立法惯例来看，家政服务方面的立

法目的有两个：一是为了促进家政服务业的发展，对于家政服务不同业态进行立法规制；二是由于家政工作具有特殊性，为了保障家政服务人员的基本权利，确立劳动基准，明确对家政服务人员与雇主家庭双方的权利义务进行立法规制。以前者为目的，立法名称一般叫"家政服务行业促进法"或"家政服务行业管理条例"；以后者为目的，立法名称则一般采用的是"家政服务人员权益保障法"。鉴于商务部 2012 年 12 月出台的《家政服务业管理暂行办法》（商务部令〔2012〕11 号），目前对家政服务人员权益保障的规定处于缺失状态，因此有必要制定专门适用于家政服务人员的法律，以弥补劳动法对家政服务用工特殊性覆盖的不足，确立家政服务用工方面的劳动基准，以弥补当前家政服务用工方面的立法真空，保障家政服务人员的基本权益。国际劳工组织也认为，家政工作在特殊条件下进行，因而最好用专门适用于家政工人的标准来补充一般性的标准，以使家政工人能充分享有其权利。①

（二）立法基点和内容选择

在立法目的是保障家政服务人员劳动权益的前提下，相应的立法内容应当以普通家政服务人员和接受家政服务的一般家庭为立法基点，以家政服务人员的基本权益保护为底线，以明确家政服务各方主体的权利责任关系为主要内容。具体来讲，相对于劳动法的立法基点是社会化大生产条件下的产业工人，在此基础上衍生出对于劳务派遣、非全日制用工等非标准劳动关系以特别规定的方式予以规制，有必要在承认家政服务用工特殊性的基础上，将其作为一种特殊的劳动关系形态予以规定，并以直接雇佣方式建立雇佣关系时家政服务人员的基本权益保护需求和雇主家庭与家政服务人员之间的关系模式为立法基点，在类型划分上按照住家和非住家家政服务人员来划分，非住家家政服务人员中包含全日制家政服务人员和小时工。在此基础上，对通过中介或第三方雇用家政服务人员等特殊情况，即员工制家政服务人员，做

---

① ILO, *Making Decent Work a Reality for Domestic Workers: Progress and Prospects Ten Years after the Adoption of the Domestic Workers Convention*, 2011（No. 189），Geneva：ILO, 2021.

出补充规定，明确各方权利义务和责任关系。

这也是各国普遍通行的立法基点和分类规范方式。例如在家政服务用工是否需要签订书面合同的问题上，有些国家的立法只是规定某些属于需要加强保护类别的家政服务用工必须签署书面合同，如移民家政服务人员或由中介雇用的家政服务人员需要签订书面劳动合同，其他的家政服务用工则一般不要求签订书面合同。

（三）立法的基本原则

家政服务人员权益保护立法应当坚持以下原则：一是平衡保护家政服务用工关系中家庭和劳动者主体权利；二是有利于家政行业规范化发展；三是尊重家政服务工作的基本特点和规律；四是尊重家庭作为用工主体的特点。

（四）立法应考虑的主要因素

（1）家政服务人员的构成：我国家政服务人员的主体是农村进城务工人员、内退下岗职工、达到退休年龄的女性劳动者。

（2）家政服务市场的需求与承受能力：家政服务人员的任何劳动条件的要件最后都由雇主家庭承担，因此家政服务立法应当充分考虑雇主家庭的实际承受能力和负担情况。

我国即将进入人口老龄化社会，但是并没有像日本的介护保险这样的长期照护政策，以致家庭必须独自负担这方面的所有成本。长期照护体制尚未形成，若家政服务完全适用劳动法有关规定，势必提高成本，而没有其他配套措施（如更弹性的喘息服务[①]、财源风险分摊机制等）将增加家庭照护成

---

① 喘息服务是指由政府或民间机构牵头成立的专门队伍，经过一定培训后，提供临时照顾老人的社会服务，从而给照料老人的家属一个喘息的机会，故称之为"喘息服务"。2018年10月，北京市政府办公厅发布的《关于加强老年人照顾服务完善养老体系的实施意见》（京政办发〔2018〕41号）中提出，通过政府购买服务、志愿服务等方式，为家庭长期照护者提供短期休整机会。2018年11月，北京市丰台区开展了喘息服务试点，试点期间，通过政府购买服务的方式，给长期照料失能、失智老人的家庭成员每月放4天假，也就是所谓的喘息服务，有需要服务的家庭可到居委会提出申请。

本并影响其日常生活，导致无力负担需要大量照护支出的家庭成员，势必导致家庭成员辞去工作，进而影响社会生产，或将需要照顾的人送进专门机构。

（3）由于家政服务工作的非标准性特点，需要将其作为一种灵活就业方式予以规范：家政服务关系的特点、工作时间的特点、工作环境的特点等，决定了家政服务是一种非标准的劳动关系。

国际劳工组织在 C189 公约中就指出，家政立法的原因之一是因为家政工人相对于正规就业而言，是一种非正规就业方式，且在发展中国家占有很大比例，因此需要各国立法调整。[①]

荷兰 2007 年实行的《家庭服务就业法令》将家政工人与雇主的关系定位为非典型性的雇主——雇员关系（non-classsic employer-employee relationship），权益保障以每周为同一雇主工作是否超过 3 天为界限，三天以内和三天以上享受的权益保障不同，但均不同于标准劳动关系中的雇员权益保障。[②]

（五）建议的法律框架及主要内容

法律框架建议包括总则、家政服务从业人员基本权益保障、家政行业中介机构管理、家政服务从业内容管理、法律责任、附则六个部分。

1. 基本权益保障部分的主要内容

（1）家政服务合同的形式和内容：书面合同，主要条款；

（2）雇主家庭对于家政服务人员的义务：强调对于家政服务人员，特别是住家家政服务人员的人身保障义务；

（3）家政服务人员对雇主家庭的义务：强调忠诚义务和保密义务；

（4）工作时间和休息休假：弹性制，仅规定最低休息时间，赋予双方根据家庭实际情况约定休息休假时间的权利；

---

① ILO, *Making Decent Work a Reality for Domestic Workers: Progress and Prospects Ten Years after the Adoption of the Domestic Workers Convention*, 2011（No. 189），Geneva: ILO, 2021.

② 人力资源和社会保障部农民工工作司、人力资源和社会保障部劳动科学研究所：《家政服务劳动用工问题研究》，2014 年 11 月。

（5）工资及其支付：规定适用最低工资标准，同时给予双方约定其他特殊情况下工资的权利；

（6）合同解除和终止：规定预告解除和约定解除，但是考虑到家政服务中的人身性特点，规定因病、因家政服务人员怀孕或雇主家庭因自身原因需要提前解除家政服务关系的，需要予以一定的补偿；

（7）除工伤保险以外的社会保险缴纳：参考《社会保险法》第十条和第二十三条等关于灵活就业的规定执行，但是建议对家政服务人员参加工伤和医疗保险做出特别规定。理由在于灵活就业人员在很多地区就包括通过社区等就业的家政服务人员，例如上海，并且在很多地区已开始实行针对家政服务人员的综合保险；

（8）工伤保险：鉴于家庭作为雇主无法为家政服务人员参加工伤保险，建议规定雇主家庭有义务为家政服务人员购买人身意外伤害保险，以保证家政服务人员一旦在提供家政服务的过程中遭遇人身伤害能够获得足够的赔偿。

2. 家政服务业中介机构管理部分的主要内容

（1）中介机构的权利义务：限制中介机构收取服务费的额度，规范中介机构的行为，强化中介机构的培训服务要求，并根据中介机构与家政服务人员关系的紧密程度，规定家政服务机构的责任；

（2）对于员工制的特别规定：规定员工制家政服务机构应当与客户家庭和家政服务人员签订三方协议，明确各自的权利义务，并为员工参加工伤保险，其他保险可按照灵活就业人员由家政服务人员自行决定是否参保。

另外，家政服务业从业人员管理部分，主要内容应包括从业人员的登记注册和职业技能培训。

（六）需要进一步考虑的问题

建议在起草家政服务人员权益保障有关规定的时候，需要考虑以下三个问题，并在此基础上斟酌确定有关内容：一是规范的形式和层级，如果是以法律的形式出台，对于现有规定的突破性可以大一些，但是制定周期较长，难度较大；如果以部颁规章的形式出台，周期较短，难度相对较低，但是必须要以上位法为依据，原则上不能突破上位法的规定；二是家政服务人员社会保险方面的灵活性取决于对将家政服务人员作为灵活就业人员的接受度和认可度。以部颁规章形式出台，基本上是家政服务人员可以适用社会保险特别规定的唯一突破口。因此建议在综合考虑家庭的承受能力、促进就业、就业导向等方面因素，设计一套既符合家政服务人员的从业特点，又能够体现公平保障所有劳动者利益的家政服务人员社会保险参保机制，既有适当突破，同时又能让有关部门和劳动者认可。

B.13
家政服务人员工伤权益保障分析

翁仁木*

摘　要： 在各项社会保障权益中，工伤保险具有优先性，且具有可负担性。但家政服务人员的就业方式绝大多数是中介制，与工伤保险制度存在诸多不适应之处。根据国内外实践情况，为保障家政服务人员工伤权益，应当根据人员性质采取分类施策原则，并通过商业保险方式，建立多层次保障体系，实现综合保障。

关键词： 家政服务业　家政服务人员　工伤保险　中介制　灵活就业

家政服务业在拉动就业、服务民生等方面发挥着重要作用。作为行业长远可持续健康发展的关键一环，家政服务人员权益保障尤其是社保权益保障备受关注。原则上来说，家政服务人员作为获取劳动报酬的职业人群，应当参加各项社会保险。但家政服务业用工方式灵活，仅有少数家政服务企业采取员工制，多数企业采取中介制模式，而由于我国职工社会保险与劳动关系绑定，多数中介制家政服务人员难以享受社保权益。在职工五项社会保险项目中，家政服务人员参加工伤保险问题一直备受关注，社会各界都希望能够早日破题。

一方面，家政服务人员参加工伤保险问题相对迫切。我国已经建立起全

＊ 翁仁木，博士，中国劳动和社会保障科学研究院工伤保险研究室副研究员，研究方向为工伤保险。

球最大的养老保障网和医疗保障网,① 家政服务人员主要来自农村地区,虽然大多数没有参加城镇职工基本养老保险和城镇职工基本医疗保险,但从参保数据来判断,参加城乡居民基本养老保险和城乡居民基本医疗保险的比重较高,已经获得了一定程度的保障。城乡居民基本医疗保险有大量财政补贴,本身待遇水平并不低,与城镇职工基本医疗保险没有明显的待遇差别。城乡居民基本养老保险待遇水平相对较低,但养老风险是长远风险,不是当前风险,而且风险由多方面主体分担,除了养老保险制度以外还有一定的家庭。工伤风险是即时风险,如无相应的保障,将影响当前的医疗救治,同时如果事故伤害造成劳动能力受损,也会对未来的劳动收入带来影响,并可能成为家庭负担。家政服务人员作为职业人群,应当享有职业伤害保障。

另一方面,工伤保险缴费额较低,是可负担的。养老和医疗风险是大概率风险,职工社会保险缴费额相对较高,家政服务人员更看重当期收入,不愿意也无力承担较高的缴费额。与养老和医疗风险不同,工伤是小概率风险,因此利用社会保险的大数法则,可以较低缴费额实现较高水平保障,这与家政服务人员总体收入水平较低、缴费负担能力不足是相适应的。目前我国工伤保险平均费率在 0.5% 左右,年人均缴费 300 元,远低于城镇职工基本养老保险(24%)和城镇职工基本医疗保险(8%)的一般水平。②

从理论上来说,家政服务人员有优先参加工伤保险的必要性,且在成本上是完全可负担的,但事实上,家政服务人员参加工伤保险存在诸多难点。虽然国际上和国内均有实践和尝试,但总体来说,并没有特别成熟的

---

① 根据《2020 年度人力资源和社会保障事业发展统计公报》,2020 年底全国参加基本养老保险人数为 99865 万人,其中参加城镇职工基本养老保险人数为 45621 万人,城乡居民基本养老保险参保人数为 54244 万人。根据《2020 年全国医疗保障事业发展统计公报》,2020年参加城乡基本医疗保险的人数为 136131 万人。

② 工伤保险平均费率根据人社部社保中心《工伤保险基金运行分析报告》计算。根据《国务院办公厅关于印发降低社会保险费率综合方案的通知》(国办发〔2019〕13 号)等文件,养老保险单位缴费比例可降至 16%,个人缴费比例为 8%。根据《国务院关于建立城镇职工基本医疗保险制度的决定》(国发〔1998〕44 号),用人单位缴费率应控制在职工工资总额的 6% 左右,职工缴费率一般为本人工资收入的 2%。

做法，尤其我国工伤保险制度相对特殊，家政服务人员工伤权益保障还需要不断探索。

一 家政服务人员参加工伤保险难点分析

虽然受到关注和作为优先选项，但家政服务人员工伤保险参保一直没有破题，主要是因为家政服务人员就业方式与我国工伤保险制度不匹配。我国工伤保险制度是从国企职工起步，并逐步向其他人群扩展的，主要适用于稳定就业、正规就业人群，与劳动关系严格绑定，总体待遇水平较高。中介制家政服务人员不与家政服务企业形成劳动关系，同时与用工家庭仅是民事关系，不是劳动法意义上的劳动关系，这与工伤保险制度有诸多不适应。具体来讲，主要有以下几个方面的困难，并且几个困难之间是相互关联的。

一是参保缴费难题。从制度起源来看，工伤保险实质上是对雇主风险的转移，因此奉行雇主责任制原则，由用人单位缴费，个人不缴费。一般情况下，缴费基数为月工资总额，并采取浮动费率方式。对于中介制的家政服务人员，由于没有用人单位，就没有缴费主体。作为雇用家政服务人员的家庭雇主，也无法作为用人单位为其进行工伤保险缴费。同时，与养老保险和医疗保险制度可以个人身份参保不同，我国工伤保险不存在个人参保渠道，这意味着家政服务人员无法以个人身份参保。

二是待遇责任难题。我国工伤保险制度与国外多数国家的不同之处在于，工伤保险待遇责任由工伤保险基金和用人单位共同承担。虽然用人单位已经承担了缴费责任，但一旦发生工伤事故，用人单位仍要承担部分责任，主要包括：停工留薪期的工资福利、护理费；一级至四级伤残职工保留劳动关系，退出工作岗位，由用人单位缴纳基本医疗保险费；五级至六级伤残职工由用人单位安排工作，无法安排的，由用人单位按月支付伤残津贴；五级至十级伤残职工解除劳动合同的，由用人单位支付一次性伤残就业补助金。在上述各项待遇中，停工留薪期的工资福利最具有代表性，因为除了工亡以外，每个工伤职工都享有此项待遇。因此，家政服务人员参加工伤保险不仅要明确缴费主体，还要明

确能够承担工伤发生后提供相关待遇的责任主体，否则就面临部分待遇缺失问题。对于中介制家政服务人员来说，无论是家政服务企业还是雇主家庭均不会愿意承担这部分待遇的责任，尤其是部分待遇责任是长期的而不是一次性的。

三是工伤认定难题。享受工伤保险待遇的前提是工伤认定，在有用人单位的情况下，工伤认定的调查取证有用人单位的配合，能够更大程度地保证工伤事故的真实性，同时用人单位需要承担工伤发生后的部分待遇责任，也能一定程度确保用人单位提供真实情况证明。即便如此，由于我国部分工伤认定情形不甚合理，目前工伤认定争议和诉讼已经存在多发势头，尤其是上下班交通事故、突发疾病死亡等情形争议较多，占用工伤保险行政部门大量精力。家政服务人员工作类型多样，部分家政服务人员没有固定的工作场所，上下班交通事故或者因工外出伤害等情形较难判定。部分家政服务人员没有固定的工作时间，以住家保姆为例，除了放假时间外，基本处于24小时工作或待命状态，[1] 一旦发生事故伤害或突发疾病死亡，将有很大可能性被认定为工伤（或视同工伤），这将拓宽工伤保险的保障范围，对其他职业人群而言不太公平，对基金支出而言也有风险。另外，在我国工伤保险待遇水平很高的情况下[2]，能否被认定为工伤，利益差别巨大，这无疑将进一步激化工伤认定中的矛盾。

二　家政服务人员工伤权益保障的全球经验

根据国际劳工组织的报告[3]，目前全球大约有7560万家政工人，占全

---

[1]　根据国际劳工组织第189号公约规定，凡家政工人不能随意自由支配他们的时间并需在住户家中随时听候可能的工作安排的时间段应被视为工作时间。

[2]　我国工伤保险待遇包括医疗待遇、伤残待遇和工亡待遇，保障项目齐全，保障水平高。比如，与医疗保险相比，工伤保险医疗在目录范围内无起付线、无个人自付、无封顶线，且是长期保障，对于重大工作伤害起到非常强大的保障作用。又比如，工亡待遇中的一次性工亡补助金为上年度城镇居民可支配收入的20倍，且连续增长，2021年已经达到88万元左右，而2012年大约为44万元，十年间翻了一番。

[3]　ILO, *Making Decent Work a Reality for Domestic Workers: Progress and Prospects Ten Years after the Adoption of the Domestic Workers Convention*, 2011（No. 189），Geneva：ILO, 2021.

球雇工的 4.5%。即使家政工人受到劳动和社会保护法的保护，但解决排斥和非正规化问题仍然存在挑战。报告显示，只有 18.8% 的家政工人享有有效的、与就业相关的社会保护。多数家政工人属于非正规就业，有 6000 多万人。

（一）国际劳工组织公约

家政工人中的很大比例是女性，推进家政工人权益保障实际上对保障女性就业权益和男女就业平等具有十分重要的意义，因此也受到国际劳工组织的关注。2011 年第 100 届国际劳工大会专门通过了《家政工人公约》（第 189 号公约），并于 2013 年 9 月 5 日正式生效。

第 189 号公约从多个方面规定了家政工人的权益保障。其中在工伤权益方面明确规定："每名家政工人都有权享有安全和健康的工作环境……以确保家政工人的职业安全与卫生"。同时，"各成员国须根据本国的法律和法规，在适当考虑家政工作的具体特点的情况下采取适当措施，确保家政工人在包括生育保护在内的社会保障保护方面享有的条件不低于适用于一般工人的那些条件"。

国际劳工组织同时通过了《家政工人建议书》（第 201 号建议书），建议书是对《家政工人公约》有关条款做出的补充规定。其中关于工伤权益明确规定，应保证家政工人职业安全卫生，建立适当的监察体系，收集和公布与家政工人相关的事故和疾病统计数据；应保障家政工人的社会保障权利和待遇；成员国应根据国家法律和法规考虑方便其缴纳社保金的方法（包括涉及为多个雇主工作的家政工人的情况），例如，通过一个简化后的支付体系。

国际劳工组织通过的第 189 号公约具有里程碑意义，受到许多国家尤其是家政工人数量较多的国家的欢迎和支持，目前全球共有 33 个国家加入了该公约。但根据 2021 年 6 月国际劳工组织发布的一份报告①，第 189 号公约

---

① ILO, *Making Decent Work a Reality for Domestic Workers: Progress and Prospects Ten Years after the Adoption of the Domestic Workers Convention*, 2011 (No. 189), *Geneva: ILO*, 2021.

通过以来，虽然已经取得了一些进展，完全被排除在劳动法和相关法规保护之外的家政工人人数占比减少了 16 个百分点以上，然而仍有大量家政工人完全被排除在劳动法之外。

（二）具体国家或地区的情况

工伤保险本质上是雇主责任的转移，因此多数国家工伤保险均与劳动关系绑定，家政服务人员能否获得工伤保障，与家政服务人员的具体雇佣性质有很大关系。如果属于正规劳动关系，则均能纳入工伤保险制度获得保障，否则就要看所在国家或地区是否有专门的政策规定。一般来说，如果家政服务人员没有劳动关系，属于自雇人员，各国或地区都很难将其纳入法定工伤保险制度，但可以通过商业保险方式给予一定程度的保障。有些国家或地区本来在工伤保障上采取的就是强制商业保险而非社会保险方式，因此家政服务人员一般采用类似商业保险的工伤权益保障方式。

1. 德国

德国是现代工伤保险制度的发源地，其制度理念和模式得到全世界众多国家的模仿。经过一百多年的发展，目前德国工伤保险制度保障人群已经大大突破了企业职工的规定，部分自由职业者、志愿者、学生等群体均被纳入了保障范围。德国实际上实现了从"工伤保险"向"事故保险"的转变。2019 年，德国人口为 8300 万人左右，法定事故保险参保人数大约为 7000 万人[①]。

德国社会法典第七册《法定事故保险》明确规定了事故保险的法定参保人和自由参保人，其中涉及护理和家政服务人员的共有两处。

其中关于法定参保人的规定如下："依《社会法典》第十一编第 19 条规定，对该法第 14 条规定的需护理人员进行护理的人员；保险范围包括身体护理（只要该护理有利于需护理人）、饮食护理、行动护理和家务料理。"（《社会法典》第十一编第 14 条第 4 款）

---

① 翁仁木：《德国学生法定事故保险制度借鉴研究》，《中国人力资源社会保障》2021 年第 4 期，第 41~43 页。

关于自由参保人的规定如下："家政服务人员及其配偶或生活伴侣的二代以内血亲姻亲、家务管家及其配偶或生活伴侣需照顾的子女，且血亲姻亲和子女无偿与家政服务人员（及其配偶或生活伴侣）一起从事家政工作的。"

因此，德国工伤保险制度对于家政服务人员的参保规定也是依据不同劳动身份和性质来明确的，分为强制参保和自愿参保两类。具体参保办法和政策则是由相关的同业工会来制定。相对而言，德国工伤保险制度是比较开放的，从参保人数就可以看出，除了退休人员以外，多数人群都被纳入了法定意外事故保险的保障范围。

2. 日本

日本工伤保险制度建立初期仅保护《劳动基准法》规定中的雇员，非受雇身份的劳动者并非工伤保险保障对象。考虑到这些劳动者在工作或通勤期间也会有伤害风险，却无法受到社会保险的保障，1965 年日本建立"特别加入制度"，允许这部分劳动者加入工伤保险。特别加入制度并非强制，由劳动者自由选择是否加入，但加入及退出均需要经过都道府县劳动局局长的认可①。

特别加入制度主要适用于四类人群，其中，从事照护工作的劳动者作为第二种特别加入者，可以自愿参加工伤保险制度。缴费基数为政府公布的 16 个档次，个人可以选择，缴费率为 0.6%。个人不是自行向经办机构参保，而是通过类似于职业工会的"特别加入团体"向经办机构参保缴费，并在申请书上写明具体工作内容、工作经历及缴费基数等信息。

在工伤认定上，对于长期护理人员和家务辅助人员，主要认定情形包括：（1）在《护理劳动者法》第 2 条第 1 款规定的与护理有关的服务中，护理工作者从事与沐浴、排泄、饮食等护理和其他日常生活护理、功能训练或护理有关的工作以及与其直接附带的行为的情况；（2）家务支持工作人员从事与烹饪、洗涤、清洁、购物、儿童日常生活照料和必要保护等日常生

---

① 翁仁木：《灵活就业人员工伤保障境外经验——以日本、马来西亚、新西兰和我国台湾地区为例》，《中国劳动》2021 年第 2 期，第 82~94 页。

活所需的行为有关的工作，以及与这些工作直接附带的其他行为的情况。在待遇水平上，特别加入者与一般雇员享受基本相同的政策待遇。医疗康复等实物待遇与一般雇员是一致的。现金给付遵循权利义务对等原则，待遇标准和规则是一致的，不同参保人的待遇水平高低主要根据个人缴费基数来确定。

3. 我国香港地区

我国香港地区工伤补偿制度总体采取政府立法、商业保险承保模式，属于强制商业保险，而非社会保险性质。根据《雇员补偿条例》（香港法例第282章）第40条的规定，只要雇主雇用雇员从事任何工作，不管合同期限长短，也不管雇员是全职工作还是兼职工作，所有雇主都必须购买雇员补偿保险，这是雇主必须履行的法定义务。《雇员补偿条例》规定，雇主必须为雇员购买商业保险保障工伤事故风险，并对保障额度等内容进行规定。如果雇主不按照条例购买雇员补偿保险，可被检控，一经定罪，最高可被判罚款10万港元及监禁两年。

香港是外籍家政服务人员重要流入地。根据香港法律规定，聘用外籍家政服务人员同样需要遵守《雇员补偿条例》规定，所有雇主必须为其雇员购买雇员补偿保险，以承担其对雇员因工受伤而在《雇员补偿条例》及普通法方面的法律责任。

三 我国地方实践情况

由于员工制家政服务人员与家政服务机构建立了劳动关系，能够纳入现行的工伤保险制度保障范围[①]，各地主要针对中介制家政服务人员工伤保障缺失问题，进行了一些探索实践。总体来看，主要有两种保障模式：一是采取商业保险模式；二是纳入现行工伤保险制度的试点。

---

① 由于社会保险和劳动关系绑定，员工制家政服务企业参加所有社保项目将负担较重。目前部分省区如贵州、广西等出台了小微企业优先参加工伤保险的政策文件，家政服务企业如果符合小微企业认定标准，也可以优先组织相关人员参加工伤保险。

（一）商业保险模式

针对家政服务人员职业伤害保障缺失问题，目前主要是通过意外伤害保险的方式来解决，它是商业保险产品而非社会保险制度。保险公司针对家政服务领域专门开发了家政保险，险种以责任保险为主，包括雇主责任保险和家政服务责任保险，因此保障范围包括家政服务人员自身的人身意外伤害以及家政服务人员过失对他人造成的损失，比单纯保障家政服务人员职业伤害范围要更宽。

国家政策文件明确提出推动家政保险，比如《国务院办公厅关于促进家政服务业提质扩容的意见》（国办发〔2019〕30号）提出要支持发展家政商业保险，鼓励家政服务企业购买相关保险产品，鼓励商业保险公司开发专门的保险产品，鼓励有条件的地区组织统一投保并进行补贴。在实践过程中，部分地方政府已经专门发文明确对家政服务企业购买家政保险进行财政补贴。比如2019年，山东省财政厅会同有关部门印发《关于加快推动家政服务业从业人员意外伤害保险补贴政策落地落实的通知》，降低了保险补贴门槛，扩大了受益人群覆盖面。

除了商业保险产品是主要保障渠道以外，近年来有些地方人社部门探索建立灵活就业人员职业伤害保障制度，实际上也可以涵盖灵活就业的家政服务人员。比如，江苏苏州吴江区、江西九江市、江苏泰州市等地探索建立政府主导的商业保险模式，对灵活就业人员职业伤害进行保障。

以苏州吴江区为例，参保对象是吴江区内灵活就业人员，无论户籍所在地是哪里，均可以参加职业伤害保险。以固定金额方式缴费，每人每年180元，但对于以个人身份参加了城镇职工养老保险或城乡医疗保险的人员，财政补贴为120元。认定情形是在从事的职业岗位上，因工作原因受到突发的、非本意的、非疾病的事故伤害。参照《工伤保险条例》设定了新的补偿项目名称，补偿标准是工伤保险的一半，且没有定期待遇，全部为一次性待遇。[①]

---

① 翁仁木：《平台从业人员职业伤害保障制度研究》，《中国劳动》2019年第10期，第84页。

吴江区灵活就业人员直接在社会保险经办机构缴纳保费，社会保险经办机构代收后再转给商业保险公司。灵活就业人员参保缴费时应当如实申报具体职业岗位及其主要工作内容等情况。参保人员受到职业伤害后，应及时向商业保险公司报案，配合做好材料申报和赔付调查等事项。经治疗和伤情相对稳定后存在残疾、影响劳动能力的，由商业保险公司委托苏州市劳动能力鉴定委员会进行劳动能力鉴定。

（二）工伤保险模式

一些地方开展了试点，主要有两种方式：一是个人以灵活就业人员身份参加工伤保险，如江苏南通市；二是通过用工单位参加工伤保险，如广东省。

1. 南通模式

南通早在 2006 年就开展了灵活就业人员职业伤害保障试点，主要特点是纳入现行工伤保险制度，仅对不适应之处进行修订。政策要点如下。

参保人群为已参加当地城镇职工养老保险或医疗保险的灵活就业人员。灵活就业人员需要通过各级劳动事务所、人才交流中心等劳动人事事务代理机构参保缴费。以固定费率方式征缴，费率水平为 0.5%，缴费基数与基本养老保险和基本医疗保险保持一致，并同步征收。工伤认定完全执行《工伤保险条例》有关规定。除了用人单位的责任外，其他待遇完全按照《工伤保险条例》执行。在基金和经办管理方面，灵活就业人员参保缴费直接并入工伤保险基金，由社保经办机构负责。[①]

如果家政服务人员属于灵活就业人员，理论上可以自愿参加工伤保险。但南通模式门槛高，需要当地户籍，且与其他社保绑定。制度本身合理性不足，在具体执行中已难以为继。

2. 广东模式

2020 年 12 月 31 日，广东省人力资源和社会保障厅、财政厅、税务局

---

① 翁仁木：《平台从业人员职业伤害保障制度研究》，《中国劳动》2019 年第 10 期，第 81 页。

印发了《关于单位从业的超过法定退休年龄劳动者等特定人员参加工伤保险的办法（试行）》（以下简称《办法》），并从 2021 年 4 月 1 日开始实行。政策适用于 8 类未建立劳动关系的劳动者，其中包括在家政服务机构从业的家政服务人员，主要有以下几个特点。

一是自愿参保。根据《办法》规定，从业单位可以自愿选择是否为从业人员参加工伤保险，而且可以是单项参保，参保人员按规定享受工伤保险待遇。因此，家政服务机构可以为家政服务人员自愿参加工伤保险，且并未要求"五险统征"，是利好家政服务业发展的政策，并非强制参保。

二是明确参保缴费政策。在参保地选择方面，单位可以在生产经营所在地为从业人员办理参加单项工伤保险、缴纳工伤保险费，突破了注册地的规定。在工伤保险费率方面，按照现行工伤保险八大行业费率政策和浮动费率机制执行，实际上就是按照单位目前适用的工伤保险费率进行缴纳。在工伤保险缴费基数方面，与现有政策并无太大差别，采用上年度全省全口径从业人员平均工资的 300% 和 60% 分别作为缴费基数上下限，在此范围内的根据实际情况申报。

三是明确权利义务关系。根据《工伤保险条例》规定，工伤保险待遇既包括基金支付的待遇，也包括用人单位支付的待遇，《办法》对此进行了变通，明确规定，用人单位支付的这部分工伤待遇由从业单位和从业人员个人进行友好协商，双方可以按照《工伤保险条例》规定的标准协商解决，也可以另外协商补偿标准，政府不做强制规定。如果双方协商难以达成一致意见的，可以通过民事诉讼或者其他法律途径解决，不作为劳动争议受理范围。为了尽量减少这方面的风险和矛盾，《办法》鼓励从业单位在参加工伤保险的基础上，通过购买商业保险方式，进一步转嫁从业单位的风险。

从业单位单项参加工伤保险的最大顾虑是担心从业人员以此证明劳动关系的存在，为了消除从业单位的顾虑，《办法》明确规定了单项参加工伤保险不作为确认劳动关系的依据，双方对确认劳动关系存在争议的，应当按照劳动争议有关规定处理。不过，为避免政策漏洞，如果从业单位违反承诺，为存在劳动关系的从业人员单项参加工伤保险的，从业单位并不能逃避劳动

关系下的雇主责任，需要依法承担工伤保险责任。

广东省上述工伤保险政策是在"南粤家政"工程背景下实施的，是支持家政服务业发展的利好政策。虽然将家政服务业纳入工伤保险同样面临工伤认定上的难点，以及由于从业单位可以不用承担工伤发生后的责任而可能存在道德风险，但广东省工伤保险参保人数超过3800万人，约占全国总参保人数的1/7，居全国首位，统收统支的省级统筹也使其有条件应对挑战。家政服务人员能否享受工伤保障，关键是从业人员有参保意识，同时从业单位愿意为其参保，因此政策宣传十分重要。

（三）两种模式对比

总的来看，两种保障模式各有优劣。商业保险的优点是灵活、方便、高效，意外伤害险操作方便灵活，对事故伤害性质的调查难度相对不大，但因为是商业保险，其保障水平与工伤保险制度相比有较大差距，且都是一次性待遇，无法对参保人员形成长期保障。

工伤保险的优点是保障水平远高于商业保险，且有长期保障，能对参保人员发挥很好的保障作用，充分发挥社会保险的优势。但工伤保险仅对与工作相关的伤害进行保障，保障范围比意外伤害险要小，同时调查取证更加困难，容易发生争议纠纷。尤其是在我国工伤保险待遇水平较高的情况下，如果对参保人群和工伤认定情形没有一定的限制，争议就更加多发。在我国目前工伤保险制度下，无论是以个人形式参保还是以从业单位参保，均存在一定的道德风险，对制度公平和可持续发展是不利的，试点推广仍有难度。

四 保障家政服务人员工伤权益的政策建议

在家政服务人员各项权益保障中，工伤权益有其特殊性，应当予以优先保障。家政服务人员主要来自农村地区，受工伤后，如果没有相应的保障，容易发生因伤致贫、因伤返贫，不利于乡村振兴和维护社会和谐稳定。工伤保险制度在这方面发挥着独特的重要作用。工伤保险制度的参保扩面一直以农民工群体为重点人群。截至 2020 年底，我国工伤保险参保人数达到 2.68 亿人，其中，农民工参保 8934 万人，占总参保人数的 33%，是职工社会保险中参保人数比例最高的。①

考虑到家政服务业用工方式多样，又以中介制为主，家政服务人员工伤权益保障应当根据人员性质采取分类施策原则，并通过商业保险方式，建立多层次保障体系，实现综合保障。

（一）推动员工制家政服务企业全员参加工伤保险

我国职工社会保险制度和劳动关系绑定，一旦确定劳动关系，各项社保待遇都能享受。同样，只要家政服务人员和家政服务企业或家政服务机构签订劳动合同、明确劳动关系，就能获得包括工伤保险在内的各项社保权益。因此，从促进行业长远健康可持续发展角度，应当鼓励家政服务企业采取员工制模式，规范劳动用工，更好地保障家政服务人员的权益。

根据《国务院办公厅关于促进家政服务业提质扩容的意见》（国办发〔2019〕30 号）精神，员工制家政服务企业的认定标准已经有所降低，并不要求其员工参加城镇职工社会保险，参加城乡居民社会保险也可以。但由于城乡居民社会保险仅有养老保险和医疗保险两项，并未涵盖工伤保险，因此作为员工制家政服务企业的认定标准之一，建议进一步明确员工制家政服务企业不论参加城镇职工养老和医疗保险或者城乡居民养老保险和医疗保险，均需要全员参加工伤保险。也就是说，允许员工制家政服务企业为其员工单独参加工伤保险。

另外，贵州、广西、安徽等部分省区市近年来已经出台了小微企业优先参加工伤保险的政策，家政服务企业如果符合小微企业认定标准，也可以为其员工优先参加工伤保险。因此，从政策上来讲，在这些省区市员工制家政服务企业优先参加工伤保险并不存在障碍。

员工制家政服务企业参加工伤保险在具体政策规定上可以适当创新，以

---

① 《2020 年度人力资源和社会社会保障事业发展统计公报》。

更加适应家政服务业特点。在筹资来源上，考虑到家政服务业对促就业、稳就业的作用，可以采取由就业专项资金对员工制家政服务企业工伤保险缴费进行补贴。实际上，目前已有部分省区市对商业性质的家政保险进行财政补贴，减轻家政服务企业负担，增强参保积极性。未来通过补贴方式鼓励家政服务企业和从业人员参加工伤保险，可以提高保障水平。

在参保缴费基数上，考虑到家政服务人员流动性大等特点，可以采取按营业额或者社会平均工资一定比例缴费，并创新参保缴费方式，可按年、半年或季度预缴工伤保险费，由工伤保险经办机构按月扣费，参保人员名单发生变化时，由家政服务企业通过微信、邮件、传真等便捷方式向经办机构报备。在工伤认定、劳动能力鉴定和待遇赔付程序上，应当进一步优化流程，减少环节和材料提交，实现"快认快赔"，切实维护参保人员工伤权益。在待遇享受上，根据家政服务人员特点，对待遇支付标准和支付方式等进行创新。

（二）畅通中介制家政服务人员自愿参加工伤保险渠道

由于中介制家政服务人员没有用人单位，参加工伤保险存在诸多难题，其工伤权益的保障主要有两个选择。

第一，纳入现行工伤保险制度。由于我国工伤保险待遇水平高，纳入现行工伤保险制度不可避免会增加矛盾。在短期内工伤保险制度本身没有改革的情况下，建议进一步观察广东省探索实践情况，分析总结和推广复制经验，为中介制家政服务人员提供自愿参加工伤保险的渠道。

一方面，要增强自愿参保的吸引力。一是对参保缴费进行财政补贴。与现有制度相适应，应由家政服务机构参保缴费，但成本实际上可能转嫁给家政服务人员个人承担，因此为提高个人和家政服务机构参保积极性，可考虑由财政对非员工制家政服务企业参加工伤保险进行补贴。二是进一步明确家政服务企业和从业人员的权利义务关系。尤其是对工伤发生后的待遇责任部分，应当明确由家政服务企业和从业人员个人协商，不做强制规定。

另一方面，要控制好工伤保险基金风险和保障制度公平。中介制家政服务人员作为特殊人群自愿参加现行工伤保险制度，与一般雇员存在区别，特别是在没有用人单位责任的情况下，缺少工伤认定环节的单位配合，可能会出现工伤认定困难和欺诈骗保的道德风险，因此在工伤认定情形上可以考虑进行适当限制，比如排除上下班交通事故、突发疾病死亡等情形，尽量排除有可能出现争议的方面。

第二，参加新建立的职业伤害保障制度。在外卖、网约车、即时配送等新业态从业人员职业伤害保障制度设计过程中，如果采取单建制度的方式，应当为其他灵活就业人员包括中介制家政服务人员的参保留下政策通道。

无论采取何种方式，从长远来看，只有适应时代发展进行改革，工伤保险制度本身才能更有生命力。未来工伤保险制度需要更加适应各种人群，真正发挥出对职业伤害的保障作用，不区分职业类型和工作方式，凡是与职业伤害有关的情况都能够得到保障。

（三）推行商业保险，覆盖所有家政服务人员

商业保险具有灵活、高效的优势，能够减少用人单位和个人承担的风险，并提供一定的保障，目前已经在实践过程中大量采用，国家政策文件也鼓励保险公司设计开发相应的保险产品，有条件的地区可以进行财政补贴。未来需要进一步明确商业保险的定位，并完善相关政策标准，可以从两个思路来设计商业保险的作用。

一是商业保险发挥补充工伤保险的作用。由于工伤发生后用人单位需要承担部分待遇责任，工伤风险并没有完全转移，同时中介制家政服务人员的这部分待遇也不明确，因此可以考虑通过另外购买商业保险产品的方式，将这部分待遇责任从用人单位转移给商业保险公司。家政服务企业通过参加工伤保险和购买商业保险，将可以把所有工伤风险转嫁出去。在工伤认定、工伤保险赔付基础上，商业保险进行补充赔付，商业保险以工伤保险为前提。

二是商业保险独立发挥作用。通过商业意外险方式，商业保险公司可以对家政服务人员发生的意外伤害事故进行赔付，不建立在工伤保险基础之

上。商业保险对所有意外伤害风险进行保障，其中包括了工伤风险，保障范围更宽。一方面可以提高家政服务人员工伤的保障水平，另一方面对于难以纳入工伤保障范围的，也可由商业保险保障，既在一定程度上解决了从业人员的保障问题，也缓解了工伤认定矛盾争议集中的问题。对于商业保险产品的设计，政府部门可以根据行业情况相应制定最低保障标准。

案 例 篇
Case Study

B.14
郑州家政服务业信用体系建设
分析报告

王　瑜[*]

摘　要： 强化家政服务业信用体系建设，是家政服务业提质扩容的重要基础，是满足人民群众日益增长的美好生活需要的必然要求。目前郑州已经初步构建了家政服务信用评价体系和家政服务综合信息平台，但在信用体系建设中还存在机制不健全、诚信意识有待提高、建设不完善等问题。建议发挥党建引领作用、做好诚信宣传、建立征信体系、加大联合奖惩，强化家政服务业信用体系建设，逐步构建多层次、全方位、全链条的信用体系。

关键词： 家政服务业　信用体系　信用评定　信用平台

---

[*] 王瑜，郑州市家庭服务业协会会长。

郑州市家政服务业现有企业 3109 家，从业人员 21.3 万人，年营业额 45 亿元。2019 年，郑州市被国家发改委、商务部等 5 部门确定为家政服务业提质扩容"领跑者"行动重点推进城市。2020 年，郑州市被河南省发改委、财政厅等 6 部门确定为河南省家政服务业提质扩容试点城市。

强化家政服务业信用体系建设，是家政服务业提质扩容的重要基础，是满足人民群众日益增长的美好生活需要的必然要求。对增强家政服务业主体诚信意识、营造优良的信用环境、推动家政服务业提质扩容、高质量发展具有重要意义。打造高水平的家政服务业信用体系、为行业发展贡献含金量高的研究成果，是郑州家政服务业急待深入研究思考的重大战略和实践的新课题。

一 郑州家政服务业信用体系建设的重要性

（一）有利于保障家政服务市场健康运行

郑州市家政服务业正处于提质扩容、领跑全国家政服务业高质量发展的关键期。现代市场经济是信用经济，强化家政服务业信用体系建设，是整顿和规范家政服务业市场经济秩序、改善市场信用环境、降低交易成本的重要前提，是优化家政服务业营商环境、促进家政服务业提质升级的迫切要求。

（二）有利于提升家政服务业服务质量

强化家政服务业信用体系建设，是深化家政服务业供给侧结构性改革、提升家政服务质量水平、提高家政服务业诚信度及社会认可度的重要支撑，是满足人民群众日益增长美好生活需要的重要举措，是推进家政服务业规范化、标准化和精细化发展的迫切要求。

（三）有利于提高家政服务管理水平

当前，家政服务需求更加多元化、专业化，各种矛盾凸显，家政服务业的管理手段、管理方式、运行体制机制也在发生深刻变化。强化家政服务业信用体系建设，是政府实现高效监管，完善构建消费者、家政服务人员和家政服务企业三方信用制度的重要抓手，是增强家政服务业主体诚信、促进行业自律、促进供需双方和谐、营造科学管理服务环境的有效手段，是实现家政服务业机构管理规范化、从业人员组织化、政府监管信息化的迫切要求。

（四）有利于优化家政服务业信用建设共建共享

以法治为保障，夯实企业信用体系建设基础。信用体系建设应当是一个以法治原则为主导的制度建构过程。今后信用体系建设的首要任务是推动统一信用立法，明确信用体系各相关主体的责任，约束企业信用信息的收集和使用行为，加强信用信息保护，为信用体系建设提供法治保障。要以平台为载体，推动共建、共享、共治。以惩戒措施清单等为依托，规范惩戒措施。以创新为驱动，鼓励开展信用体系建设探索，完善平台网站一体化信息系统建设，健全以信用为基础的新型监管机制。

二　郑州家政服务业信用体系建设存在的问题

（一）信用机制不健全

目前还没有一部全国性的家政服务业信用管理法律法规，只是在《刑法》《合同法》《消费者权益保护法》等法律中，零散地涉及社会信用体系建设，还不能对家政服务企业和家政服务人员的各种失信行为形成强有力的法律约束。

近年来，虽然地方相关部门也陆续出台了一些家政服务业信用管理

的标准与办法，但与目前行业快速发展的形势和市场需求相比，信用体系建设的规范度和标准化仍然较为滞后。信用体系建设的透明度较低，信用服务市场发育缓慢，执行标准不统一，数据不联通，存在信用"信息孤岛"现象，对从业人员没有较为权威的征信渠道和服务质量追溯机制，行业信用判断与评估的抓手不够、效率不高，规范、高效的信用机制尚未建立。

（二）信用意识有待提高

部分家政服务人员隐瞒真实信息，不按合同约定提供服务，偷盗雇主钱财、伤害老幼病残人员等案件时有发生。部分家政服务企业以不正当竞争、哄抬价格、虚假宣传等手段误导消费者。有的企业对信用体系建设重视不够，研究不透，缺乏实际有效的推进措施，进展不大，效果不明显。有的企业责任意识、标准意识、时间观念淡薄，执行力不足，对信用体系建设要求不严，标准不高，日常工作中小的失信行为时有发生。有的企业对信用体系理解存在误区，宣传和管理不到位，该宣传的宣传不够，该教育的教育不够，该管理的管理不够。出现了"诚信缺失无关论""诚信缺失难免论""诚信缺失从众论"等。

（三）信用体系建设不完善

信用体系建设还不完善，"让守信者获益、使失信者受罚"机制尚未完全建立，没有真正形成统一组织、合力推进的局面。家政服务业涉及发改、商务、人社、工商、民政等多个部门，由于政府统一、有效、协调的管理体制机制尚未建立健全，信用体系规范建设的顶层设计和部门信息共享还需要加强，信用体系规范建设存在重评比、轻创建，重有形建设、轻无形建设等现象。工作不够扎实，上热下冷，表面抓得多、深层抓得少。行业信用监管的主体缺位，标准不统一，存在多头管理或管理盲区。规范化、法制化、透明化的信用监管机制和奖惩机制尚不成熟，没有真正形成统一、协调的监管合力。

（四）存在信用"信息孤岛"

信用本质上是建立在对人的信任基础上，因为再好的制度，在执行的时候往往也会有偏差。尤其是在利益驱使的情况下，制度执行者会破坏制度。这种破坏制度的行为包括篡改数据、倒卖数据等，一些家政服务公司正是靠雇主与家政服务人员的信息不对称赚钱。信用体系的透明度低，单打独斗、各自为政的现象较为普遍。当前，一些部门已拥有自己的信用记录评价机制，比如银行的征信体系、工商部门的企业信用信息平台等。但建设标准不统一，数据不联通，未形成合力。一些部门掌握的信用信息只关注与本部门职责直接相关的一个或几个方面，不能全面准确地反映企业整体信用状况，产生了"信用信息孤岛"问题。

三　建立郑州市家政服务信用评价体系

郑州市家政服务信用评价体系由信用等级和评价指标构成，通过对家政服务机构和家政服务人员进行信用等级划分，建立评价指标，进行信用评价。

（一）信用等级和评价指标

1. 信用等级

家政服务机构的信用评价总分100分，信用等级按评价得分分为8个等级，最高为5A级，对应评分在95分及以上；最低为D级，对应评分在40分以下，包括发生重大事故对用户和社会公众造成恶劣影响的，以及被其他信用体系列入"黑名单"的。

家政服务人员的信用评价总分也是100分，分为三个等级。其中评价得分在85分及以上的为"信用优秀"，60~85分为"信用合格"，60分以下的为"失信警告"。

2. 评价指标

家政服务机构信用等级评价指标包括基本情况、标准化建设、服务质量、财务状况及其他（加分和减分项）5 个一级指标，下设 17 个二级指标和 29 个三级指标。其中基本情况共 35 分，包括历史沿革、资本实力、品牌建设、办公条件、培训力量和人力资源等内容；标准化建设共 20 分，包括工具使用、服务流程和制度建设及执行等内容；服务质量共 25 分，包括服务能力、培训情况和售后服务等内容；财务状况共 20 分，包括资产负债、经营能力、发展潜力等内容。指标中增加了两个加分项和三个减分项。对存在严重失信情况如重大违法行为、恶意逃避债务、重大合同欺诈等行为的，直接评为 D 级。对取得法人资格不满一年或者涉嫌违法被立案查处尚未结案等情况的机构不予评级。

家政服务人员的信用等级评价指标包括身份认证、健康认证、性格认证、技能认证、履历认证 5 个方面，并细分为 19 个二级指标。此外，结合4 项附加分，综合评价家政服务人员信用状况。家政服务人员有以下情况之一的，信用评级直接降为"失信警告"：被列为失信被执行人被列入失信黑名单的，造成恶劣社会影响的其他严重失信情形。

（二）评价原则和要求

1. 评价原则

按照全面性、一致性、公正性、公开性和保密性基本原则对家政服务机构和家政服务人员的信用进行评价。所有依法登记注册的家政服务机构均纳入家政服务机构信用等级评价体系。评价程序、评价结果将向社会公开，接受社会监督。

2. 评价要求

评价机构由经登记注册从事家政服务业的市级以上社会组织承担。评价机构召集评价组具体负责实施评价，评价组成员从相关单位的专家库中选取，且与被评价服务机构无直接利益关系。评价组成应具有一定的信用管理知识和评价工作经验，熟悉家政服务机构和人员的相关评价准则和程序，并定期接受政策法规、专业知识和评价标准等的相关培训。评价时，对各项指标进行评分，评价内容与标准一致，评价过程规范，评价结果公开、公平、公正。

（三）评价方式

家政服务机构的信用等级评价采取家政服务机构自我评价和评价机构现场评价相结合的方式。首次评价和升级评价采取评价机构现场评价的方式，复审评价以家政服务机构自我评价为主，对进入复审环节的机构抽样进行评价机构现场评价，抽样率不低于20%。

家政服务人员的信用等级评价采取家政服务机构线下评价和评价机构线上审核相结合的方式。家政服务机构成立评价组，按照家政服务人员的信用等级评价表对各项指标进行评分，并提出信用等级建议，连同有关证明材料提交给评价机构。评价机构对家政服务机构提交的等级评价报告和证明材料进行线上审核，审核未通过的及时反馈原因。

（四）评价结果和跟踪改进

评价机构根据国家法律法规及相关要求，按照委托协议约定，向社会发布家政服务机构和家政服务人员的等级评定结果及相关内容。

评价机构应动态监管被评价对象的信用等级，定期不定期地抽取一定比例进行复审。对不符合要求的家政服务机构和家政服务人员，应及时调整其信用等级。对造成突发重大事故、对用户和社会公众造成恶劣影响以及被其他信用体系列入黑名单等情况的家政服务机构和家政服务人员，应及时调整其信用等级。

四　打造郑州市家政服务业综合信息平台

在政府相关部门的支持下，由郑州市家庭服务业协会依托商务部信用信息体系的数据资源，建立了郑州市家政服务业综合信息平台，为全市家政服务业进行技术赋能。

（一）五位一体

郑州市家政服务业综合信息平台包含信用查询平台、应用平台、中控平台、分析平台和协会平台，实现了平台的"五位一体"。具体包括：①家政服务业信用体系本地的公共服务平台，权威的家政服务业信用查询平台；②本地消费者进行线上预约、线上视频面试家政服务人员并对服务评价的应用平台；③家政服务企业经营管理的互联网中控平台；④供相关政府部门真实、直观、动态把控行业大数据的分析平台；⑤郑州市家庭服务业协会官方网站平台。

（二）平台综合

该平台基于全面、大量、动态的数据支撑，通过规范的统计模型，为消费者提供服务人员和家政服务企业的可靠信息，同时为相关政府部门提供真实、直观、动态的行业大数据分析结果。综合平台接入智慧财经全媒体旗下新闻、舆情、社群、电商等工具，以信用郑州家政智慧地图为主要展示手段，逐步充实完善政府监管、银行信贷、行业评价、媒体公布、企业评估、市场反馈等服务功能。该平台同时为家政服务企业提供了客户管理、服务人员管理、微官网、小程序、线上直播、合同管理、三方远程面试、保险定制等多项功能，极大地方便了企业及消费者。目前该平台已覆盖通过商务部家政服务业信用信息平台认证的家政服务人员 12000 人，实现了员工制家政服务企业个人信用信息登记注册全覆盖，有效提升了全市家政服务业规范化、网络化健康发展，增加了郑州市人民群众使用家政服务的安全感和幸福感。

（三）平台结构

平台整体构架分为资源层、数据层、服务层、应用层、业务层。对外的业务展示包括：平台官网、移动官网、企业端 App、消费者端 App、微信端、多个功能板块的微信小程序（预约下单、上门卡办理、体检预约、线上培训、视频面试等）。

平台具体包括家政服务业门户网站、综合性家政服务信用平台、企业信息化经营管理工具平台、服务员云平台、平台管理后台和大数据展板六大模块。

（四）平台功能

平台为消费者提供了查询、下单和评价功能。消费者可以通过平台进行家政服务企业、家政服务人员证书的查询，并可预约下单，进行多方的视频面试，服务完成后可以对家政服务人员进行评价。

平台向企业开放的功能比较全面，主要包括以下内容：一是企业的评级认证，包括评级申请和认证通过；二是对员工的管理功能，包括企业认证员工健康体检预约、已体检员工居家上门服务证的申办、在线保险购买等；三是培训管理和企业名师在线教学；四是信用查询和预警功能，包括对服务人员信用的在线查询、服务人员证书的查询核验和企业信用的预警机制等。

同时，平台还将企业信息数据化、可视化，并集成至郑州家政智慧地图，为企业提供政策、行业信息及舆情的精准推送。以微信公众号向公众进行宣传，对不诚信企业、不诚信服务人员和不诚信雇主，公众可以进行投诉，为全面推进郑州市家政服务业信用体系建设奠定了坚实的基础。

五　做好信用体系建设的基础工作

（一）家政服务业信用信息录入工作稳步推进

郑州市相关主管部门联合郑州市家庭服务业协会，组织全市家政服务企业和从业人员开展了常态化的信用体系信息系统的录入工作。截至 2022 年，郑州市参与商务部家政信用信息平台信息录入的有家政服务企业 108 家，家政服务人员 86321 人，通过信用验证 31348 人，走在河南省的前列。家政服

务企业信用记录完整度达到87%，家政服务人员信用记录完整度达到89%，录入信息条目占全省的30%。

（二）家政服务人员"一人一卡一码"持卡上岗制度取得实效

政府出资向郑州市1.2万名家政服务人员提供了公立医院免费体检。在为每位健康的家政服务人员颁发体检合格证的基础上，推出了家政服务人员"一人一卡一码"持卡上岗制度。通过扫码，可以清晰地查看家政服务人员的基本信息、健康信息、职业培训情况，以及从业经历、购买保险情况等，使消费者能够放心消费。在政府的监管下，家政服务人员"一人一卡一码"持卡上岗制度为构建消费者、家政服务人员和家政服务企业三方诚信体系打下了坚实基础。

（三）家政服务业信用等级评定工作扎实开展

由郑州市发改委组织牵头，联合市商务、人社等部门与市家庭服务业协会等行业组织，积极开展郑州市家政服务业信用等级评定工作，从综合实力、人力资源、机构管理、服务质量、"领跑者"行动落实情况五个方面，评选出三星级家政服务企业20家，每家奖励10万元。为进一步规范郑州市家政服务企业的经营行为、提高企业诚信意识、增强行业诚信度和公信力，发挥了示范带头和行业引领作用。

（四）制定《郑州市家政服务消费纠纷解决办法》

郑州市家庭服务业协会制定了《郑州市家政服务消费纠纷解决办法（试行）》，旨在规范家政服务活动，维护消费者、家政服务机构、服务人员的合法权益，公平、公正、合理地解决家政服务过程中出现的消费纠纷。郑州市家庭服务业协会组织专业人士、社会代表、企业界人士设立家政服务消费纠纷调解委员会，根据自愿原则开展调解工作，制定工作细则，明确调解委员会的人员组成、职责、范围、程序、制度和实施办法。努力为构建良好家政服务业环境、促进家政服务消费提供更多保障。

（五）组织制定家政服务行业标准

郑州市家庭服务业协会充分发挥养老护理、母婴护理、保洁、家电清洗专业委员会的作用，修订完善了《家政服务·居家保洁服务规范》，起草了《家政服务机构管理规范》《互联网家政保洁服务规范》《家政服务机构管理规范》《家庭教育与指导服务质量规范》《家政服务·居家保洁安全规范》《家政服务·居家养老服务规范》《家政服务·整理收纳服务规范》《家政服务机构信息化建设规范》《家政服务·月子中心服务规范》《郑州市家政服务信用建设规范》等标准。其中《家政服务·居家保洁服务规范》已获河南省市场监督管理局批准发布。

六 对进一步做好家政服务业信用体系建设的建议

（一）坚持党建引领

把发挥好党建引领作用作为郑州市家政服务业信用体系建设工作的核心环节来抓。将党组织的组织力转化为推进信用体系建设的战斗力，充分发挥基层党组织战斗堡垒和先锋模范作用，注重发挥党员先锋模范作用。力争通过"党建+"行动，破解企业失信难题，增强企业诚信意识。提升企业党组织凝聚力，激发企业内生动力，使信用档案对家政服务人员覆盖率达到100%，助推行业高质量发展。

（二）搞好诚信宣传

充分利用协会网站、行业自媒体、微信公众号、抖音、《郑州家庭服务》刊物等媒体手段，大力开展信用体系建设宣传。讲好家政"诚信故事"，书写家政"诚信精彩"，展现家政"诚信作为"。营造"守信光荣、失信可耻"，"诚信做人、诚信做事"的良好氛围，形成人人讲诚信、事事讲诚信的工作和生活环境。做到让家政服务业信用体系建设工作人人知道、积极参与。

（三）建立征信体系

根据家政服务业特点，探索建立家政服务业征信体系。由政府主导、行业协会组织，创建郑州市家政服务企业和人员信用档案，以企业注册信息和人员身份信息为基础，逐步充实完善政府监管、银行信贷、行业评价、媒体公布、企业服务、市场反馈等相关信息，并通过全市家政服务业信用信息服务平台面向社会公众开放查询，作为消费者查阅、行业评选、政府监管、企业和从业人员等级评定等工作的重要依据。探索建立家政服务信用认证评价机制，鼓励支持第三方专业机构提供信用认证和优质服务承诺，针对专业性强、消费者难以评价的服务项目，可由第三方机构提供评价信息，给消费者提供参考信息，打造诚信、安全、可靠的市场环境。

（四）加大联合奖惩力度

加大守信联合激励和失信联合惩戒力度，建立家政服务企业和从业人员的"红黑榜"制度。依据市场主体信用等级实施分类管理，对守法诚信企业和人员给予更多参与市场交易和提供服务的机会，在政府购买服务、财政补贴、行业评优等工作中优先考虑。对违法失信企业和人员实施跨部门联合惩戒，加大对黑名单企业的监管力度，提高检查频次，支持行业组织按照有关管理规定，对"黑名单"主体实施限制会员、降低信用等级、公开曝光等惩戒措施。

新时代强化家政服务业信用体系建设，既要有宏观导向性，也要有针对性和可行性。家政服务业需要积极探索新形势下做好行业信用体系建设的新思路、新方法、新举措，注重行业信用体系建设的全面性、一致性、公正性、公开性、安全性，以专业优势和开放包容、精诚合作、团结互助的精神，逐步建成多层次、全方位、全链条的行业信用体系。

国际借鉴篇

International Practices and Experiences

B.15
国外家政工人法律保护状况分析

丁赛尔*

摘　要： 家政工人是较为脆弱的就业群体，缺乏有效的保护。非正规性是家政工人权益缺乏保障的主要原因之一。国际劳工组织 2011 年通过了《家政工人公约》(第 189 号)，推动家政工人工作的正规化，一些国家也积极推动立法和制度建设。美国加州《家政工人权利法案》以及加拿大"住家保姆计划"和"家政护理员移民新项目"是其中较为典型的案例。我国也一直努力促进家政服务业的规范化和职业化发展，但是总体来说，目前家政服务人员的社会保障程度较低。借鉴美国和加拿大的做法，可以将家政服务人员按服务性质和内容进行分类，从最容易规范的群体着手，从最急迫的权益保护项目开始，逐步完善相关政策制度，推动我国家政服务人员权益逐步得到保障。

关键词： 家政服务业　家政工人　法律保护　权益保护

* 丁赛尔，中国劳动和社会保障科学研究院国外劳动和社会保障研究室主任，研究员，研究方向为中外就业制度比较研究、青年就业、家政服务业发展、外国人来华工作政策等。

随着社会经济的发展和人口老龄化程度的深化，全球家政工人的数量不断增加，2019 年，全球家政工人达到 7560 万人，但是由于家政工作的特殊性，约 80% 的家政工人处于非正规就业状态。国际劳工组织 2011 年通过了《家政工人公约》（第 189 号），推动家政工人工作的正规化，维护家政工人的劳动权益。一些国家也积极推动立法和制度建设，为家政工人提供必要的劳动权益保护。

一 全球家政工人法律保护概况

（一）全球家政工人劳动和社会保障法律法规覆盖程度

国际劳工组织 2011 年通过了《家政工人公约》（第 189 号）。到目前为止，已经有 35 个国家和地区加入了公约。公约自通过以来，各国政府积极行动，努力将家政工人纳入国家劳动法律法规的覆盖范围。一些国家将家政工人纳入了国家一般劳动法的规范范围，一些国家通过了针对家政工人的特别劳动法律或者附属条例，另一些国家部分通过一般劳动法规范、部分通过劳动法的附属条例或特别劳动法规加以规范。

根据国际劳工组织 2020 年对 108 个接受调查的国家的数据分析，有 88% 的国家劳动法律法规全部或者部分覆盖了家政工人。其中 25.0% 的国家的家政工人受一般劳动法规范，在 51.9% 的国家中受综合性法律法规规范，在 11.1% 的国家中受劳动法的附属条例和特别劳动法律法规规范。在 8.3% 的国家中，家政工人被完全排斥在劳动法律法规覆盖范围之外。从 2010 年接受调查的国家的发展趋势看，越来越多的国家通过综合性法律法规覆盖家政工人，在 2010 年接受调查的 75 个国家中，采取这种方式的国家从 23 个迅速增加到 35 个，而被一般劳动法覆盖和被劳动法的附属条例或特别劳动法规覆盖的国家数量分别减少了 6 个和 3 个（见表 1）。

表 1　2010 年和 2020 年家政工人被劳动法律法规覆盖的程度

| | 2010 年接受调查的国家 | | | | 2020 年接受调查的国家 | |
| | 2010 年法律 | | 2020 年法律 | | | |
	国家数	占比（%）	国家数	占比（%）	国家数	占比（%）
全部或部分被劳动法律法规覆盖的家政工人	60	80.0	63	84.0	95	88.0
其中:被一般劳动法覆盖	27	36.0	21	28.0	27	25.0
部分被一般劳动法覆盖、部分被劳动法的附属条例或特别劳动法规覆盖	23	30.7	35	46.7	56	51.9
被劳动法的附属条例或特别劳动法规覆盖	10	13.3	7	9.3	12	11.1
完全被排除在劳动法律法规覆盖范围之外的家政工人	13	17.3	9	12.0	9	8.3
联邦制国家,各州之间情况不同	2	2.7	3	4.0	4	3.7
合　计	75	100.0	75	100.0	108	100.0

资料来源：ILO, *Making Decent Work a Reality for Domestic Workers: Progress and Prospects Ten Years after the Adoption of the Domestic Workers Convention*, 2011（No. 189）, Geneva: ILO, 2021。

与此相应，全球有 53.4% 的家政工人被纳入劳动法律法规的覆盖范围，其中 11.4% 的家政工人被一般劳动法覆盖；30.2% 的家政工人部分被一般劳动法覆盖、部分被劳动法的附属条例或特别劳动法规覆盖；11.8% 的家政工人仅被劳动法的附属条例或特别劳动法规覆盖。然而，全球仍然有 36.1% 的家政工人完全被排除在劳动法覆盖之外（见图 1）。

（二）各区域家政工人受法律法规覆盖程度

分区域看，家政工人受法律法规覆盖的情况差异较大。其中，在欧洲和中亚、阿拉伯国家和美洲，家政工人的法律覆盖程度较高，亚太地区和非洲的家政工人受法律保护程度较低。

在欧洲和中亚，几乎所有的家政工人都受到某种形式劳动法律法规的保护。其中 18.8% 被一般劳动法覆盖，67.2% 部分被一般劳动法覆盖、部分被劳动法的附属条例或特别劳动法规覆盖，13.9% 被劳动法的附属条例或特别

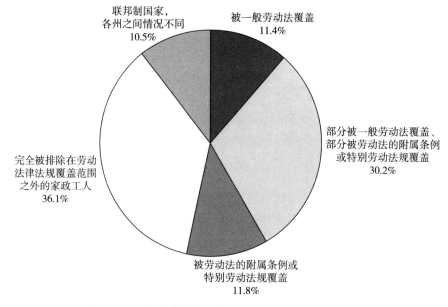

图1　2020年全球家政工人受劳动法律法规覆盖的情况

资料来源：ILO，*Making Decent Work a Reality for Domestic Workers*：*Progress and Prospects Ten Years after the Adoption of the Domestic Workers Convention*，2011（No. 189），Geneva：ILO，2021。

劳动法规覆盖。但是必须指出的是，该地区一般劳动法覆盖范围广，适用于大多数雇员，很少明确提到覆盖家政工人。由此家政工人就被解释为被一般劳动法覆盖。但在实际执行中，因没有明确提及家政工人，可能会导致适用方面的困难。具体来说，在东欧，家政工人理论上完全受一般劳动法的规范。在北欧、南欧和西欧，只有10.8%的家政工人完全受一般劳工法的保护。在中亚和西亚，绝大多数家政工人（61.4%）只受特别法律法规或劳动法的附属条例的保护，少数家政工人（5.3%）只受一般劳动法的保护。

在美洲，95.2%的家政工人受某种程度的法律保护，4.8%的家政工人由于身处联邦制国家，各州的法律规定不一致。其中拉丁美洲和加勒比地区的家政工人有83.4%部分被一般劳动法覆盖、部分被劳动法的附属条例或特别劳动法规覆盖，12.2%被劳动法的附属条例或特别劳动法规覆盖，4.4%被一般劳动法覆盖。在北美洲69.8%的家政工人被一般劳动法覆盖。

在阿拉伯国家，93.7%的家政工人完全被排除在一般劳动法的覆盖范围之外，只被劳动法的附属条例或特别劳动法规覆盖，只有 3.4%的家政工人被纳入一般劳动法和特别劳动法规的综合管理，而其余的 2.9%则完全被排除在劳动法律法规覆盖范围之外。在过去几年中，阿拉伯国家在引入一些基本劳动法保护家政工人方面取得了进展。例如，巴林在 2012 年通过了新的《劳工法》，通过承认带薪年假等一些权利，将家政工人部分纳入了规范范围。沙特阿拉伯、科威特和卡塔尔分别于 2013 年、2015 年和 2017 年针对家政工人在劳动法中加入了具体的附属条例，将一定的法律保护延伸到家政工人。

在非洲，63.4%的家政工人享有某种程度的法律保护，其中的绝大多数部分被一般劳动法覆盖、部分被劳动法的附属条例或特别劳动法规覆盖，占 44.9%。近年也有几个非洲国家修订或通过了关于家政工作的法律，提高了该地区家政工人的劳动法律覆盖程度。例如几内亚、纳米比亚将修改劳动法，使其适用范围扩大到家政工人。安哥拉于 2017 年通过了一项总统令，为家政工人建立了新的法律和社会保护框架。在摩洛哥，一项关于家政工人的新法律已于 2018 年生效。

在亚太地区，家政工人受劳动法律法规保护的比例相对较低，61.5%的家政工人仍然完全被排除在劳动法律法规覆盖范围之外（见图2）。近年来，一些国家也积极提高对家政工人的劳动权益保护程度。例如菲律宾 2013 年通过了关于家政工作的全面立法（第 10361 号共和国法案），泰国于 2012 年通过了一项部令，使其《劳动保护法》的大部分内容适用于家政工人，但最低工资和每日最长工作时间除外。柬埔寨在 2018 年通过了一项法规，规定家政工人最低年龄为 18 岁，要求签订书面合同，并规定家政工人享有每周连续 24 小时的休息、带薪假期、节假日加班补偿和一些社会保险。

（三）具体劳动权益的法律覆盖程度

1. 工时和休息休假

根据国际劳工组织的调查，在接受调查的 108 个国家中，75 个国家规

■ 联邦制国家，各州之间情况不同
■ 完全被排除在劳动法律法规覆盖之外的家政工人
■ 被劳动法的附属条例或特别劳动法规覆盖
□ 部分被一般劳动法覆盖、部分被劳动法的附属条例或特别劳动法规覆盖
□ 被一般劳动法覆盖

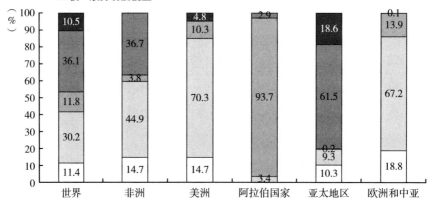

图2 2020年各区域家政工人受劳动法律法规覆盖的程度

注：因四舍五入，有的合计不完全等于100%。

资料来源：ILO，*Making Decent Work a Reality for Domestic Workers：Progress and Prospects Ten Years after the Adoption of the Domestic Workers Convention*，2011（No. 189），Geneva：ILO，2021。

定了家政工人的每周正常工作时间上限，占69.4%。其中54个国家规定的家政工人每周正常工作时间与其他工人相同，个别国家甚至更短，比如比利时。另外21个国家规定的家政工人每周正常工作时间比其他工人长。有27.8%的接受调查的国家没有规定家政工人的每周正常工作时间。相对应的，有34.8%的家政工人每周正常工作时间与其他工人相当或低于其他工人；5.7%的家政工人每周正常工作时间有限制，但长于其他工人；48.9%的家政工人没有每周正常工作时间的限定保护（见表2）。

表2 2020年家政工人享有每周正常工作时间权益的情况

指标	国家		家政工人	
	数量	占比（%）	人数(百万人)	占比（%）
每周正常工作时间与其他工人相当或更短	54	50.0	26.3	34.8
每周正常工作时间限制比其他工人更长	21	19.4	4.3	5.7

指标	国家		家政工人	
	数量	占比(%)	人数(百万人)	占比(%)
没有每周正常工作时间限制	30	27.8	37.0	48.9
联邦制国家,各州之间情况不同	3	2.8	8.0	10.5
合　计	108	100.0	75.6	100.0

注:因四舍五入,合计不完全等于100%。

资料来源:ILO, *Making Decent Work a Reality for Domestic Workers: Progress and Prospects Ten Years after the Adoption of the Domestic Workers Convention*, 2011 (No. 189), Geneva: ILO, 2021。

相对于工时限制,规定家政工人享有每周休息权的接受调查的国家占比更高。77.8%的接受调查的国家赋予家政工人与其他工人相同甚至更有利的每周休息权。但仍然有13.9%的国家没有赋予家政工人每周休息权。尽管绝大多数国家赋予家政工人每周休息权,但这些国家只雇用了全球48.9%的家政工人。37.3%的家政工人集中在没有赋予其每周休息权的国家(见表3)。

表3　2020年家政工人享有每周休息权的情况

指标	国家		家政工人	
	数量	占比(%)	人数(百万人)	占比(%)
每周休息权与其他工人相同甚至更有利	84	77.8	36.9	48.9
享有每周休息权,但时间比其他工人短	4	3.7	0.6	0.8
没有每周休息权	15	13.9	28.2	37.3
联邦制国家,各州之间情况不同	5	4.6	9.9	13.1
合　计	108	100.0	75.6	100.0

注:因四舍五入,合计不完全等于100%。

资料来源:ILO, *Making Decent Work a Reality for Domestic Workers: Progress and Prospects Ten Years after the Adoption of the Domestic Workers Convention*, 2011 (No. 189), Geneva: ILO, 2021。

赋予家政工人带薪年休假的接受调查的国家占比与赋予每周休息权的相当。77.8%的国家赋予家政工人与其他工人同样或者更长时间的带薪年休假;6.5%的国家赋予家政工人带薪年休假,但时间短于其他工人;11.1%的国家没有规定家政工人的带薪年休假权益。50.3%的家政工人有权享受带薪年休假,36.4%的家政工人无此权益(见表4)。

表 4　2020 年家政工人享有带薪年休假的情况

指标	国家		家政工人	
	数量	占比（%）	人数（百万人）	占比（%）
享有带薪年休假，与其他工人时间相同或更长	84	77.8	32.5	42.9
享有带薪年休假，时间比其他工人短	7	6.5	5.6	7.4
没有规定带薪年休假	12	11.1	27.6	36.4
联邦制国家，各州之间情况不同	5	4.6	10.0	13.2
合　计	108	100.0	75.7	100.0

注：因四舍五入，合计不完全等于100%。

资料来源：ILO, *Making Decent Work a Reality for Domestic Workers: Progress and Prospects Ten Years after the Adoption of the Domestic Workers Convention*, 2011（No. 189），Geneva：ILO, 2021。

2.工资报酬

大多数接受调查的国家都为家政工人规定了法定最低工资，其中64.8%的国家规定的家政工人法定最低工资和其他工人相当或高于其他工人的水平，9.3%的国家规定了家政工人的法定最低工资，但低于其他工人的水平。6.5%的国家没有规定家政工人的法定最低工资是因为这些国家没有法定最低工资制度。15.7%的国家有法定最低工资制度但没有覆盖家政工人。43.6%的家政工人享有法定最低工资权益，11.6%的家政工人所在国家没有法定最低工资制度。仍有超过三分之一的家政工人所在国家尽管有法定最低工资制度，但这些家政工人未能享受该项权益（见表5）。

表 5　2020 年家政工人享有法定最低工资的情况

指标	国家		家政工人	
	数量	占比（%）	人数（百万人）	占比（%）
规定了法定最低工资，与其他工人相同或更高	70	64.8	26.5	35.0
规定了法定最低工资，但比其他工人低	10	9.3	6.5	8.6
有法定最低工资规定，但不覆盖家政工人	17	15.7	25.8	34.2
没有法定最低工资规定	7	6.5	8.8	11.6
联邦制国家，各州之间情况不同	4	3.7	8.0	10.6
合　计	108	100.0	75.6	100.0

注：因四舍五入，合计不完全等于100%。

资料来源：ILO, *Making Decent Work a Reality for Domestic Workers: Progress and Prospects Ten Years after the Adoption of the Domestic Workers Convention*, 2011（No. 189），Geneva：ILO, 2021。

3. 社会保障

由于家政工人绝大多数是非正规就业，享受社会保障的比例比较低。全球家政工人中在法律上至少享有一项社会保障权益的比例不到半数，也就是说有超过一半的家政工人在法律上没有享受任何社会保障，享有全部社会保障权益的家政工人比例更是只有 6.0%（见图 3）。

从具体地区看，欧洲和中亚、美洲的家政工人社会保障覆盖程度较高，均有超过 97% 的家政工人在法律上至少享有一项社会保障权益，其中欧洲和中亚在法律上享有所有社会保障权益的家政工人占比达到 57.3%。阿拉伯国家和亚太地区的家政工人在法律上享有社会保障权益的比例非常低。

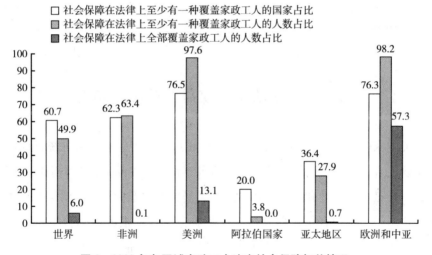

图 3　2020 年各区域家政工人法定社会保障权益情况

资料来源：ILO, *Making Decent Work a Reality for Domestic Workers: Progress and Prospects Ten Years after the Adoption of the Domestic Workers Convention*, 2011（No. 189），Geneva: ILO, 2021。

从具体的社会保障类型看，养老保障的覆盖比例最高。约 45.4% 的家政工人在法律上享有养老保障。医疗保障紧随其后，覆盖 44.4% 的家政工人。失业津贴覆盖率最低，只有 13.4% 的家政工人在法律上享有失业津贴（见图 4）。

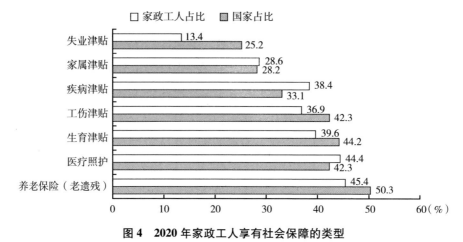

图4 2020年家政工人享有社会保障的类型

资料来源：ILO，*Making Decent Work a Reality for Domestic Workers：Progress and Prospects Ten Years after the Adoption of the Domestic Workers Convention*，2011（No. 189），Geneva：ILO，2021。

二 美国家政工人权益保护法律制度

美国家政服务业在20世纪下半叶稳步快速发展。美国劳工统计局没有就家政工人进行专门的统计，与家政服务工作相关的从业人员类别包括两大类：一类是个人护理和服务工作，另一类是针对建筑和地面的清洁及维护工作。这两类工作中有很大部分属于家政服务工作。根据国际劳工组织的统计，2019年美国共有家政工人191.0万人，占总就业人数的1.2%。其中女性169.2万人，占88.6%。美国家政中介服务比较发达，家政工人以间接雇用为主，占57.0%，其中男性家政工人间接雇用的比例高达66.1%。

（一）美国的家政工人管理制度

1.美国家政工人权益保护法律制度框架

在联邦层面，家政工人一直处于法律保护之外。1935年美国国会通过了《全国劳动关系法》，将结社、集体谈判与罢工纳入法律框架，但该法明确家政工人不受保护，剥夺了其组织和形成工会的权利，以及要求更高工资和医疗保障的权利。1938 年美国通过《公平劳动标准法》，赋予美国工人享有最低工资和加班福利的保障，但家政工人同样被明确排除在外。此外家政工人也不受《职业健康与安全法》以及反歧视法律的保护。

目前，美国家政工人的劳动保护主要依靠地方立法。2010 年 11 月 20 日，美国纽约州出台了《纽约州家政工人权利法案》，对家政工人的最低工资、加班福利、税收和人权等进行了详细规定，是美国历史上第一个专门保护家政工人权利的法案。此后，加利福尼亚州、康涅狄各州、夏威夷州、伊利诺伊州、马萨诸塞州、内华达州、新墨西哥州、俄勒冈州、费城和西雅图也分别通过了相关的家政工人权利法案。

2. 美国各地方家政工人权益保护法律的主要进展

美国保护家政工人权益的地方法律基本都包括了最低工资、工时保护等内容，但在"家政工人"的法律适用范围以及具体权益规定方面略有不同。

加利福尼亚州的《家政工人权利法案》将加班费的适用范围扩大到在家庭工作的私人护理（personal attendants），规定私人护理如果一天工作超过 9 小时或一周工作超过 45 小时，有权获得相当于其正常工资 1.5 倍的加班费。而之前按照该州规范家庭职业的《第 15 号工资条例》，在家庭工作的私人护理无权获得加班费。

康涅狄各州的《家政工人权利法案》适用于雇用三个及以上家政工人的雇主。法律确保家政工人在工作场所免受歧视和骚扰。

夏威夷州的《家政工人保护法》要求家庭雇主必须向家政工人提供载明小时工资率、总工时、雇主姓名和地址等信息的工资单，并且必须保持准确、及时的工资记录。该法还规定家政工人享有最低工资保护，每周工作超过 40 小时有权获得加班费。加班费权利同样适用住家型家政工人。

夏威夷州 2013 年颁布的第 248 号法案对该州的《公平就业法》进行了补充，规定家政工人在就业条件、就业环境、就业权利等方面免受歧视的权利，但不包括雇用和解雇方面的歧视。根据该法，雇主因为种族、性别、性取向、年龄、宗教、肤色、血统、残疾或婚姻状况等因素对家政工人的工资福利、就业条件、就业环境等的区别对待属于违法行为。被禁止的歧视行为

还包括性骚扰、言语骚扰或辱骂等。

在伊利诺伊州，每周正常工作满 8 小时的家庭雇员受到该州《家政工人权利法案》的额外保护，包括：小时最低工资，每周至少休息 24 小时，每工作 7.5 小时有 20 分钟的用餐时间，休息日工作支付加班费（每周工作不超过 20 小时的非全日制工人除外）。此外，家政工人受州的反性骚扰法律的保护，州法律也禁止雇主对女性家政工人支付压迫性的或者不合理的工资。

根据马萨诸塞州《家政工人权利法案》，雇主必须与家政工人签订书面雇用协议，载明工资、加班费、工作时间、休息日、病假、年休假、法定节假日、医疗保险、遣散费、其他福利、工作责任、争议处理程序、伤害补偿以及解雇通知书等内容。雇主家庭必须保留所有的告知书、工资条和工作协议等材料至少三年。家政工人如果生孩子或收养孩子，有权获得 8 周的产假。

根据内华达州《家政工人权利法案》，雇主家庭必须以英语或家政工人能够理解的其他语言与家政工人签署书面协议，协议必须包括以下内容：工作职责；适用于家政工人的所有国家或州法律；工作日和工作时间，包括中途休息时间；其他福利待遇，包括医疗保险、工人伤害补偿、带薪休假、住家条件等。如果雇主无理由终止与住家家政工人的雇用协议，雇主必须提供书面通知，并为雇员提供至少 30 天的住宿，地点可以是在雇主家里或是外面。雇主不得拿走家政工人的个人文件或物品，不得限制、干扰或监控员工的手机或其他通信设备。

根据俄勒冈州《家政工人保护法》，家政工人每周至少休息一天，如果休息日工作，加班费按小时计算；住家家政工人每 24 小时至少休息 8 小时，而且雇主需要提供适合睡眠的充足空间；非住家家政工人每周工作超过 40 小时、住家工人每周工作超过 44 小时，可以获得 1.5 倍工资的加班费；如果工人在上一年平均每周工作 30 小时以上，每年至少享有 3 天事假；家政工人有权在雇主家中烹饪自己的食物，但须受基于雇主家庭宗教或健康需要的合理限制。但法律不适用于照护老年人和残疾人的住家护理人员和临时照顾孩子者。

西雅图的《家政工人保护法》为保姆、高级护工和其他在私人家庭工作的雇员提供了最低工资、休息日、公民权利保护和用餐时间权利保障。该法律适用于全日制、非全日制和临时性家庭雇员。

（二）加州《家政工人权利法案》基本内容

2013 年，加利福尼亚州通过了《家政工人权利法案》，使加州成为美国继纽约州、夏威夷州之后美国第三个通过家政工人权利法案的州。该法律的通过具有里程碑意义，使得加班保护范围延伸至之前被排除在外的私人照护人员①。

1.家政工人的范畴

按照《家政工人权利法案》，只要是提供家庭成员照护、家庭管理或房屋修缮等服务的人员都是家政工人，具体包括保姆、儿童照管者、看护人和私人照护者、管家和其他家庭服务人员。

其中私人照护者是指由私人家庭或医疗保健行业认可的第三方雇主雇用、在私人家庭工作的人。私人照护者的职责包括对儿童或因年老、身体残疾或智力缺陷而需要帮助的人员进行直接监护（例如帮助去洗手间、步行、转移身体等）、喂食和穿衣等。私人照护者可以住家也可以不住家。如果家政工人从事非私人照护活动（如清洁、做饭、洗衣、园艺等）的时间超过其总工作时间的 20%，则不被认定为私人照护者，而是一般的家政工人。

从私人照护者中还可细分出陪伴者。陪伴者的工作主要是陪同聊天、散步、阅读、游戏、协助参与社交活动等。如果家政工人工作时间的 80% 以上都属于陪伴活动，则被视为陪伴者，如果协助更衣、沐浴、喂食等工作的时间超过总工作时间的 20%，则不被视为陪伴者，而是其他私人照护者。

《家政工人权利法案》将"家政工人雇主"定义为任何直接或通过机构（如临时服务中介、劳务派遣机构等）雇用家政工人或者控制家政工人工资、工作时间和工作条件的人，包括公司管理人员。

---

① 加利福尼亚州在 1976 年通过了《家庭职业工资法案》，但照顾孩子、老人、残疾人的私人照护人员被排除在外。

2. 加班时间和加班工资规定

根据美国联邦法律和加州法律，一般家政工人和私人照护者适用不同的加班工时和加班工资，前者的加班权益受《工资条例第 15 号》保护，后者受《家政工人权利法案》保护。具体可分为五类。

（1）家庭直接雇用的陪伴者和住家私人照护者：

每天工作超过 9 小时后，工资为正常工资的 1.5 倍；

每周工作超过 45 小时后，工资为正常工资的 1.5 倍。

（2）家庭直接雇用的非住家私人照护者和机构雇用的私人照护者：

每天工作超过 9 小时后，工资为正常工资的 1.5 倍；

每周工作超过 40 小时后，工资为正常工资的 1.5 倍。

（3）家庭雇用的住家家政工人（非私人照护者）：

每天工作超过 9 小时后，工资为正常工资的 1.5 倍；

每周连续工作的第 6 日及第 7 日，当日的前 9 个小时工资为正常工资的 1.5 倍，超过 9 小时后的工资为正常工资的 2 倍。

（4）机构雇用的住家家政工人（非私人照护者）：

每天工作超过 9 小时后，工资为正常工资的 1.5 倍；

每周工作超过 40 小时后，工资为正常工资的 1.5 倍。

每周连续工作的第 6 日及第 7 日，当日的前 9 个小时工资为正常工资的 1.5 倍，超过 9 小时后的工资为正常工资的 2 倍。

（5）非住家家政工人：

每天工作超过 8 小时后，工资为正常工资的 1.5 倍；

每周工作超过 40 小时后，工资为正常工资的 1.5 倍；

每天工作超过 12 小时后，工资为正常工资的 2 倍；

每周连续工作的第 7 日，当日的前 8 个小时工资为正常工资的 1.5 倍，超过 8 小时后的工资为正常工资的 2 倍。

3. 其他权利

（1）获得休息的权利

除私人照护者外，其他所有家政工人都有权在工作的第 3.5~6 小时内休息 10 分钟，在工作的第 6~10 小时内休息 10 分钟，在工作的第 10~14 小时内休息 10 分钟。如果违反休息规定，雇主必须每一个工作日在家政工人正常工资基础上多支付一小时的工资。

（2）获得膳食的权利

除私人照护者外，其他家政工人有权在一天工作 5 小时后获得 30 分钟的无薪休息，超过 10 小时后获得另外 30 分钟的膳食休息。如果违反休息规定，雇主必须每一个工作日在家政工人正常工资基础上多支付一小时的工资。

（3）带薪病假

家政工人每工作 30 小时获得 1 小时的带薪病假，但为雇主工作未满 90 天的，不能使用病假。病假每年进行统计，未使用的病假可以顺延至第二年。家政工人可以在自己生病时使用病假，也可以在家人需要健康照护时使用病假。

（4）工伤赔偿

家政工人如果在受伤前 90 天内为雇主工作了至少 52 小时，并且在该 90 天内至少从雇主处赚取了 100 美元，则在发生工伤时有权获得工伤赔偿。

三 加拿大家政工人权益保护法律制度

根据国际劳工组织的统计，2018 年加拿大共有家政工人 80.2 万人，占总就业人数的 4.3%。其中女性 43.3 万人，占 54.0%。

（一）加拿大家政工人管理法律制度

加拿大是联邦制国家，宪法规定了加拿大联邦政府和省政府的管理分工。联邦政府关于劳动和雇佣标准的法律主要有《加拿大劳动法典》《就业平等法》《工资责任法》等，适用于联邦政府及其附属机构以及银行、铁路、电信、航空、广播等一些与国家整体利益有关的行业机构。绝大多数的商事主体均受所属省份管辖，各省劳动部门负责制定自己的雇佣标准法律。虽然各省的雇佣标准法律具体规定有所不同，但都规定了雇员和雇主的权利

和责任。雇员的基本权利包括工资、工时、休息休假、带薪年休假、产假、合同终止等内容。

由于加拿大的雇佣标准立法权限在省级政府，家政工人的劳动权益保障情况根据各省的规定有所不同。以安大略省为例，安大略省的《就业标准法》适用于安大略省的大多数雇员，包括家政工人。无论是全日制还是非全日制，无论是住家还是非住家，家政工人都享有《就业标准法》中所载明的雇员权利。

1. 家政工人类型

安大略省将家政工人分为狭义家政工人和家庭照顾工人两大类。其中狭义家政工人是指在雇主家庭从事家务和照顾活动、监督或者从事对孩子、老人、残疾人的个人支援活动的雇员，但是短期的、临时代人照看孩子不包括在内。从定义上看，狭义家政工人也就是被家庭直接雇用的家政工人。

家庭照顾工人是指在私人住所从事家庭照顾或个人支援服务的人员，但是雇主不是该住所的所有人或者租赁者，也就是说雇主不是所服务的家庭。这是指通过机构间接雇用的家政工人。

2. 主要劳动权利

根据安大略省的《就业标准法》，安大略省的大多数雇员都享有以下劳动权益：最低工资、工资正常支付、工时保护、超时工资、带薪年休假、公共假期、孕产假、病假、履行家庭责任休假、丧假、家庭成员照顾假、家庭成员住院假、重疾假、器官捐献假、预备役假、与犯罪相关的儿童失踪假、儿童死亡假、家暴或性暴力假、合同终止告知或以薪酬代替假日通知、解雇费、同工同酬等。以上权益规定都适用于家政工人。

雇主必须在雇用家政工人的 30 天内，向其提供一份安大略省劳动、培训和技能发展部的《雇佣标准告知书》。但是家政工人不适用安大略省的《职业卫生和安全法》，不享有工伤保险。

3. 特殊规定

（1）狭义的家政工人

雇主必须书面告知家政工人正常的工作小时数（包括工作起始和结束

时间）和小时工资标准。安大略省的一般最低工资是每小时 14.25 加元，学生的最低工资是每小时 13.40 加元，向家政工人（不含 18 岁以下的学生）支付的工资必须不低于一般最低工资。但是如果雇主提供了免费食宿，可以抵扣一部分货币工资。具体标准为：

- 提供独立的房间，每周最多抵扣 31.70 加元；
- 提供非独立房间不能抵扣；
- 每餐抵扣 2.55 加元，每周最多抵扣 53.33 加元；
- 提供独立房间和餐食，每周最多抵扣 85.25 加元；
- 提供非独立房间和餐食，每周最多抵扣 53.55 加元。

雇主提供的房间必须符合以下条件：家具合理，适合居住，有干净的床上用品和毛巾，有适当的厕所和洗手间设施。

（2）对于家庭照顾工人

家庭照顾工人有权享有最低工资保障，正常工作时间每天不超过 12 小时。家庭照顾工人享有以下权利：

- 每天或每周的工作小时数限制；
- 每天的休息时间；
- 每周/每两周的休息时间；
- 吃饭时间；
- 超时工资。

如果家庭照顾工人每天工作不超过 12 小时，并且工资等于最低工资标准，那么雇主无须保留家庭照顾工人每天或每周的工作记录。

如果家庭照顾工人一天内工作超过 12 小时并且工资高于最低工资标准，则适用超时工作和加班工资的一般性规定。

（二）加拿大"住家保姆"试点项目

对于家政工人这类低技能工人，世界主要国家一般都实行限制入境工作的政策。加拿大是国际上为数不多的鼓励家政工人入境工作并允许长期居留的国家之一。为解决加拿大本地家政工人严重不足的问题，加拿大政府早在

2001 年的《移民和难民保护法》和 2002 年的《移民和难民保护条例》中，就将"住家保姆计划"（Live-in Caregiver Program）规定为移民的一个类型。

1. 住家保姆计划

根据《移民和难民保护条例》第 6 章（经济类）第 3 节（住家保姆）规定，住家保姆移民是"根据本节规定可以成为永久居民的外国人"；申请人必须满足教育和职业资格方面的标准、工作（主要是工时）和居住条件。

根据住家保姆计划，加拿大家庭在无法找到合适的本国公民和永久居民情况下，可以雇用一名外国人从事住家保姆工作。住家保姆的职责是，在无家庭成员监督的情况下为 18 岁以下未成年人、65 岁以上老人和各类残疾人提供全日制护理服务。

住家保姆工作时限最长为 4 年，在从事全日制家庭护理工作满 24 个月或者满 3900 小时（包括最长 390 小时加班）后可申请获得永久居民身份。加拿大家庭也可以根据低技能工作计划的标准聘用不在本家庭居住的管家或家庭护理员。

申请从事家庭护理员工作的外国人需要满足以下条件：（1）持有加拿大人力资源部的劳动力市场意见批件；（2）已经与雇主签订书面就业合同；（3）具有加拿大高中同等学历；（4）作为住家保姆接受过至少 6 个月的职业培训，或者在过去 3 年中拥有至少 1 年（包括为一位雇主至少工作过 6 个月）的全日制有薪职业经历；（5）熟练掌握英语或法语；（6）来加拿大前已经拿到工作许可证。

签订书面就业合同是为了保证双方之间公正的工作安排。包括工作内容、工作时间、工资、食宿安排（包括住房和伙食条件）、休息和病假安排、终止雇用和辞职的条件，并规定雇主应当负担家庭护理员来加拿大的全部往返路费，为其支付参加医疗保险和工作场所安全保险（workplace safety insurance）的费用，以及招聘过程中发生的全部费用，包括应当向第三方（招聘机构等）支付的费用。

目前，住家保姆计划已关闭申请。已经通过住家保姆计划在加拿大工作的家政工人，以及基于雇主在 2014 年 11 月 30 日之前提交的积极劳动力市场影响评估申请并获得批准的第一批住家保姆工作签证持有人，可以通过住家保姆计划申请加拿大永久居留权。

2. 家政护理员移民新项目

到了 2015 年，住家保姆移民项目的人员配额扩大到了 30000 个，并且新增了两个保姆移民项目，"照顾儿童"和"照顾高医学需求人士"项目。2019 年 6 月 18 日，加拿大开始实行新的家政护理员移民项目，将开放两个岗位的移民试点项目，取代原有的"照顾儿童"和"照顾高医学需求人士"项目。新项目为"家庭儿童照护"试点项目（Home Child Care Provider Pilot）和"家政护理工人"试点项目（Home Support Worker Pilot），分别针对有 18 岁以下未成年人的家庭以及 65 岁以上老人或残疾人的家庭，对应的职业分类代码为 NOC4411 和 NOC4412。新移民项目为期 5 年，每年的人员配额都是 2750 人，合计 5500 人。

新项目的申请条件是：具有足够的工作经验或受过相关培训；语言能力达到 CLB5 级以上；至少一年的加拿大高等教育经历或者同等国外高等教育经历；有工作合同，每周工作时间不少于 30 小时。

与之前的项目不同的是，新项目下，申请人无须进行劳动力市场测试，并且工作签证不针对某一雇主，家政工人可以更换雇主。而且新项目允许家政工人携带家属且无人数限制，配偶会被发放开放性工作许可，未成年子女可以获得学习签证并免费上学。

四　结论和启示

家政工人是较为脆弱的就业群体，缺乏有效的保护。一方面由于家政工人的工作地点在私人家庭，外界和管理当局很难进行监管，另一方面，家政工人一般属于非团队性工作，这就使其难以组织起来维护自己的权益。其中的住家家政工人和移民家政工人权益更加容易受到侵害。

就业的非正规性是家政工人权益缺乏保障的主要原因之一。根据国际劳工组织预测，家政工人中约有 81.2% 属于非正规就业，是其他从业群体中的非正规就业率（39.7%）的两倍多。促进就业正规化是保障家政工人体面工作的重要途径。许多国家政府也正在努力建立完善法律法规，试图在某种程度上保障家政工人的劳动权益。

就业正规化的第一步是根据劳动法和社会保障法在法律上承认家政工人为雇员，并在法律上承认其雇佣关系。国际劳工组织通过第 189 号公约后，许多国家都将有关法律政策的适用范围扩大到家政工人群体，包括美国、加拿大等国家，都对超时工作、最低工资、加班工资等做出了规定。

根据国际劳工组织 2020 年的调查，中国的家政工人人数约占全球的 29%，因此中国的相关立法备受关注。我国也一直努力促进家政服务业的规范化和职业化发展，但是总体来说，目前家政工人的社会保障程度较低。政府层面支持家政服务企业实行员工制并给予相应财政补贴，但由于种种限制，员工制目前仍然很难大范围推广。一些商业公司也开发了针对家政服务人员的商业保险产品，但与社会保险的保障水平相比还有一定距离，不能满足家政服务人员的基本社会保障需要，尤其是其对工伤保险的强烈需求。因此需要进一步研究建立适合我国国情和家政服务业发展现状的家政服务人员劳动权益保障制度。借鉴美国和加拿大的做法，可以将家政服务人员按服务性质和内容进行分类，从最容易规范的群体着手，从最急迫的权益保护项目开始，逐步完善相关政策制度，逐步提高我国家政服务人员权益的保障水平。

参考文献

1. ILO, *Making Decent Work a Reality for Domestic Workers: Progress and Prospects Ten Years after the Adoption of the Domestic Workers Convention*, 2011 (No. 189), Geneva: ILO, 2021.
2. ILO, *Extending Social Security to Domestic Workers: Lessons form International Experience*, Social Protection Spotlight, 2021.

B.16
菲律宾海外家政工人权益保障制度及借鉴

聂 鲲*

摘　要： 菲律宾是海外家政工人权益保障制度非常完善的国家。本报告全面介绍了菲律宾海外家政工人权益保障的基本情况、制度框架和重要举措，在此基础上，从法律制度、机制和措施、家政教育体系、职业观念等方面提出值得借鉴的经验做法。包括：制定海外劳工权益保护专门法律；加强海外劳务输出的保护措施；在海外家政工人的权益保障上加强协商合作；推动建设相对完备的家政教育培训体系；改变传统观念，增强职业认同。

关键词： 家政服务业　菲律宾海外家政工人　权益保障制度　职业认同家政工人

一　菲律宾海外家政工人权益保障的基本情况

菲律宾家政工人的对外输出与其国内的社会经济状况、劳务输出政策、海外市场对家政工人的强劲需求等密切相关。"菲佣"① 的真正走向世界，始于20世纪70年代。20世纪70年代菲律宾国民收入水平不断下降、失业率激增、贫困人口增多。与此同时，国际劳务市场对家政服务、老年护理等

---

* 聂鲲，博士，中国劳动和社会保障科学研究院助理研究员，研究方向为人力资源管理、劳动关系、劳动权益保障等。

① "菲佣"以从事家务劳动的女性为主，是菲律宾海外劳工的一个分支工种。

岗位人员的需求激增，如沙特阿拉伯等中东国家在石油危机中暴富，富裕阶层需要大量的家政工人；香港经济的腾飞带动大量女性就业，香港家庭也需要雇用大量的家政工人从事家务劳动。菲律宾尝试通过输出劳动力走出经济困境。1974 年以后，政府开始把以劳务输出政策扩展海外家政市场列为国家发展战略的一部分，并成立专门机构，使家政服务业成为菲律宾的支柱产业。到 2006 年，菲律宾包括菲佣在内的海外劳工人数增加了近 25 倍。根据菲律宾《商业世界报》（Business World）2020 年 3 月 9 日报道，2019 年登记在册的菲律宾海外劳工人数达到 218 万人。①

从菲律宾海外家政工人的流向看，中东地区是其就业的主要目的地，2016 年和 2017 年的年就业人数均在 100 万人左右②。根据 2021 年菲律宾统计局的数据，大部分菲律宾海外家政工人前往海湾国家和相对富裕的国家、地区工作，如沙特阿拉伯的菲律宾海外家政工人占菲律宾输出的家政工人总数的 22.4%、阿拉伯联合酋长国的占比为 13.2%，中国香港的占比为 7.5%，中国台湾的占比为 6.7%。此外，东亚、东南亚和欧洲等地区也是菲律宾海外家政工人的就业目的地③。菲律宾政府与一些国家和地区签订劳务输出协议，如阿拉伯联合酋长国、加拿大、美国、瑞士、新加坡、中国台湾、中国香港等，每年要向这些签约国家和地区输出一定数量的家政工人。香港特区政府劳工和福利局 2016 年的数据显示，香港外籍佣人数已由 1975 年的 1350 人增加至 343000 余人，约为香港本地就业人口的 10%，每三个育有子女的香港家庭中就有一个外籍佣人④。

菲律宾海外家政工人已经走向职业化。菲律宾家政工人具有英语优势，菲律宾人从小就接受双语教育，90%以上能讲英语，为海外工作创造了条件。菲律宾人大都拥有大专、大学文凭，具有初级以上受教育水平的家政工人占比约为

① 《2020 年菲海外劳工人数下降 18.6%》，搜狐网，https：//www.sohu.com/a/528455812_121123898，2022 年 3 月 9 日。
② http：//www.poea.gov.ph/ofwstat/compendium/2016-2017%20deployment%20by%20country.pdf.
③ https：//psa.gov.ph/sites/default/files/attachments/hsd/pressrelease/Press%20Release%202019%20SOF%20signed.pdf，2021 年 9 月 6 日.
④ 郭晓桐：《香港特区劳工处加强保障外佣及雇主权益》，人民网，http：//hm.people.com.cn/n1/2016/0425/c42272-28301845.html，2016 年 4 月 25 日。

95%，很多是大学毕业生，因此在全球家政服务市场上具有绝对优势，被称为世界上"最专业的保姆"，家政服务业已成为菲律宾海外务工的重要支柱[1]。

菲律宾海外家政工人的收入不错，整体来看，远高于其国内一般职业。如图 1 所示，2015 年菲律宾人的最低月均工资是 279 美元，而菲律宾国内家政人员的最低月工资仅为 73 美元。中国香港法律规定外籍家政工人的最低工资为每月 4310 港币，折合 584 美元。新加坡外籍家政工人的最低工资为 570 新元，不到 450 美元。文莱的外籍家政工人最低工资为 189 美元，英国为 1744 美元，美国高达 2000 美元以上。科威特劳工部长承诺，保证菲律宾籍家政工人的最低月工资为 120 科威特第纳尔（约合 369 美元），允许他们持有护照和手机，每天至少休息 8 小时，工作仅限于一个家庭。在沙特阿拉伯，根据 2013 年两国签订的家政工人聘用协议，菲律宾海外家政工人最低工资为 1500 里亚尔，约合 394 美元，有周末休假和有带薪休假的机会。可见，菲律宾海外家政工人有相对较高的收入，甚至吸引了国内女大学生和研究生加入这一行业，这也进一步提升了"菲佣"的素质和口碑[2]。

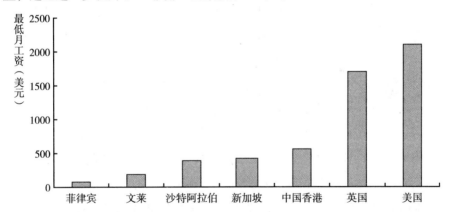

图 1　2015 年菲律宾家政工人在国内和国外主要就业目的地的最低月工资比较

资料来源：作者根据相关资料整理。

---

① 宗易：《菲律宾家政服务业缘何成国家名片》，《家政服务》2018 年 3 月 17 日。
② 《享誉"世界最佳保姆"，菲佣是如何炼成的?》，好佣来国际雇佣中心微信公众号，2019 年 1 月 10 日。

二 菲律宾海外家政工人权益保护的制度框架

（一）较为完备的法律制度

《菲律宾劳工法》和《海外劳工与海外菲人法》是菲律宾保障海外家政工人权益的主要法律，很大程度上解决了海外劳工的后顾之忧，激励了一批批菲律宾人安心外出打工。世界银行的就业研究报告显示，菲律宾对海外劳工实施比亚太地区和经合组织国家都要严格的劳动法规，为海外家政工人提供了切实的权益保障。

1. 共和国2486号法案

1915年，菲律宾制定了共和国2486号法案（Republic Act NO.2486），开始对菲律宾海外劳工的就业进行监管，这是菲律宾政府进行的最低限度的监督。

2.《菲律宾劳工法》

1974年《菲律宾劳工法》（Labor Code of the Philippines）根据第442号总统令颁布，是参照国际劳工保护标准制定的，旨在全面保护菲律宾海外劳工。主要内容包括：为所有的菲律宾劳工提供社会、经济和法律服务；收集、分析就业形势信息及趋势，提供就业信息；审查菲籍劳工就业合同的合法性；政府招募菲律宾劳工赴海外就业，提供最好的就业条件；禁止雇主直接招聘菲律宾劳工赴海外就业；通过立法规范中介机构的招聘和外派行为，保证菲律宾劳工不受剥削、歧视，如招募机构在申请人就业前不得收取任何费用，招募机构必须按照劳工部公布的正当标准收费，并开具发票等；有权建议拘留造成社会危害的非法招募人员，搜查其经营场所，查封账目、财产、文件等。1980年，菲律宾进一步修改劳动法，禁止境外就业发展局直接从事工人的招聘和安置。

《菲律宾劳工法》还规定了雇用员工、终止合同、工作条件、雇员福利、经济补偿金的计算等内容。菲律宾各个地区的最低工资标准有差异，由地区三方组成的工资和生产力委员会来制定。工作时间不能超过每天8小时或每周 48 小时。雇员能享受每天至少 1 小时的无薪午休或 20 分钟的饭后休息。每天工作超过 8 小时的员工能够享有加班工资，加班工资是正常工资的 125%，休息日或假日的加班工资是正常工资的 130%，但是雇主的家庭成员、家庭佣工等人员没有加班费。雇主在劳动法规定的情况下或者有特殊原因时，可以与雇员终止雇佣关系，否则不得终止雇员的服务。如果解雇有正当理由，雇员服务了至少 6 个月但是不足 1 年，那么该雇员有权获得不少于 1 个月工资的遣散费。雇主必须提前 1 个月向被解雇雇员提供书面通知，说明理由并给予雇员解释的机会。

3.《菲律宾宪法》

1987 年 2 月《菲律宾宪法》由全民投票通过。其中第 13 章第 3 条明确规定，国家应当为在本地和海外就业的劳工提供充分的保护，促进充分就业和提供平等的就业机会。《菲律宾宪法》是根本法，体现了菲律宾政府高度重视海外劳工的权益保护。

4.《海外劳工与海外菲人法》

1995 年《海外劳工与海外菲人法》（共和国 8042 号法案）颁布，这是菲律宾海外劳工派遣与管理的主要法规，为政府解决海外劳工问题提供了行动框架。2007 年和 2010 年，菲律宾政府分别对其进行修改，对海外就业的目的、宗旨、战略方针等做了更明确、详细的规定。2010 年的修改通过结构调整和丰富内容，使《海外劳工与海外菲人法》更具操作性，大大增强了对海外劳工的全面管理与服务。

《海外劳工与海外菲人法》的主要内容包括：菲律宾在任何时候都应维护海外劳工的尊严，并建立有效机制保护海外劳工的各种权益，保护的根本在于提高其职业技能；根据国家利益和社会安全的需要，菲律宾政府可随时禁止或终止向外派遣劳工；只向承认或保护菲律宾劳工权利的国家派遣劳工，这些国家应当有保护外国劳工权益的劳动法律，是劳工保护的多边或双边协议的签约国家；遣返海外劳工及其个人财产是国内海外劳工招募派出机构的首要职责，任何派遣机构不得要求劳工预付执行遣返的费用；打击非法招募，对无营业执照或者非官方批准执照持有人进行涉及招募、输送、利

用、雇用劳工的活动，给予6~12年的监禁和4000~10000美元的罚金；菲律宾政府应与非政府组织在海外劳工的保护、福利保障等方面开展合作。

（二）菲律宾海外家政工人的管理组织机构

菲律宾劳工部（DOLE）和外交部（DFA）是保障海外家政工人合法权益的重要机构。如图2所示，劳工部下设菲律宾海外就业管理局（POEA）和海外劳工福利管理局（OWWA），负责海外就业管理和海外劳工福利保障工作。外交部设有大使馆、领事馆等外派机构，承担保护海外家政工人的人身安全和及时协助受困海外劳工回国的职责。外交部下设海外劳工法律援助办公室和海外劳务主管部门，前者旨在为海外劳工提供法律援助，后者主要为海外就业提供全过程的管理与服务，并维护海外劳工权益。菲律宾海外家政工人的管理组织机构见图2。

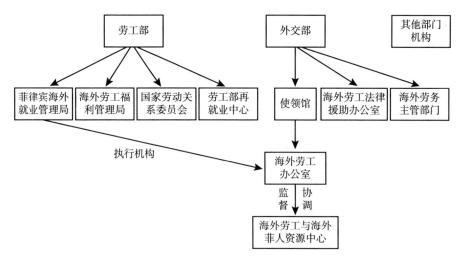

图2 菲律宾海外家政工人的管理组织机构

资料来源：作者根据相关资料整理。

1. 菲律宾海外就业管理局（POEA）

1982年，根据797号行政令的要求，菲律宾境外就业发展局、就业服务局的海外职能部门等合并为菲律宾海外就业管理局（POEA），负责组织和统筹海外劳务输出，是促进和监督菲律宾海外就业发展的主要政府机构。菲律宾海外就业管理局总部设有就业前服务部、福利与就业部、许可与规章部、裁决部、行政服务部等部门①。菲律宾海外就业管理局在驻外使领馆设有执行机构海外劳工办公室（Philippines Overseas Labor Office）。海外劳工办公室负责监督、协调海外劳工与海外菲人资源中心的运作。

1995 年《海外劳工及海外菲人法》颁布，进一步强化了菲律宾海外就业管理局的职能。其主要职能包括：定期发布海外就业市场、海外劳工的实际状况信息，以及有关国家遵守劳工权益保护国际公约、惯例的情况等；提供政府信息服务、常规的行政和支援服务；负责为从事海外招聘的中介机构颁发执照；严格控制违法招募劳工，监督海外派遣、设置最低劳动标准、协调海外就业有关案件的处理等；建立违法招募和违反海外就业条件案件的快速处理系统，并采取黑名单制度；菲律宾海外就业管理局网站上有招募代理机构的地址、电话等信息，招募机构必须对有关合同履行承担连带责任；为非法招聘的海外劳工提供法律援助、遣送回国援助等。

2. 海外劳工福利管理局（OWWA）

海外劳工福利与培训基金会根据第 537 号行政令于 1977 年成立，1981 年更名为海外劳工福利基金会（WFOW），1987 年根据第 126 号行政令更名为海外劳工福利管理局（OWWA）②。

海外劳工福利管理局是准政府实体部门，由总部、地区办公室和海外派驻机构组成，在保证基金发展的前提下，负责提高海外劳工福利和保障其权益。海外劳工福利管理局采用会员制，凡是通过官方渠道出国的劳工，都由其外国雇主支付会员费，其他渠道出国的劳工也可自愿在海外登记成为会员。会员可享受贷款担保金，家庭福利援助，生命和残疾保险及卫生保健、

① GMA News Online, Annual Report 2021, Remittances down 0.8% in 2020. https://www.gmanetwork.com/news/money/economy/776027/remittances-down-0-8-in-2020/story/, 2021 年 8 月 14 日。
② 王志刚：《世界家庭服务业发展比较研究》，中国劳动社会保障出版社，2018 年，第 224 页。

教育培训咨询服务，劳工现场协助等福利待遇。会员会费、投资收益和其他收益是其资金的主要来源。

主要职能包括：使海外劳工的权益得到劳动法律的全面保护；为海外劳工提供保险、法律协助、汇款等社会福利服务；管理福利基金；开展增强海外劳工社会、经济、文化福利的研究活动；资助海外劳工福利项目；在需要对海外劳工进行紧急遣返时，海外劳工福利管理局承担劳工遣返的责任。

3. 海外劳工与海外菲人资源中心

菲律宾劳工部在海外劳工集中的国家或地区建立海外劳工与海外菲人资源中心。该资源中心有劳工参赞、官员和职员以及派驻律师、社会工作者、志愿者等。劳工参赞负责协调资源中心的运作，定期向海外劳工办公室提交书面报告。海外劳工与海外菲人资源中心在外交部、劳工部、海外劳工福利管理局设有全年每天 24 小时开放的信息和援助中心。

主要职能包括：对劳工在接收国的指导、安置和社区融合等信息咨询和法律服务；给无合法证件的劳工注册，将其纳入保护范围；为海外女性劳工提供特殊保护；调解劳动纠纷；监控影响菲律宾劳工的环境和活动；技能培训与提升等人力资源开发；对准备归国的海外劳工与海外菲人的指导；提供就医、购药、住院等服务；使接收国的劳动法律平等适用于海外劳工和海外菲人。

4. 国家劳动关系委员会

国家劳动关系委员会（National Labor Relations Commission）是菲律宾劳工部的附属机构，属于具有准司法性质的强制仲裁机构。根据《海外劳工与海外菲人法》的相关规定，国家劳动关系委员会具有审理、裁决海外劳工争议仲裁请求的优先权，审理期限为 90 个工作日。仲裁请求主要包括实际损害赔偿、精神损害赔偿及惩罚性赔偿等。国家劳动关系委员会对有关海外劳工强制险的争议具有排他的管辖权，有权强制中介机构执行争议双方达成的和解协议或未得到执行的终审裁决。

5. 劳工部再就业中心

为解决菲律宾海外劳工归国后的就业问题，1999 年菲律宾劳工部设立再就业中心。其主要职能有：建立劳工信息网络系统，并向本国招聘机构和雇主开放；与私人企业共同建立适合归国劳工的谋生项目和福利项目；为归国劳工提供接受教育和培训的机会；与菲律宾科技部等相关部门协调，通过提供优惠政策，使高技术归国劳工充分发挥潜能。

三 菲律宾海外家政工人权益保护的重要举措

（一）重视家政教育和培训

菲律宾政府十分重视家政教育的建设和发展，通过 60 多年来对家政教育体系改革的不断改进与完善，菲律宾已经形成学前、小学、中学、职业学院、大学较为成熟完备的家政教育体系（见图 3），是培养大量专业化家政工人的强有力支撑。菲律宾现行教育体制包括 1 年学前教育和 12 年中小学教育，其中中小学教育包括 6 年小学教育、4 年初中教育和 2 年高中教育。菲律宾有 2000 多所大学，几乎每所大学都有家政专业，这样稳定的师资队伍也为培养家政工人奠定了坚实基础。

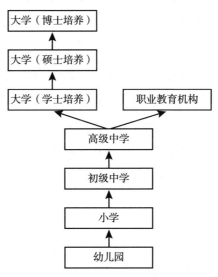

图 3 菲律宾家政教育体系

资料来源：作者根据相关资料整理。

菲律宾政府非常重视职业技术培训，各类海外劳务人员的技术培训学校遍布全国，接受过严格培训的海外家政工人在国际劳务市场上常常脱颖而出，受到世界各地雇主的好评。2007年，菲律宾政府开始建立包括培训机构、资格认证机构在内的家政行业培训发展体系。政府在各省、市、县设立出国培训班，所有首次出国的家政工人都必须参加由菲律宾海外劳工福利管理局免费提供的语言和文化课并接受考核。培训考核结束后，由海外劳工福利管理局颁发证书。培训主要包括烹饪、插花、护理老人、教小孩说英语等。菲律宾教育和技能发展局（TESDA）单独管理和规划职业技术教育发展、审核国内的技术培训学校资质、提供技术培训课程。菲律宾教育和技能发展局开设了200多门菲佣培训课程，涵盖了海外家政工人日常工作所涉及的所有内容①。1994~2011年，菲律宾职业技术教育体系共培养毕业生1618万人，其中海外劳工人数约为1313万人②。

（二）建立政府信息共享系统

菲律宾政府通过建立信息共享系统平台，使海外劳工的数据信息在相关部门之间共享，包括外交部及驻外使领馆、劳工部、司法部、国家调查局、国家统计局等部门。通过信息共享系统可以准确掌握海外家政工人的情况，对于保护其基本权利，防范非法招聘、欺诈、剥削和虐待，具有非常重要的意义。

政府信息共享系统主要包括以下信息：菲律宾海外劳工、海外菲人等基本情况；能为海外劳工提供帮助的海外机构名单；接收国签署的劳工和人权保证措施目录；获得合法执照的招聘机构名单和外国雇主名单，列出能为海外劳工提供帮助的职位；涉及菲律宾海外劳工的未决诉讼；劳工接收国的民法、刑法等资料。

① PSA, *Unemployed Filipinos Eased to 3. 07 Million in July*, https：//www. gmanetwork. com/news/ money/economy/802348/psa－unemployed－filipinos－eased－to－3－07－million－in－july/story/? just_in，2021年8月14日。

② 新华国际：《菲律宾劳务输出品牌化》，PANPHIL人力资源有限公司微信公众号，2019年1月11日。

（三）设立海外劳工强制险制度

外派的菲律宾家政工人等劳工必须参加强制保险，这也是海外就业管理局为招聘中介机构颁发"海外就业证明"的条件之一。招聘中介机构和保险机构必须为出国前的劳工解释保险的申领程序和涵盖范围。海外劳工的保险费由招聘中介机构支付。保险的时间要涵盖劳动合同的期限。

海外劳工强制险主要包括：有利于赔付雇员死亡险、全残险、雇员有合理理由终止劳务合同或者雇主无合理理由终止劳务合同情况的回国费用险等相关条件、程序的法律规定。因雇主原因，必须提交至国家劳动关系委员会进行裁决的纠纷，应支付劳工 3 个月以上的合同规定的工资；涉诉情况下支付最长 6 个月的每月 100 美元的生活津贴；如果劳工需要住院 7 天以上，要承担其家人或病人指定护理人所花费的交通费用等。

（四）提供海外劳工资金支持

菲律宾第 8042 号总统令于 1995 年通过，旨在从财务上支持劳务输出。政府设立的家政工人等海外劳工专项保护基金主要包括：为海外劳工提供劳工遣返和紧急遣返基金等支持，如机票、食宿等费用可从中先行支出；为海外劳工提供法律援助基金等，用于减轻外交部门及其驻外机构的压力；为海外劳工提供贷款担保基金和培训开发基金，用于出国前的技能和语言培训、出国前贷款、奖学金、保险等；分担海外务工人员的风险基金等。

（五）海外家政工人的职业认可度很高

一是海外家政工人给菲律宾带来了可观收入，获得了全社会的认可和尊敬。20 世纪 70 年代，"菲佣"极大地缓解了国内就业压力，成了菲律宾的重要外汇来源，在经济低迷之时，海外劳工汇款是国民经济的支柱之一，拉动了国内消费。1995 年菲律宾海外劳工的汇款总额为 50 亿美元，抵销了 3/4 的贸易赤字。2016 年海外劳工的汇款总额为 270 亿美元，占国内生产总值的 9.8%，为菲律宾的经济增长做出了重要贡献。根据菲律宾中央银行 2021 年 2 月的数据，受

新冠肺炎疫情影响，2020 年菲律宾海外劳工汇款从 2019 年同期的 301.33 亿美元小幅收缩至 299.03 亿美元，收缩 0.8%，但每月的平均汇款额仍达约 25 亿美元[①]。菲律宾民众普遍认为海外家政工人地位较高、颇受人尊敬。许多在校学生看重这份职业，会选择家政专业学习，甚至一些大学生放弃专业对口的工作，从事家政服务工作，以此获得比国内其他工作更多的报酬。

二是政府高度重视海外家政工人的权益保障，极力提高其地位。一方面，菲律宾政府将每年的 6 月 7 日定为"海外劳工日"。每年的圣诞节，菲律宾政府会在马尼拉机场铺上红地毯，迎接探亲的海外家政工人[②]。菲律宾主要国际机场的出入境海关，都为海外家政工人设立了专用通道，每次大选前，家政工人都是政客们拉票的重要对象[③]。另一方面，家政工人早已被纳入菲律宾劳动法的保护范围，如果发生侵犯家政工人权益的事情，政府会不遗余力地保障家政工人的权益。如 2018 年，当菲律宾海外劳工的合法权益在科威特受到侵害时，菲律宾总统当机立断，暂停向科威特派遣家政工人[④]；2008 年，英国广播公司播出对菲律宾家政工人进行性骚扰的情节，菲律宾政府提出抗议，要求道歉[⑤]。

（六）新冠肺炎疫情下的新举措

新冠肺炎疫情给菲律宾海外家政工人的就业带来了巨大冲击。2020 年菲律宾海外劳工人数为 177 万人，较 2019 年的 218 万人下降了 18.6%，受疫情影响最严重的是海外家政工人，占菲律宾 2020 年海外劳工的 60%。菲

---

① The Manila Times, Annual Report 2021, July OFW Remittances Highest in 7 Months, https：//www. manilatimes. net/2021/09/16/business/top-business/july-ofw-remittances-highest-in-7-months/1814892，2021 年 8 月 16 日。

② 《享誉"世界最佳保姆"，菲佣是如何炼成的?》，好佣来国际雇佣中心微信公众号，2019 年 1 月 10 日。

③ 汪志洪：《家政学通论》，中国劳动社会保障出版社，2015，第 164 页。

④ 杨舒怡：《菲"永久"禁止赴科威特务工》，https：//baijiahao. baidu. com/s? id=1599127130080857554&wfr=spider&for=pc，2018 年 4 月 30 日。

⑤ 《BBC 节目侮辱菲佣遭到菲律宾强烈抗议》，环球网，http：//www. taihainet. com/news/txnews/gjnews/sh/2008-10-09/320330. html，2008 年 10 月 9 日。

律宾劳工部表示，新冠肺炎疫情发生以来，约 80 万名海外劳工已返回菲律宾[①]。劳工部采取新的举措，防止菲律宾海外家政工人被迫撤回，努力为归国的菲律宾劳工再就业提供帮助和加强其权益保护。

一是劳工部建立劳动就业援助信息系统，提供工作机会和相关培训，帮助再就业。菲律宾劳工部在商业流程外包（BPO）行业，提供了约 3 万个工作机会，并提高再就业人员的技能[②]。同时通过获取归国的菲律宾劳工对工作类型和薪酬要求的数据，帮助部分归国的劳工实现了再就业。二是大大简化出境手续。菲律宾政府有关部门加强审批劳工出境流程的电子化，通过简化出境手续，推动各地雇主在新冠肺炎疫情期间对家政工人等海外劳工快速聘用。三是政府官员自愿捐薪，帮助渡过疫情难关。菲律宾内阁部长表示，多数内阁成员自愿捐赠月薪的 75%，帮助政府对抗疫情；众议长通过社交媒体直播表示，有近 200 名国会议员捐出 2020 年 5 月的全部薪水，总计 4000 万菲律宾比索，约合人民币 560 万元[③]。

四 菲律宾海外家政工人权益保障的经验借鉴

菲律宾海外家政工人的权益保障，离不开完善的法律制度、以劳工部为主导的劳工外派体制、提供法律援助等多样化服务、海外劳工强制险制度、专项保护基金、组织部门之间的协调合作、完备的教育培训体系以及良好的职业素养等。结合我国的实际情况，我们认为有以下值得借鉴的地方。

（一）对我国海外劳工权益保障进行立法

随着我国海外劳工人数的增长，为更好地保障海外家政服务人员的权

---

① 《2020 年菲海外劳工人数下降 18.6%》，搜狐网，https：//www.sohu.com/a/528455812_121123898，2022 年 3 月 9 日。

② 《尽管菲律宾疫情严重，菲外劳在世界各地依然抢手》，菲律宾世界频道微信公众号，2020 年 10 月 8 日。

③ 《家政人员输出大国菲律宾疫情严重，菲律宾官员捐出月薪》，吉林省家庭服务业协会微信公众号，2020 年 4 月 9 日。

益，建议在《对外劳务合作管理条例》等规章基础上，制定我国海外劳工权益保障的法律制度，在我国海外家政服务人员的公平就业权、合理报酬权、工时和休息休假权、社会保险、救济赔偿渠道等方面，使其免受歧视、暴力、虐待和性骚扰等。要针对家政服务业的特殊性，使条款具有可操作性。

（二）加强海外劳务输出的保护措施

一是加强法律援助。海外劳工遇到的纠纷主要涉及经济利益和人身安全，根据菲律宾在海外劳工外派管理部门配备法律人才的做法，我们可考虑从高校聘请专家作为法律顾问，也可从律师事务所聘请优秀律师，研究派驻国的有关劳动法律法规，为我国海外家政服务人员提供法律援助。

二是提供海外家政服务人员权益保障的各类专项基金。借鉴菲律宾海外劳工福利管理局（OWWA）的做法，设立海外家政服务人员权益保障的专项基金。专项基金可用于为会员提供贷款、劳工遣返、教育和培训、家庭福利等。专项基金的资金主要来自会费、财政拨款、国外的雇主等。

三是强化境外商业保险服务。要鼓励保险机构开发适合海外家政服务人员的保险产品，使海外劳工在全残、身亡、境外救援、境外就医、住院补偿、运转回国等方面得到充分保护；要强化与境外保险公司的合作，使海外劳工能够得到及时理赔。

四是提高信息化服务管理水平。建立海外家政服务人员就业服务数据库系统，加强有关部门之间的数据信息共享，建立协同办公平台，进行动态更新。同时利用用工管理软件对数据进行分析、研判，制订科学的应对预案，切实做好海外家政服务人员的权益保障工作。

（三）加强协商合作，切实保障海外家政服务人员权益

一是与劳工接收国加强协商合作。要与海外家政服务人员接收国签订双边协定或谅解备忘录，内容包括就业政策、合同履行、劳动报酬、工时和休息休假、劳动安全卫生、争议处理等方面，确保公平公正维护海外家政服务

人员的合法权益。

二是与国际劳工组织加强合作。国际劳工组织通过制订国际劳工公约和提供建议书，已经形成完整的国际劳动法体系。随着国际劳工组织成员国的增多，其适用的范围在扩大，影响力也不断增强，海外家政服务人员的权益保障需要国际法律的支持。我国可考虑批准适合我国国情的国际劳工保护公约，进一步增强对海外家政服务人员的权益保障力度。

三是加强劳动部门的参与。由于海外家政服务人员遇到的纠纷大都与劳动报酬、社会保险和社会福利等相关，在菲律宾，这些由劳工部负责。而我国的劳动部门在处理劳动纠纷方面更具有优势，因此要强化劳动部门在海外劳工外派制度中的参与。

（四）推动建设家政教育培训体系

一是系统开展家政教育与研究。借鉴菲律宾家政教育体系建设的做法，充分发挥高校的主体作用，在我国小学、中学、职业学院、大学开设相应的家政教育课程，开发家政教材、制定课程标准、配备师资力量，为家政服务业培养和输送源源不断的高素质人员，促进家政服务业的高质量发展。推动高校建立产学研协同创新的教育机制，真正实现人才的按需培养。

二是加大培训力度，提升家政服务人员职业技能和综合素质。菲律宾政府很重视对家政工人的培训，通过政府出资、海外机构出资等方式在国内建立了大量培训学校。我国可加强家政服务人员培训机构的建设和规范化管理，这是家政服务业实现高质量发展的重要途径；政府部门、家政服务业协会、工会以及妇联等可加强合作，开设内容丰富、不同层次的业务培训课程，培养大量高素质、高水平的家政服务人员；我国家政服务业的社会化、专业化培训体系还不健全完善，有很大的提升空间。

（五）改变传统观念，增强职业认同

树立正确的劳动就业观，大力传播家政劳动意识，进一步消除社会对家

政服务人员的偏见和歧视，提高社会认同；通过表彰优秀的家政服务人员和为家政服务业做出重要贡献的企业和个人，在全社会树立先进典型，逐步提高家政服务人员的社会地位；对从事家政服务工作的高素质、高学历、高技能专业人员予以岗位补助，提高其薪酬福利待遇等。

后　记

　　本书共分七个部分，较为全面地反映了 2021～2022 年家政服务业发展的基本情况以及未来的机遇挑战和发展趋势。

　　本书由中国劳动和社会保障科学研究院（简称劳科院）院长莫荣研究员带领团队共同完成，编写专家来自劳科院、人力资源和社会保障部（简称人社部）统计调查中心、中华女子学院（全国妇联干部培训学院）、江苏斑马软件技术有限公司、58 同城招聘研究院、郑州市家庭服务业协会、北京开放大学、宁波卫生职业技术学院健康服务与管理学院等 8 家单位的专家学者。

　　报告综合研究分析所采用的基础数据除国家统计局、国家发展和改革委员会、人社部、商务部等有关部门发布的公开数据外，主要来自人社部统计调查中心的家庭服务业 36 城调查数据，以及劳科院关于家政服务业方面的课题调研数据。

　　本书的撰写得到人社部农民工工作司、人社部统计调查中心的大力支持。农民工工作司尚建华司长、林淑莉副司长和应三玉巡视员对蓝皮书的编写提出了明确的要求并给予重要指导，吴厚德处长和陈兰、张彤业调研员对于蓝皮书的编写提供了具体的业务支持和帮助。统计调查中心张剑飞主任、王华巡视员对报告的统计调查数据使用给予了大力支持，刘国彩调研员对报告调查数据的及时获得和详细统计分析给予了具体的业务帮助。在编写过程中，还得到合作单位待君人才服务集团有限公司，以及参与单位江苏斑马软件技术有限公司、到家集团、58 同城招聘研究院、郑州市家庭服务业协会的大力支持。

　　中国劳动和社会保障科学研究院对本书的出版给予了大力支持，院学术

委员会对本书给予了具体指导，大数据和政策仿真研究室为数据处理分析提供了技术支持。

社会科学文献出版社高效率的编辑和高质量的出版，使本书能够出现在各位读者面前。在此表示衷心的感谢！

在本书出版之际，我们向所有对本书编写和出版提供真诚帮助的领导和同志表示诚挚的感谢！

中国劳动和社会保障科学研究院

2022 年 10 月

Abstract

Annual Report on China's Domestic Service Development (2022) summarized the current situation and characteristics of domestic service development in China from 2021 to 2022, summed up the contradictions and challenges it faces combined with its key hot issues in the process of development, explored the future development trends and put forward relevant countermeasures and suggestions, and provided research support for its development on standardization and professionalization. This report consists of seven parts, including general report, sub-report, reports on special subjects, reports on vocational training, reports on rights and interests protection, case report and reports on international reference.

According to the report, the domestic service industry has maintained the momentum of rapid development amid economic restructuring and slowing growth in recent years. In 2019, domestic services revenue reached 697. 5 billion yuan, more than 20% since 2015 for five consecutive years to maintain growth. The growth rate of domestic service business revenue slowed down affected by the COVID-19 epidemic in 2020 and began to recover in the second half of 2020. The growth scale is expected to reach 973. 1 billion yuan in 2021 with a growth rate of 20% again. Domestic service industry plays an important role in absorbing employment as labor-intensive industries. There were more than 30 million domestic workers In 2021, most of whom were rural migrant workers and re-employed workers of laid-off. Most of the domestic workers come from Sichuan , Anhui and other labor-exporting provinces, and are mainly employed in Guangdong, Beijing, Shanghai, Jiangsu, Zhejiang and other economically

developed provinces and cities, nearly 60% of them moving within the province. In the past two years, domestic service agencies have developed rapidly. As of April 2022, there were more than 2.65 million domestic service agencies, including more than 1.47 million individual businesses and about 1.17 million enterprise units, four-fifths of which are small and micro enterprises. In general, although the operating revenue and workers of domestic service industry have decreased in 2020 according to the impact of the epidemic, its long-term good fundamentals as a sunrise industry have not changed.

"Internet plus", contract worker-based management, the professionalization and standardization development and the construction of credit system are the hot and difficult areas in the development of domestic service industry in recent years. With the continuous development of information technology, the national Internet Plus Initiative and and the in-depth promotion of big data strategy, the Internet is gradually penetrating into all aspects of domestic service industry. Developing contract worker-based management system is the important content of promoting high quality development of domestic service industry, and the prosperity of Internet platform provides a good opportunity for it. At present, there are four main problems in labor and legal regulation of the domestic service enterprises with contract worker-based management including the uncertain legal relationship, the difficulty in protecting workers' right to rest, occupational health guarantee with particularity and the difficulty of the workers without labor contract to participate in social security systems. To further promote the development of the contract worker-based management system is the key issue in the development of domestic service industry during the 14th Five-Year Plan period. In recent years, although the domestic service industry has shown a steady upward development trend in terms of industry scale, service quality, number of workers and so on, there are still many realistic problems such as unprofessional workers, non-standard industrial development, an imperfect credit system and low public satisfaction. Among them, the imperfect credit system is the most prominent problem, which seriously restricts the further development of domestic service industry. Promoting the steady construction of the credit system is an important measure to deepen the supply-side structural reform of domestic service industry, improve the quality of supply and meet the people's ever-growing needs for a better life. It is also an urgent need to accelerate the normalized, standardized and refined development of domestic service industry.

During the 14th Five-Year Plan period, domestic service industry is facing a broad space for development. Population aging, family miniaturization and the implementation of pro-natalist policy are creating a large potential demand for domestic services, which has laid an industrial and social foundation for domestic service to absorb employment. The vigorous support of national policies, the continuous emergence and wide application of new technologies and new models strongly promote the sustaining expansion of domestic service industry and the refinement of its forms. But at the same time, we should also see that the development of domestic service industry is still facing some systemic, structural and deep-seated problems and challenges. First of all, the number of rural migrant workers has started to decline, the high-quality urban labor force is not willing to engage in domestic service, and the shortage of labor supply in domestic service industry is prominent. Secondly, the vocational training of domestic service is insufficient and inefficient, the skill level of domestic workers can not meet the market demand, and the supply and demand of domestic service is difficult to adapt. Finally, domestic service enterprises are small in scale and have poor ability to resist risks. The development of the contract worker-based management system has encountered bottlenecks, and it is difficult to protect the rights and interests of domestic workers.

The report suggested promoting high-quality development of the domestic service industry during the 14th Five-Year Plan period. Firstly, expand the domestic service supply scale and improve the efficiency of supply and demand matching. Innovate employment services that fit the characteristics of domestic workers, improve the level of intelligence in employment services, and promote rural migrant labor to participate in domestic service through multiple channels. Secondly, create a good institutional environment for the development of domestic service industry. Thirdly, improve the professional quality of domestic workers and enhance their career stability and professionalism level. Finally, strengthen the enterprise normalization and brand construction and establish and improve the

domestic service guarantee mechanism.

Keywords：Domestic Services Industry；Contract Worker-Based Management System；Skill Training；"Internet Plus"；Credit System

Contents

Ⅰ General Report

Abstract: The Domestic service industry continues to maintain rapid growth trend in 2021. It is estimated that its operating income will reach 973.1 billion yuan, with a growth rate over 20%. The number of domestic workers will exceed 30 million and the number of service enterprises will reach 1.17 million. During the 14th Five-Year Plan period, the development of domestic service industry faces both opportunities and challenges, and it is necessary to promote its development towards high-quality, facilitate the matching between supply and demand of domestic service, create a good institutional environment for its development, increase the career stability of domestic service personnel, enhance the level of professionalism, and promote the standardization and brand construction of enterprises.

Keywords: Domestic Service Industry; "Internet plus Domestic" Service; High-quality Development

Ⅱ   Sub Reports

B . 2   2022 China Domestic Service Employment Report

  ——*Analysis based on* 58. *com Big Data*

Li Yan, Ji Na and Xiao Yingying / 023

Abstract: Based on the big data of 58. com Recruitment, the largest recruitment platform in China, and combined with qualitative interviews of enterprises, this report conducts an in-depth analysis of the recruitment and employment data of the domestic service industry from 2018 to 2020, and finds that: The employment scale of domestic service industry is increasing, the employment absorption capacity of domestic service industry is improving, the total demand of domestic workers is continuously expanding, the employment position is more diversified, and the employment quality is improving. However, there are some problems in the industry, such as the difficulty in recruiting, the structural contradiction between supply and demand of jobs, the low degree of standardization, and the difficulty in implementing the contract worker-based domestic service system. At the same time, the aging and lower education level of domestic workers also restrict the improvement of the service quality. To address these issues, the report recommends that the government provide guidance and support in policy formulation, supervision, education and training.

Keywords: Domestic Service Industry; Recruitment Requirements; Employment Quality

B . 3   2022 DomesticService Vocational Training and

  Education Development Report   *Han Wei / 048*

Abstract: At present, the vocational skill level of domestic workers is generally low, and there is an urgent need to provide them with large-scale formal training. However, there are some problems in domestic service vocational training, such as lack of systematic training design, lack of scientific basis for training content setting, low level of teachers, low standardization of facilities and equipment, disordered training market, and imperfect subsidy policies etc. The main reasons for the problems are the lagging concept of training, the emphasis on experience and the neglect of science, the lack of investment, the lack of supervision and self-discipline in the training market, and the lack of talents in the industry. Thus, this report put forward suggestions from policy, industry and enterprise aspects. It is suggested to innovate and strengthen training market supervision, support basic work such as setting standard , training teacher and building practical training bases, further play the role of industrial associations in promoting vocational training, promote enterprises to actively carry out training system and curriculum design, and consolidate the training foundation.

Keywords: Domestic Service; Vocational Training; Teacher Training; Practical Training Base

B.4 2022 Domestic Service Industry Policy Progress

Han Wei / 069

Abstract: In recent years, the country has been paying more and more attention to the domestic service industry, especially with the implementation of the strategy to deal with the aging of the population, elderly care and childcare services have become policy keywords. Since 2019, the state has successively issued the "Opinions of the General Office of the State Council on Promoting the Quality and Expansion of the Housekeeping Service Industry" and its supporting policies, the "Opinions of the General Office of the State Council on Promoting the Development of Elderly Care Services" and its supporting policies, and "Guiding Opinions on the Development of Care Services for Infants and Young Children under the Age of 3", these are programmatic documents for the domestic

service industry. On the whole, in recent years, the domestic service industry policies have the following characteristics: the policies have been intensively introduced and become an integral part of the national strategy to deal with aging; Adjust the management system from "employment orientation" to "comprehensive management"; Promoting the high-quality development of the industry has become the focus of policy. The policy focuses on contract worker-based system, talent training and integrity system construction.

Keywords: Domestic Service; Aging Problem; Policy Support

B.5 Report on Construction of Credit System for Domestic
Service Industry in 2022   *Zhang Hao, Liu Xueting* / 077

Abstract: In recent years, China's national awareness of quality consumption has gradually awakened with the rapid development of the economy, and the public's willingness to consume domestic services is also rising day by day. In addition, under the joint influence of various factors such as the increasing pressure of national work, the liberalization of the "three child" policy and the acceleration of population aging, people's management burden of family affairs is increasing day by day. The market demand for domestic services has also increased sharply, but the integrity of the domestic service industry has also become a resistance to the development of the industry. In order to promote the construction of credit system in domestic service industry, it is suggested to strengthen the cultivation of various qualities of practitioners, vigorously promote the implementation of employee system mode in enterprises, standardize the construction of credit information platform, improve relevant policies and laws and regulations, strengthen publicity and guidance, and enhance social identity.

Keywords: Domestic Service Industry; Credit Construction; Credit Crisis; Contract Worker-based Domestic Service

III Special Topics

Abstract: Domestic service industry plays an important role in increasing employment, improving people's livelihood, expanding domestic demand, promoting internal circulation and building a new development pattern. At present, China's population growth is slowing down, the family size is shrinking, the proportion of the elderly and children is increasing, the urban population is increasing significantly, the quality of the population is being comprehensively improved, and the population is converging to the eastern region and the central cities. These trends bring both opportunities and challenges to the domestic service industry. According to the data of the seventh national census, this report analyzes the trend of population change, study and judge the impact on the domestic service industry, and put forward four suggestions as follows. First, strengthen skills training and improve service quality; Second, strengthen labor connection and increase service supply; Third, strengthen the publicity and commendation, improve the social identity; Fourth, strengthen international exchanges and promote industrial upgrading.

Keywords: Domestic Service Industry; Seventh National Census; Demographic Change

Abstract: China has entered a new development stage. Domestic service

industry as an emerging industry plays an important role in promoting employment and ensuring people's livelihood. From the perspective of the development of domestic service industry for more than 30 years, the brand construction of domestic service industry has experienced a tortuous development process, but the brand awareness has been continuously deepened in the development of the industry, especially in recent years, with the socialization of family services to domestic service industrialization development process, the role of brand construction has been continuously strengthened. From the perspective of the development of domestic service industry for more than 30 years, the brand construction of domestic service industry has experienced a tortuous development process, but the brand awareness has been continuously deepened in the development of the industry, especially in recent years, with the socialization of family services to domestic service industrialization development process, the role of brand construction has been continuously strengthened. Although the domestic service has developed rapidly in recent years, with a large number of enterprises and rapid growth, most domestic service enterprises are small in scale and slow in development. Under the background of grasping the new development stage, implementing the new development concept, constructing the new development pattern, and promoting the high quality development in the "14th Five-Year Plan" period, it is of great significance to improve the quality and expand the domestic service industry by doing a good job in brand building through innovation and development.

Keywords: Domestic Service; Domestic Service Enterprises; Brand Construction

B. 8　New Development of Domestic Service under the Internet

Zhang Hao, Zhang Ruoyu / 128

Abstract: In recent years, with the continuous development of information technology, the national "Internet plus" action and the in-depth promotion of big data strategy, the Internet is gradually infiltrating into all aspects of domestic service industry. In this context, a new mode of domestic service, "Internet plus domestic service", came into being. At present, the internet-based business models of domestic service industry are mainly divided into two types: employee type and platform type. The internetization of domestic service industry faces many challenges, but with the support of national policy and the promotion of capital, the development prospect of internetization of domestic service industry is good, and the creation of high-quality domestic service personnel supply chain will become the focus of development.

Keywords: Domestic Service; Internet Transformation; "Digital China strategy"; Quality Improvement and Capacity Expansion

Ⅳ   Reports on Vocational Training

B.9   Exploration on the Innovation of Domestic Service Skills Training

——Take the practice of Beijing Open University as an example

Shi Honggai / 148

Abstract: In recent years, the Domestic service industry in our country has developed rapidly, but due to historical reasons and the dual influence of traditional concepts, the domestic service industry has not yet embarked on the road of standardization, specialization, and professionalization. Although with the strong support of the government, the domestic service industry has made great progress, but the problem of the shortage of professional skills is still difficult to solve. There is a huge market demand for domestic skills workers. It is difficult to meet market demand by relying on traditional skills training alone, so we must take the road of innovative development. This is not only the need of industry development, but also the call of the times. To this end, we can learn from the practice of the Beijing Open University for training professionals in home economics, and take the

innovative development path of integration of academic qualifications and non-academic qualifications, integration of production, education and research, and digital transformation.

Keywords: Domestic Service; Industry－University－Research Integration; Digital Transformation

B.10 Research on the Current Situation of Domestic Service Professional Personnel Training in China

Zhu Xiaozhuo / 163

Abstract: Domestic service is playing an increasingly important role in safeguarding people's livelihood, and the demand for relevant talents is also increasing significantly. From the beginning, home economicseducation gradually connected with the market-oriented domestic service industry, and the layout of home economics service related majors at all levels was gradually formed. But the phenomenon of "small, scattered and weak" in the industry is widespread. Due to unclear positions, non-standard management, unreasonable employment and other problems, colleges and universities are faced with difficulties such as insufficient distribution of relevant majors, insufficient number of talents training, failure to form a professional cluster that connects with industrial economy, insufficient connection of specialty setting and teaching content with new business forms and new models, insufficient expansion of training scale, and further deepening of school-enterprise cooperation and so on. Facing the opportunity of rapid development of quality improvement and capacity expansion of the industry, the following suggestions are put forward: Focus on the high-end of the industry, talent training and integration development of domestic health and other industries; Focus on "one old and one young", talent training to meet the social needs of nursing care; Focus on Internet economy and community services, talent training to meet the requirements of compound ability; Focusing on the construction of high-level professional groups, talent training should realize the coordinated development with related majors; Promote the construction of domestic service personnel training policy guarantee system.

Keywords: Domestic Service; Talent Cultivation; Home Economics Education

V Reports on Rights and Interests Protection

B . 11 Analysis on the Employment Status and Labor

Rights of Domestic Workers   *Ding Saier* / 179

Abstract: At present, the domestic workers are mostly older women, with low education level. They generally don't have a long career and their job mobility is high. The protection of labor rights and interests of domestic workers mainly presents the following characteristics: First, the contract signing rate is not high; Second, the level of wages is generally not high, most of them are paid directly by the employers family on a monthly basis; Third, the monthly rest time of domestic workers is less, and nearly half of them have less than 4 days for rest monthly; Fourth, the participation rate of social insurance is not high; Fifth, there are few labor disputes, and they seldom apply for arbitration and mediation in dispute settlement. In view of the lack of protection of the rights and interests of domestic workers, it is suggested to further promote and improve the contracted worker-based management system, strengthen the standardization of the industry, encourage the contribution of insurance plans for domestic workers, and promote the establishment of a support system for domestic workers by civil organizations and social organizations.

Keywords: Domestic Worker; Rights and Interests Protection; Contract Worker-based Management System

B.12　The Current Situationand Choice of

Regulation of Employment in Contract

Worker-based Domestic Service Enterprises

Huang Kun, Wang Qian / 196

Abstract：Contract worker-based domestic service is an important measure of China's promotion of the high-quality development of the domestic work industry, and the development of the Internet platform provides good opportunities for its development. At present, there are three ways for domestic worker management: intermediary, membership and contract worker. There are also different types in online and offline domestic work enterprises. Currently, the legal regulation of contract worker-based domestic service in China mainly have four problems: the uncertainty of legal relationship, the difficulty of ensuring the right to rest, the particularity of occupational safety and health protection, and the social insurance dilemma of not signing a labor contract. Through a summary of the international legislation on domestic work, and the reference to the protection of labor rights and interests of new employment forms, the path of protections for different types of domestic workers and the suggestion of the law on the protection of rights and interests of domestic workers are proposed.

Keywords：Domestic Service；Contract Worker-based Management System；Employment Regulation

B.13　Analysis on the Protection of Work Injury

Rights of Domestic Workers　　　　*Weng Renmu* / 215

Abstract：Among the various social security rights, work injury insurance has priority and is affordable. However, the vast majority of domestic workers are the employment mode of the intermediary system, which has many incompatibility with the work injury insurance system. According to domestic and foreign practice, in order to protect the rights and interests of domestic workers, the principle of classified policy should be adopted according to the nature of the worker, and a multi-level protection system should be established through commercial insurance to achieve comprehensive protection.

Keywords: Domestic Workers; Work Injury Insurance; Flexible Employment

VI Case Study

Abstract: Strengthening the credit system construction of domestic service industry is an important basis for improving quality and expanding capacity of the industry and an inevitable requirement to meet the people's ever-increasing needs for a better life. At present, Zhengzhou has preliminarily built a credit evaluation system and a comprehensive information platform for domestic service. However, there are still some problems in the construction of credit system, such as imperfect mechanism, poor sense of integrity and imperfect construction. It is suggested to play the leading role of party construction, do a good job in credit publicity, establish a credit investigation system, increase joint rewards and punishments, strengthen the credit system construction of domestic service industry, and gradually build a multi-level, all-round and whole chain credit system.

Keywords: Domestic Service Industry; Credit System; Credit Assessment; Credit Platform

家政蓝皮书

Ⅶ International Practices and Experiences

B.15 Analysis on Legal Protection System of
International Domestic Workers   *Ding Saier* / 243

Abstract: Domestic workers, as a vulnerable employment group, lack effective labor and social protection and its informal nature is one of the main reasons. The International Labour Organization (ILO) adopted the Domestic Workers Convention (No. 189) in 2011 to promote the employment formalization of the domestic workers, and many countries have also actively promoted legislation on it. California's Domestic Worker Bill of Rights, Canada live-in Caregiver Programs, Home Child Care Provider Pilot and Home Support Worker Pilot are positive practices. China has been trying to promote the standardization and professional development of domestic service industry, but generally speaking, the social security level of domestic workers is low. Drawing lessons from the practices of the United States and Canada, we can classify domestic workers according to the nature and content of their services, starting from the groups that are easiest to regulate and the most urgent rights and interests protection projects, gradually improve relevant policies and systems, and promote the rights and interests of domestic workers in China to be gradually guaranteed.

Keywords: Domestic Service; Domestic Worker; Legal Coverage; Rights and Interests Protection

B.16 Philippine Overseas Domestic Workers' Rights and
Interests Protection System and its Reference   *Nie Kun* / 263

Abstract: The Philippines has established a series of perfect systems to protect the rights and interests of their overseas domestic workers. This paper comprehensively introduces the basic situation, institutional framework and important measures of the protection of rights and interests of the Philippine's overseas domestic workers. On this basis, some experiences and practices worthy of reference are put forward, including: Formulating special laws on the protection of overseas workers' rights and interests; Strengthening protection measures for overseas labor export; Strengthening consultation and cooperation on the protection of the rights and interests of overseas domestic workers; Promoting the construction of a relatively complete home economics education and training system; Changing traditional ideas and enhancing career identity.

Keywords: Domestic Service; Overseas Domestic Workers; Rights and Interests Protection System; Career Identity

皮 书

智库成果出版与传播平台

❖ 皮书定义 ❖

皮书是对中国与世界发展状况和热点问题进行年度监测，以专业的角度、专家的视野和实证研究方法，针对某一领域或区域现状与发展态势展开分析和预测，具备前沿性、原创性、实证性、连续性、时效性等特点的公开出版物，由一系列权威研究报告组成。

❖ 皮书作者 ❖

皮书系列报告作者以国内外一流研究机构、知名高校等重点智库的研究人员为主，多为相关领域一流专家学者，他们的观点代表了当下学界对中国与世界的现实和未来最高水平的解读与分析。截至2022年底，皮书研创机构逾千家，报告作者累计超过10万人。

❖ 皮书荣誉 ❖

皮书作为中国社会科学院基础理论研究与应用对策研究融合发展的代表性成果，不仅是哲学社会科学工作者服务中国特色社会主义现代化建设的重要成果，更是助力中国特色新型智库建设、构建中国特色哲学社会科学"三大体系"的重要平台。皮书系列先后被列入"十二五""十三五""十四五"时期国家重点出版物出版专项规划项目；2013~2023年，重点皮书列入中国社会科学院国家哲学社会科学创新工程项目。

权威报告·连续出版·独家资源

皮书数据库
ANNUAL REPORT(YEARBOOK)
DATABASE

分析解读当下中国发展变迁的高端智库平台

所获荣誉

- 2020年，入选全国新闻出版深度融合发展创新案例
- 2019年，入选国家新闻出版署数字出版精品遴选推荐计划
- 2016年，入选"十三五"国家重点电子出版物出版规划骨干工程
- 2013年，荣获"中国出版政府奖·网络出版物奖"提名奖
- 连续多年荣获中国数字出版博览会"数字出版·优秀品牌"奖

皮书数据库

"社科数托邦"
微信公众号

成为用户

登录网址www.pishu.com.cn访问皮书数据库网站或下载皮书数据库APP，通过手机号码验证或邮箱验证即可成为皮书数据库用户。

用户福利

- 已注册用户购书后可免费获赠100元皮书数据库充值卡。刮开充值卡涂层获取充值密码，登录并进入"会员中心"—"在线充值"—"充值卡充值"，充值成功即可购买和查看数据库内容。
- 用户福利最终解释权归社会科学文献出版社所有。

数据库服务热线：400-008-6695
数据库服务QQ：2475522410
数据库服务邮箱：database@ssap.cn
图书销售热线：010-59367070/7028
图书服务QQ：1265056568
图书服务邮箱：duzhe@ssap.cn

社会科学文献出版社 皮书系列
SOCIAL SCIENCES ACADEMIC PRESS (CHINA)
卡号：525947822932
密码：

S 基本子库
UB DATABASE

中国社会发展数据库（下设 12 个专题子库）

紧扣人口、政治、外交、法律、教育、医疗卫生、资源环境等 12 个社会发展领域的前沿和热点，全面整合专业著作、智库报告、学术资讯、调研数据等类型资源，帮助用户追踪中国社会发展动态、研究社会发展战略与政策、了解社会热点问题、分析社会发展趋势。

中国经济发展数据库（下设 12 专题子库）

内容涵盖宏观经济、产业经济、工业经济、农业经济、财政金融、房地产经济、城市经济、商业贸易等 12 个重点经济领域，为把握经济运行态势、洞察经济发展规律、研判经济发展趋势、进行经济调控决策提供参考和依据。

中国行业发展数据库（下设 17 个专题子库）

以中国国民经济行业分类为依据，覆盖金融业、旅游业、交通运输业、能源矿产业、制造业等 100 多个行业，跟踪分析国民经济相关行业市场运行状况和政策导向，汇集行业发展前沿资讯，为投资、从业及各种经济决策提供理论支撑和实践指导。

中国区域发展数据库（下设 4 个专题子库）

对中国特定区域内的经济、社会、文化等领域现状与发展情况进行深度分析和预测，涉及省级行政区、城市群、城市、农村等不同维度，研究层级至县及县以下行政区，为学者研究地方经济社会宏观态势、经验模式、发展案例提供支撑，为地方政府决策提供参考。

中国文化传媒数据库（下设 18 个专题子库）

内容覆盖文化产业、新闻传播、电影娱乐、文学艺术、群众文化、图书情报等 18 个重点研究领域，聚焦文化传媒领域发展前沿、热点话题、行业实践，服务用户的教学科研、文化投资、企业规划等需要。

世界经济与国际关系数据库（下设 6 个专题子库）

整合世界经济、国际政治、世界文化与科技、全球性问题、国际组织与国际法、区域研究 6 大领域研究成果，对世界经济形势、国际形势进行连续性深度分析，对年度热点问题进行专题解读，为研判全球发展趋势提供事实和数据支持。

法律声明

"皮书系列"(含蓝皮书、绿皮书、黄皮书)之品牌由社会科学文献出版社最早使用并持续至今,现已被中国图书行业所熟知。"皮书系列"的相关商标已在国家商标管理部门商标局注册,包括但不限于LOGO()、皮书、Pishu、经济蓝皮书、社会蓝皮书等。"皮书系列"图书的注册商标专用权及封面设计、版式设计的著作权均为社会科学文献出版社所有。未经社会科学文献出版社书面授权许可,任何使用与"皮书系列"图书注册商标、封面设计、版式设计相同或者近似的文字、图形或其组合的行为均系侵权行为。

经作者授权,本书的专有出版权及信息网络传播权等为社会科学文献出版社享有。未经社会科学文献出版社书面授权许可,任何就本书内容的复制、发行或以数字形式进行网络传播的行为均系侵权行为。

社会科学文献出版社将通过法律途径追究上述侵权行为的法律责任,维护自身合法权益。

欢迎社会各界人士对侵犯社会科学文献出版社上述权利的侵权行为进行举报。电话:010-59367121,电子邮箱:fawubu@ssap.cn。

社会科学文献出版社